2025 에센스 세무회계

유 재 권

유원북스

머 리 말

Nothing is inevitable but death and taxes.

미국 건국의 아버지로 불리는 벤자민 프랭클린이 남긴 말이다.

세금 이야기를 다루는 세무회계는 그 중요성에도 불구하고 경영대학을 졸업하기까지 기껏해야 한 강좌만을 가르치는 대학이 많다. 공인회계사나 세무사 시험에 대비한 어려운 수험서를 한 학기만에 소화하기는 무리가 있고, 이들 시험을 목표로 공부하는 수험생이 아니라면 굳이 그 두꺼운 책을 암기하려고 애쓸 필요도 없다.

공인회계사로 오랜 기간 회계법인에서 일한 필자는 대학에서 가르치는 세무회계가 암기의 바다라는 말에 동의하지 않는다. 수많은 세법 규정을 모두 기억하는 것은 불가능할 뿐만 아니라 별 의미도 없다. 세무회계는 세법의 세세한 내용을 무조건 암기하기보다 제도 속에 녹아 있는 기본적인 논리를 이해하는 것이 훨씬 더 중요하다. 실무에서 필요한 역량은 공개된 자료를 활용하여 실제 직면하는 문제를 해결해 나갈 수 있는 능력이기 때문이다.

회계를 크게 재무회계, 세무회계, 원가관리회계의 세 분야로 분류한다면, 세무회계는 재무회계와 깊은 연관성이 있다. 특히 법인세는 재무회계의 이익측정에 기초하여 세무조정이 이루어지므로 세무회계를 공부하기 전에 회계원리와 일정 수준의 재무회계 지식을 갖추는 것이 바람직하다.

이 책은 대학에서 세무회계를 처음 공부하는 학생들이 한 학기 동안 수업용 교재로 사용하기에 적합한 분량으로 집필하였다. 방대한 세법 규정 중 국세기본법, 법인세법, 소득세법, 부가가치세법의 주요 내용을 발췌하여 총 12개 장으로 구성하였다. 한 주에 한 장씩 공부하면 국세기본법과 법인세법을 중간고사 이전에 끝낼 수 있고, 학기 후반부에는 소득세법과 부가가치세법을 마칠 수 있을 것이다.

가급적 군더더기 없이 핵심적인 내용을 알기 쉽게 설명하고 싶었으나, 미흡한 부분이 많을 것이다. 독자 여러분의 기탄 없는 비판과 가르침을 기대하며, 부족한 점들을 개선하여 좀 더 나은 교재를 만들어 나갈 것을 약속한다. 부디 이 책을 통해 세법과 세무회계를 처음 접하는 학생들이 세무마인드를 키우는 데 조금이나마 도움이 되기를 바란다.

끝으로 이 책의 발간을 위해 애써 주신 유원북스의 이구만 사장께 고마운 마음을 전한다.

2025. 1

저 자

차 례

제 1 장 세무회계 총론

제 2 장 법인세 1

제 3 장

법인세 2

제 4 장

법인세 3

제 5 장

법인세 4

제 6 장

법인세 5

제11장

부가가치세 2

제12장

부가가치세 3

01장

세무회계 총론

1.1 세무회계의 의의
1.2 조세의 의의와 분류
1.3 우리나라의 조세체계
1.4 조세법의 기본원칙
1.5 국세기본법 총칙
1.6 국세부과의 원칙
1.7 세법적용의 원칙
1.8 납세의무
1.9 과세와 환급
1.10 납세자권리구제

1.1 세무회계의 의의

세무회계(稅務會計; tax accounting)는 세금계산을 위한 회계이며, 세법에서 정한 각종 세목에 대하여 과세소득과 세액을 산출하는 것이 세무회계의 주된 영역이다.

세무회계를 깊이 있게 이해하기 위해서는 인접 학문인 세법학, 회계학, 재정학에 대한 이해가 필요하다.

조세법률주의 원칙에 따라 모든 세금은 세법에서 규정하므로 세법은 세무회계의 근간을 이룬다. 세금의 종류와 납세의무자, 과세대상, 세액 산출 등에 대한 내용은 모두 세법이라는 법률의 형태로 규정되어 있고, 세무회계는 그러한 세법의 내용을 반영하여 과세표준이나 납부세액을 체계적이고 구체적으로 산출하는 데 중점을 두고 있다. 세법과 세무회계는 세금이라는 공통의 주제를 주된 관심 대상으로 삼기 때문에 실무에서는 이들 용어를 구별 없이 사용하기도 한다. 이들 양자를 굳이 구분한다면, 세법이 법적 논리 위주로 접근하는 데 비해서 세무회계는 세법의 내용을 회계적으로 이해하여 구체적인 계산체계까지 다룬다는 점을 들 수 있을 것이다. 하지만 세법과 세무회계는 불가분의 밀접한 관계에 있기 때문에 실제로 그 경계를 명확히 구분하기는 쉽지 않다.

세무회계는 기업회계(재무회계)와도 매우 밀접한 관련이 있다. 기업회계의 주된 관심은 발생주의를 적용하여 보다 정확한 기간이익을 측정하는 데 있다. 세금 중에서 소득의 크기에 비례하는 세금은 이러한 기업회계의 산출물에 큰 영향을 받게 되며, 따라서 기업회계의 기본 개념에 대한 이해가 선행되어야 한다. 특히 법인세는 기업회계상의 이익에서 출발하여 기업회계와 세무회계의 차이를 조정해 나가는 세무조정과정을 거쳐 세법상의 과세소득을 산출하기 때문에 기업회계와의 관련성이 가장 높은 분야에 속한다.

세금은 걷는 자나 내는 자 모두 세법을 기준으로 삼아야 한다. 따라서 세무회계를 통하여 세법 지식을 쌓고 세무마인드를 함양한다면 합리적인 경제활동을 영위하는 데 많은 도움이 될 것이다.

1.2 조세의 의의와 분류

1.2.1 조세의 의의

조세(租稅)란 국가 또는 지방자치단체가 그의 경비충당을 위한 재정수입을 조달할 목적으로 법률에 규정된 과세요건을 충족한 모든 자에게 직접적 반대급부 없이 부과하는 금전급부이다.

1.2.2 조세의 분류

조세는 그 분류기준에 따라 여러 형태로 구분할 수 있다.

조세의 분류기준	분 류
과세주체	국세: 국가가 부과하는 조세(법인세, 소득세, 부가가치세 등)
	지방세: 지방자치단체가 부과하는 조세(취득세, 등록세, 지방소득세 등)
세수 용도의 특정 여부	보통세: 세수 용도를 특정하지 않고 일반경비에 충당하는 조세(법인세, 소득세, 부가가치세 등)
	목적세: 세수의 용도를 특정하여 그 특정경비에만 충당하는 조세(교육세, 농어촌특별세 등)
조세부담의 전가(轉嫁) 여부	직접세: 법률상 납세의무자와 경제적 담세자가 일치하는 조세(법인세, 소득세 등)
	간접세: 법률상 납세의무자와 경제적 담세자가 다른 조세(부가가치세, 개별소비세, 주세 등)
납세의무자의 인적 사항 고려 여부	인세: 납세의무자를 중심으로 그 인적 측면에 주안점을 두어 부과하는 조세(법인세, 소득세 등)
	물세: 과세물건을 중심으로 그 물적 측면에 주안점을 두어 부과하는 조세(부가가치세 등)
과세물건의 측정 단위	종가세(從價稅): 과세물건을 화폐단위로 측정하는 조세(법인세, 소득세, 부가가치세 등)
	종량세(從量稅): 과세물건을 화폐 이외의 단위로 측정하는 조세(인지세, 주세 등)
독립된 세원 여부	독립세: 독립된 세원에 대하여 부과하는 조세(법인세, 소득세, 부가가치세 등)
	부가세: 다른 조세에 부가되는 조세(교육세, 지방소득세 소득분 등)

1.3 우리나라의 조세체계

우리나라의 현행 조세체계를 도시하면 다음과 같다.

〈우리나라의 조세체계〉

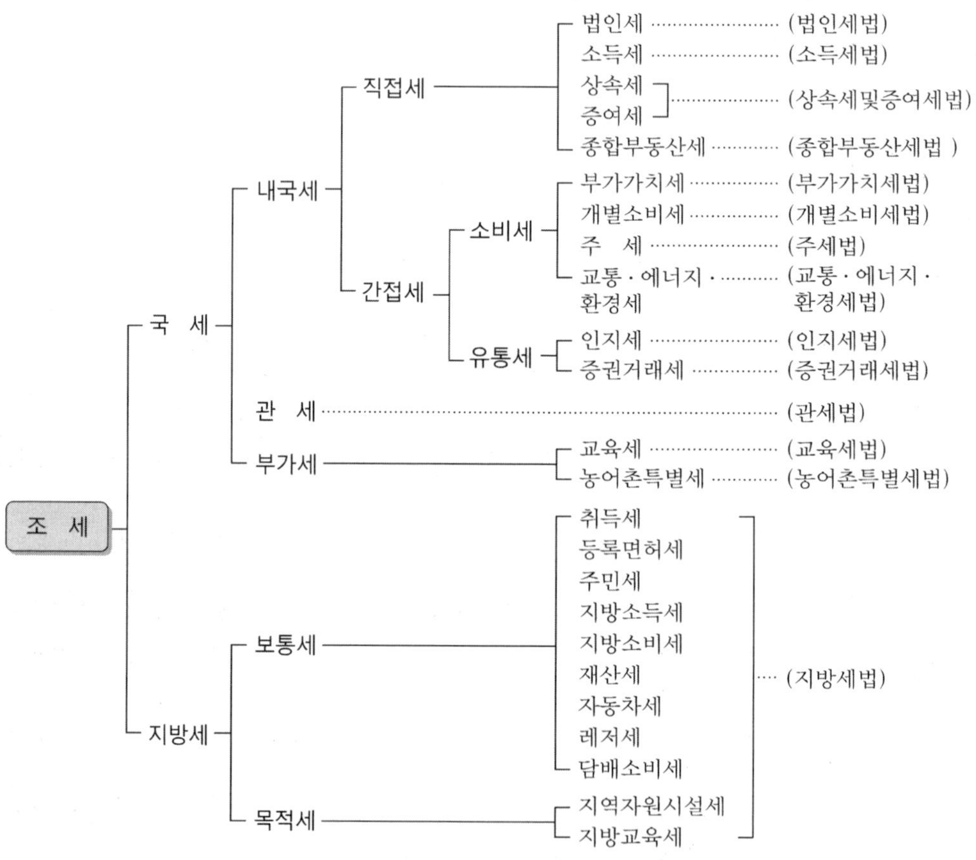

1.4 조세법의 기본원칙

조세법의 기본원칙이란 조세법의 입법부터 적용 및 해석에 이르기까지 전반적인 과정에서 지켜야 할 기본이념으로서 조세법률주의와 조세평등주의를 들 수 있다.

1.4.1 조세법률주의

조세법률주의는 국가가 국회에서 제정한 법률에 의해서만 조세를 부과·징수할 수 있고 국민은 법률에 의해서만 납세의무를 진다는 원칙이며, 그 구체적 내용은 다음과 같다.

- 과세요건 법정주의: 과세요건과 부과·징수절차를 모두 법률로 규정해야 한다는 원칙
- 과세요건 명확주의: 조세에 관한 세법의 규정은 명확하고 상세하여야 한다는 원칙
- 새로운 법률에 따른 소급과세의 금지: 새로 제정된 세법의 효력발생 전에 완결된 사실에 대하여 새로운 세법을 적용할 수 없다는 원칙
- 세법의 엄격 해석: 세법은 그 문언에 충실하게 해석하여야 하며, 원칙적으로 해석에 있어서 보정이나 보충을 허용하지 않는다는 원칙

1.4.2 조세평등주의

조세평등주의는 입법상 국민에게 세부담이 공평하게 배분되도록 세법을 제정하고, 세법의 해석·적용상 국민을 평등하게 취급하여야 한다는 원칙을 말한다. 현행 세법상 조세평등주의에 바탕을 둔 규정으로는 실질과세의 원칙, 부당행위계산의 부인(否認)을 그 예로 들 수 있다. 조세평등주의는 세법을 제정하고 적용하는 데 있어서 중요한 기본원칙이지만, 조세법률주의에 의해 제약을 받기도 한다.

세금의 힘

러시아 황제 표트르 1세가 1698년 귀족들에게 수염을 몽땅 자르라고 명했다. 나라를 강대국으로 키우기 위해선 '후진국의 상징'인 수염부터 깎아야 한다고 판단했던 것이다. 오랜 풍습이자 러시아정교가 중시하는 수염을 밀어버리라니 거센 반발이 일었다. 궁정 이발사를 동원해 반강제로 수염을 깎으려 해도 진도가 안나가자 표트르 1세는 세금이란 수단을 꺼내들었다. 계급에 따라 30~100루블씩의 세금을 매기고 나서야 효과가 나기 시작했다. 이른바 수염세다. 이 우스꽝스러운 세금은 예카테리나 여제시대에 폐지됐지만, 턱수염 기르는 풍습도 점차 사라졌다.

1688년 명예혁명으로 영국 왕이 된 윌리엄 3세는 반란을 진압하느라 많은 돈이 필요하자 호화주택에 세금을 부과하는 아이디어를 채택했다. 처음엔 벽난로가 있느냐 없느냐로 호화 여부를 따졌으나, 나중엔 창문 수를 기준으로 과세했다. 호화주택엔 창문도 많다는 데 착안한 일종의 재산세였다. 사람들은 앞다퉈 창문을 없애고 집을 지을 때 아예 창을 내지 않게 됐다. 뒤따라 창문세를 도입했던 다른 나라들에서도 비슷한 일이 벌어졌다. 지금도 유럽의 오래된 집들엔 창문이 거의 없는 이유다.

세금은 타당하든 아니든 강력한 힘을 발휘한다. 누구도 피해갈 수 없기에 생활양식까지 바꿔버리는 경우도 흔하다. 저서를 낼 때마다 인세를 뜯긴 벤저민 프랭클린은 이렇게 한탄했다. "세상에서 확실한 것은 죽음과 세금뿐이다."

정부가 에어컨, 냉장고, 드럼세탁기, TV 등 4대 가전제품 중 전력소모가 많은 모델에 대해서 지난 1일부터 개별소비세를 매기기로 해 말들이 많았으나, 부과대상이 예상보다 크게 줄어들 것이라고 한다. 업체들이 발빠르게 전력 소모량을 낮춰 세금을 피했기 때문이란다. 걷은 세금을 양로원, 고아원 등 사회복지시설의 낡은 가전제품 교환에 쓴다는 계획엔 차질이 생기겠지만, 에너지 절감에는 도움이 될 터이니 나름대로 기여한 바가 있다고 해야 할까.

일부 학자는 어떤 종류의 세금을 부과했느냐로 봉건시대와 근대를 구분하기도 한다. 수염세와 창문세는 사라졌으나 요즘도 유럽, 중국 등에선 비만세, 호흡세 같은 희한한 세금이 도입됐거나 검토되고 있다. '가혹한 정치(무리한 세금 징수)는 호랑이보다도 무섭다'(논어)고 했다. 틈만 있으면 국민 주머니를 비집고 들어오는 게 세금의 속성이라지만, 불합리한 세금은 민심을 떠나게 만든다.

(한국경제신문, 2012.4.6)

1.5 국세기본법 총칙

1.5.1 국세기본법의 성격

국세기본법(國稅基本法)은 국세에 관한 기본적이고 공통적인 사항을 규정하는 총칙법(總則法)이다. 우리나라는 여러 가지 국세를 각각 별개의 세법에서 규정하는 '1세목 1세법주의'이다. 따라서 각 세법의 중복적인 규정을 피하고 세법체계의 일관성을 유지하기 위해 기본적이고 공통적인 사항을 총칙법으로 규정할 필요가 있는 것이다. 이와 함께 국세기본법은 위법 또는 부당한 국세처분에 대한 불복절차를 규정하는 불복절차법이기도 하다.

국세기본법은 내국세에 관한 기본법으로서 각 세법에 우선하여 적용되므로 국세기본법의 규정에 저촉되는 세법의 규정은 원칙적으로 효력을 갖지 못한다. 국세기본법은 내국세에 관한 법률에만 우선하여 적용되며, 지방세법이나 관세법에 대해서는 우선하지 못한다. 지방세법과 관세법은 자체적인 총칙규정을 두고 있다.

1.5.2 국세기본법 용어

세법의 내용을 잘 파악하기 위해서는 용어의 정확한 의미를 이해할 필요가 있다. 국세기본법에서 사용하는 주요 용어의 뜻은 다음과 같다.

용어	뜻
국 세	국가가 부과하는 조세 중 소득세, 법인세, 상속세와 증여세, 부가가치세, 개별소비세, 교통·에너지·환경세, 주세, 인지세, 증권거래세, 교육세, 농어촌특별세
세 법	국세의 종목과 세율을 정하고 있는 법률(개별세법)과 국세징수법, 조세특례제한법, 국제조세조정에 관한 법률, 조세범처벌법, 조세범처벌절차법
원천징수	세법에 따라 원천징수의무자가 국세를 징수하는 것
가 산 세	세법에서 규정하는 의무의 성실한 이행을 확보하기 위해 세법에 따라 산출한 세액에 가산하여 징수하는 금액(가산금은 포함하지 않음)

가 산 금	국세를 납부기한까지 납부하지 않은 경우에 국세징수법에 따라 고지세액에 가산하여 징수하는 금액과 납부기한이 지난 후 일정 기한까지 납부하지 않은 경우 그 금액에 다시 가산하여 징수하는 금액
체납처분비	국세징수법 중 체납처분에 관한 규정에 따른 재산의 압류, 보관, 운반과 매각에 든 비용(매각대행 수수료 포함)
지 방 세	지방세기본법에서 규정하는 제세
공 과 금	국세징수법에서 규정하는 체납처분의 예에 따라 징수할 수 있는 채권 중 국세, 관세, 임시수입부가세, 지방세와 이에 관계되는 가산금 및 체납처분비를 제외한 것
납세의무자	세법에 따라 국세를 납부할 의무(국세를 징수하여 납부할 의무는 제외)가 있는 자
납 세 자	납세의무자(연대납세의무자와 납세자를 갈음하여 납부할 의무가 생긴 경우의 제2차 납세의무자 및 보증인 포함)와 세법에 따라 국세를 징수하여 납부할 의무를 지는 자
제2차 납세의무자	납세자가 납세의무를 이행할 수 없는 경우에 납세자를 갈음하여 납세의무를 지는 자
보 증 인	납세자의 국세·가산금 또는 체납처분비의 납부를 보증한 자
과세기간	세법에 따라 국세의 과세표준 계산의 기초가 되는 기간
과세표준	세법에 따라 직접적으로 세액산출의 기초가 되는 과세물건의 수량 또는 가액
과세표준신고서	국세의 과세표준과 국세의 납부 또는 환급에 필요한 사항을 적은 신고서
과세표준수정신고서	당초에 제출한 과세표준신고서의 기재사항을 수정하는 신고서
법정신고기한	세법에 따라 과세표준신고서를 제출할 기한
세무공무원	국세청장, 지방국세청장, 세무서장 또는 그 소속 공무원
정보통신망	전기통신설비를 활용하거나 전기통신설비와 컴퓨터 및 컴퓨터의 이용기술을 활용하여 정보를 수집, 가공, 저장, 검색, 송수신하는 정보통신체계
전자신고	과세표준신고서 등의 서류를 국세정보통신망(Home Tax Service: HTS)을 이용하여 신고하는 것
특수관계인	본인과 친족관계에 있는 자, 본인과 임원·사용인 등 경제적 연관관계에 있는 자, 본인과 주주·출자자 등 경영지배관계에 있는 자

1.5.3 기간과 기한

기간(期間)은 어느 시점부터 어느 시점까지의 계속된 시간을 말하며, 기한(期限)은 법률행위의 효력발생·소멸이나 채무이행을 위하여 정해진 일정한 시점을 의미한다.

국세기본법 또는 세법에서 규정하는 기간의 계산은 원칙적으로 민법의 규정을 따른다.

1.5.4 서류의 송달

서류의 송달(送達)이란 국세에 관한 행정처분의 내용 및 이에 관련되는 사항을 당사자 또는 이해관계자에게 문서로써 알리는 절차를 의미한다.

국세기본법 또는 세법에 규정하는 서류는 그 명의인의 주소·거소·영업소 또는 사무소(전자송달은 명의인의 전자우편주소)에 송달하는 것을 원칙으로 한다.

서류는 교부, 우편 또는 전자송달에 의하여 송달함을 원칙으로 하지만, 주소불명 등의 사유로 서류를 송달할 수 없는 경우에는 공시송달에 의한다.

서류의 송달에 대한 효력은 원칙적으로 송달받을 자에게 도달한 때부터 발생한다(도달주의). 다만 전자송달의 경우에는 송달받을 자가 지정한 전자우편주소에 입력된 때부터 효력이 발생하고, 공시송달의 경우에는 서류의 주요 내용을 공고한 날부터 14일이 지나면 서류 송달이 된 것으로 본다.

1.6 국세부과의 원칙

국세의 부과는 납세의무를 확정시켜 당해 조세를 과세관청이 납세자에게 청구하거나 납세자가 확정한 납세의무를 세무당국에 신고하는 것을 의미하며, 이와 같은 납세의무의 확정과정에서 지켜야 할 원칙을 국세부과의 원칙이라고 한다. 국세기본법에서는 국세부과의 원칙으로 실질과세, 신의성실, 근거과세, 조세감면의 사후관리를 규정하고 있다.

1.6.1 실질과세

이는 법적 형식이나 외관에 관계없이 실질에 따라 세법을 해석하고 과세요건 사실을 인정해야 한다는 원칙이다. 실질과세의 원칙은 조세평등주의를 구체화한 것으로서 실질과 다른 법 형식을 통해 조세부담을 회피하는 행위를 방지하고 부담능력에 상응한 과세를 실현하기 위한 것이다.

국세기본법은 실질과세의 세 가지 유형을 규정하고 있다. 첫째, 과세의 대상이 되는 소득, 수익, 재산, 행위 또는 거래의 귀속이 명의(名義)일 뿐이고 사실상 귀속되는 자가 따로 있을 때에는 사실상 귀속되는 자를 납세의무자로 하여 세법을 적용한다(귀속에 관한 실질과세). 둘째, 세법 중 과세표준의 계산에 관한 규정은 소득, 수익, 재산, 행위 또는 거래의 명칭이나 형식에 관계없이 그 실질 내용에 따라 적용한다(거래 내용에 관한 실질과세). 셋째, 제3자를 통한 간접적인 방법이나 둘 이상의 행위 또는 거래를 거치는 방법으로 국세기본법 또는 세법의 혜택을 부당하게 받기 위한 것으로 인정되는 경우에는 그 경제적 실질 내용에 따라 당사자가 직접 거래를 한 것으로 보거나 연속된 하나의 행위 또는 거래를 한 것으로 보아 국세기본법 또는 세법을 적용한다(조세회피 방지를 위한 경제적 실질과세).

1.6.2 신의성실

이는 납세자 및 세무공무원이 그 의무를 이행함에 있어 신의에 따라 성실하게 하여야 한다는 원칙을 말한다. 신의성실의 원칙은 원론적으로 과세관청과 납세자 쌍방에 모두 적용되는 것이지만, 납세자가 신뢰를 지키지 않을 경우 과세관청은 가산세 부과 등의 제재수단을 사용할 수 있기 때문에 이 원칙에 크게 의존할 필요가 없을 것이다. 이와는 달리 과세관청이 납세자의 신뢰를 배반하더라도 납세자가 이를 주도적으로 제재하기 어렵고, 따라서 신의성실의 원칙은 납세자보다 과세관청에 주로 적용되는 원칙이라고 볼 수 있다.

1.6.3 근거과세

이는 근거가 불충분한 과세를 방지하여 납세자의 재산권이 부당하게 침해되지 않도록 하기 위한 취지에서 납세의무를 확정함에 있어 장부 등 직접적인 자료에 입각하도록 하는 원칙이다. 납세의무자가 세법에 따라 장부를 갖추어 기록하고 있는 경우에는 해당 국세 과세표준의 조사와 결정은 그 장부와 이에 관계되는 증거자료에 의하여야 한다. 또한 국세를 조사·결정할 때 장부의 기록 내용이 사실과 다르거나 장부의 기록에 누락된 것이 있을 때에는 그 부분에 대해서만 정부가 조사한 사실에 따라 결정할 수 있으며, 정부는 이처럼 장부의 기록 내용과 다른 사실 또는 장부 기록에 누락된 것을 조사하여 결정하였을 때에는 정부가 조사한 사실과 결정의 근거를 결정서에 적어야 한다.

1.6.4 조세감면의 사후관리

정부는 국세를 감면한 경우 그 감면의 취지를 성취하거나 국가정책을 수행하기 위하여 필요하다고 인정하면 세법에서 정하는 바에 따라 감면한 세액에 상당하는 자금 또는 자산의 운용범위를 정할 수 있고, 그 운용범위를 벗어난 자금 또는 자산에 상당하는 감면세액은 세법에서 정하는 바에 따라 감면을 취소하고 징수할 수 있다.

1.7 세법적용의 원칙

세법적용의 원칙이란 세법상의 법률효과 발생을 목적으로 한 법의 해석과 적용 과정에서 지켜야 할 원칙을 말하며, 국세기본법은 세법적용의 원칙으로서 납세자 재산권의 부당한 침해 금지, 소급과세의 금지, 세무공무원 재량의 한계, 기업회계의 존중을 규정하고 있다.

1.7.1 납세자 재산권의 부당한 침해 금지

세법을 해석하고 적용할 때에는 과세의 형평과 해당 조항의 합목적성에 비추어 납세자의 재산권이 부당하게 침해되지 않도록 하여야 한다. 조세는 국민의 재산권에 대한 침해적 성격을 가지며, 이러한 조세의 부과와 징수를 법률에 의해서만 가능하게 함으로써 국민의 재산권을 보호하는 것이 조세법의 가장 근본적인 존재 이유이다. 따라서 이는 세법적용의 원칙 중 가장 중심이 되는 원칙이다.

1.7.2 소급과세의 금지

국세기본법은 입법상의 소급과세 금지와 함께 행정상의 소급과세 금지를 규정하고 있다. 입법상의 소급과세 금지는 조세법률관계의 법적 안정성과 예측가능성을 보장하기 위하여 법규의 효력발생 전에 완결된 사실에 대하여 새로 제정된 법을 적용하지 않는 것을 의미한다. 행정상의 소급과세 금지는 세법의 해석이나 국세행정의 관행이 일반적으로 납세자에게 받아들여진 후에는 그 해석이나 관행에 의한 행위 또는 계산을 정당한 것으로 보며, 새로운 해석이나 관행에 의하여 소급하여 과세하지 않는 것을 말한다. 소급과세 금지의 원칙은 납세자의 법적 안정성과 신뢰이익을 보호하기 위한 것이므로 납세자에게 유리한 소급효(遡及效)는 인정된다고 보아야 할 것이다.

1.7.3 세무공무원 재량의 한계

세무공무원이 재량(裁量)으로 직무를 수행할 때에는 과세의 형평과 해당 세법의 목적에 비추어 일반적으로 적당하다고 인정되는 한계를 엄수하여야 한다. 조세법률주의를 지향하더라도 모든 사항을 법률로 완벽하게 규정하기는 어렵기 때문에 과세관청에 어느 정도의 재량을 허용하는 것은 불가피할 것이다. 하지만, 이 경우에도 과세관청의 재량권 행사가 지나치지 않도록 엄격히 제한할 필요가 있다.

1.7.4 기업회계의 존중

세무공무원이 국세의 과세표준을 조사·결정할 때에는 해당 납세의무자가 계속하여 적용하고 있는 기업회계의 기준 또는 관행으로서 일반적으로 공정·타당하다고 인정되는 것은 존중하여야 한다. 다만, 세법에 특별한 규정이 있는 것은 그렇지 않다.

1.8 납세의무

1.8.1 납세의무의 성립과 과세요건

납세의무의 성립이란 각 세법이 규정하고 있는 과세요건이 충족됨으로써 납세의무가 객관적으로 발생하는 것을 의미한다. 과세요건은 납세의무의 성립에 필요한 법률상의 요건을 말하며, 일반적으로 납세의무자, 과세물건과 그 귀속, 과세표준과 세율 등이 포함된다. 과세물건은 조세법규가 과세의 대상으로 정하고 있는 물건, 행위, 사실을 말하며, 과세물건의 귀속이란 이러한 과세물건과 납세의무자와의 결합관계를 의미한다.

1.8.2 납세의무의 성립시기

납세의무의 성립시기는 과세요건이 충족되는 시점을 말하며, 국세기본법상 주요 조세의 원칙적인 성립시기는 다음과 같다.

- 소득세, 법인세: 과세기간이 끝나는 때(청산소득에 대한 법인세는 그 법인이 해산 또는 합병하는 때)
- 부가가치세: 과세기간이 끝나는 때(수입재화는 세관장에게 수입신고를 하는 때)
- 상속세: 상속이 개시되는 때

- 증여세: 증여에 의해 재산을 취득하는 때
- 증권거래세: 해당 매매거래가 확정되는 때
- 가산세: 가산할 국세의 납세의무가 성립하는 때

한편, 원천징수세액 등은 원칙적인 성립시기가 도래하기 전에 납부해야 하므로 다음과 같이 예외적인 성립시기를 규정하고 있다.

- 원천징수하는 소득세 · 법인세: 소득금액 또는 수입금액을 지급하는 때
- 납세조합이 징수하는 소득세 또는 예정신고 납부하는 소득세: 과세표준이 되는 금액이 발생한 달의 말일
- 중간예납하는 소득세 · 법인세, 예정신고기간에 대한 부가가치세: 중간예납기간 또는 예정신고기간이 끝나는 때
- 수시부과하여 징수하는 국세: 수시부과할 사유가 발생한 때

1.8.3 정부부과제도와 신고납세제도

과세요건이 충족되어 납세의무가 성립하면 납세의무가 객관적으로 존재하게 되지만, 이는 아직 추상적인 존재이므로 납세의무를 확정하는 절차가 필요하다. 납세의무의 확정이란 이미 성립한 납세의무에 대하여 과세요건 사실을 파악하고 세법을 적용하여 과세표준과 세액을 계산하는 등 구체적으로 그 내용을 확인하는 절차를 말한다. 이와 같이 납세의무의 확정은 납세의무를 새롭게 창설하는 것이라기보다는 이미 성립하여 존재하는 납세의무를 사후적으로 확인하는 절차라고 보는 것이 타당할 것이다.

납세의무를 확정하는 절차로는 정부부과제도와 신고납세제도가 있다.

정부부과제도(政府賦課制度)는 납세의무 확정의 권한을 과세권자에게만 부여하는 제도이며, 상속세와 증여세에 적용되고 있다. 정부부과제도는 정부의 부과처분, 즉 결정에 의하여 납세의무가 확정되며, 납세의무자에게 결정통지서가 도달하는 시점에 납세의무 확정의 효력이 발생한다. 이 제도를 적용하는 세목에서도 대부분 납세의무자에게 과세표준 신고의무를 부담시키고 있지만, 이는 단지 정부의 결정에 필

요한 근거자료를 확보하기 위한 것이며 납세의무자의 이러한 협력의무 이행이 납세의무를 확정시키는 법적 효력을 발생시키는 것은 아니다. 따라서 납세의무자의 과세표준신고가 정당한지의 여부에 관계없이 정부는 반드시 과세표준과 세액의 결정을 하여야 하며, 실무적으로는 과세관청이 결정한 과세표준과 세액을 납세고지서에 기재하여 통보함으로써 납세의무의 확정과 이행청구가 동시에 이루어지고 있다.

신고납세제도(申告納稅制度)는 납세의무 확정의 권한을 먼저 납세의무자에게 부여하고 과세권자의 확정권은 보충적 지위에 유보하는 제도이며, 법인세, 소득세, 부가가치세 등에서 이 제도를 적용하고 있다. 신고납세제도에서는 원칙적으로 납세의무자의 과세표준신고에 의해 납세의무가 확정된다. 납세의무자가 과세표준신고를 하지 않은 경우에는 정부가 과세표준과 세액을 결정하여 납세의무를 확정하게 되지만, 납세의무자가 과세표준신고를 하면 그 내용이 정당한지의 여부에 관계없이 일단 납세의무가 확정되는 효력이 발생한다. 만약 과세관청이 납세의무자의 과세표준신고가 정당하지 않다고 여기면, 이미 확정된 납세의무의 내용을 변경하는 처분인 경정처분을 할 수 있다.

1.8.4 납부의무의 소멸

국세의 납부의무는 다음의 경우에 소멸한다.

- 납부: 세액을 국고에 납입
- 충당: 납부할 국세를 국세환급금과 상계
- 부과취소: 유효하게 이루어진 부과처분을 당초 처분시점으로 소급하여 효력을 상실시키는 처분
- 국세부과의 제척기간 만료
- 국세징수권 소멸시효의 완성

국세부과의 제척기간(除斥期間)이란 납세의무 성립 후 국가가 부과권(결정, 경정결정 등의 행정처분)을 행사할 수 있는 기간을 의미한다. 납세의무 성립 후 국가가 이들 부과권을 행사하면 납세의무가 확정되거나 변경되는 효과가 발생하는데, 제척기

간은 조세법률관계를 조속히 안정시켜 납세의무자의 법적 안정성을 보장하기 위한 제도이다.

일반적인 국세의 원칙적인 제척기간은 다음과 같다.

구 분	제척기간
부정행위로 국세를 포탈하거나 환급·공제받은 경우	10년(국제거래 15년)
부정행위로 세금계산서 미발급 등의 가산세 부과대상이 되는 경우	10년
법정신고기한까지 과세표준신고서를 제출하지 않은 경우	7년
그 밖의 경우	5년

제척기간이 만료하면 부과권이 소멸하므로 국가는 더 이상 결정, 경정결정 등의 처분을 할 수 없으며, 성립된 납세의무가 확정되지 않고 소멸하게 된다.

국세징수권의 소멸시효(消滅時效)는 국가가 국세징수권을 일정 기간 행사하지 않는 경우 그 국세징수권을 소멸시키는 제도이며, 이는 오래된 사실상태를 존중함으로써 사회질서의 안정을 도모하기 위한 것이다. 국세징수권은 이를 행사할 수 있는 때부터 5년간 행사하지 않으면 소멸시효가 완성된다(5억원 이상의 국세는 10년).

〈납부의무의 소멸〉

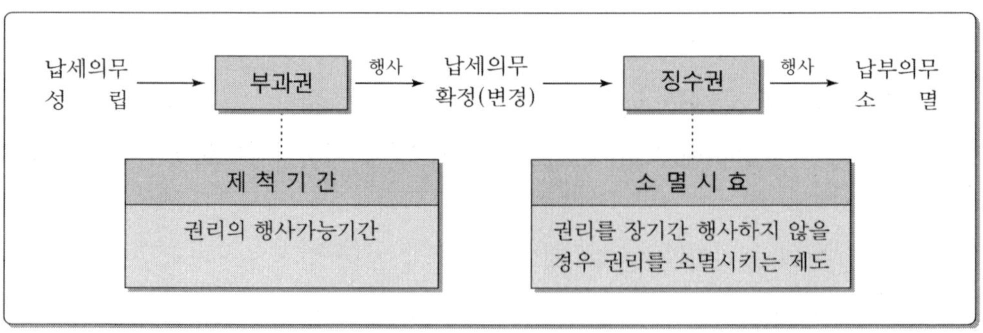

1.9 과세와 환급

1.9.1 관할관청

관할관청(管轄官廳)은 국세에 관한 사무를 담당하는 행정기관을 말하며, 국세의 관할관청은 세목별로 그 납세지를 관할하는 세무서장이다. 납세지는 국세의 부과징수권 행사나 납세의무의 이행에 있어서 기준이 되는 장소를 의미하며, 세목별로 개별세법에서 규정하고 있다.

과세표준신고서는 신고 당시 해당 국세의 납세지를 관할하는 세무서장에게 제출하여야 하며, 전자신고를 하는 경우에는 지방국세청장이나 국세청장에게 제출할 수 있다. 과세표준신고서가 관할세무서장 외의 세무서장에게 제출된 경우에도 그 신고의 효력에는 영향이 없다.

국세의 과세표준과 세액의 결정 또는 경정결정은 그 처분 당시 그 국세의 납세지를 관할하는 세무서장이 하며, 관할세무서장 외의 세무서장이 한 결정 또는 경정결정처분은 그 효력이 없다.

1.9.2 수정신고와 경정 등의 청구

수정신고(修正申告)는 이미 신고한 과세표준 및 세액이 과소하거나 이미 신고한 결손금액 또는 환급세액이 과대한 경우, 이미 신고한 내용이 불완전한 경우에 납세의무자가 이를 정정하는 신고를 말한다. 과세표준신고서를 법정신고기한까지 제출한 자는 관할세무서장이 각 세법에 따라 해당 국세의 과세표준과 세액을 결정 또는 경정하여 통지하기 전으로서 국세부과의 제척기간이 끝나기 전까지 과세표준신고서를 제출할 수 있다. 정부부과제도에서는 당초의 신고가 납세의무를 확정시키는 효력이 없으므로 수정신고도 확정력이 없으며, 따라서 수정신고를 하더라도 정부의 경정이 없이는 납세의무가 증액되지 않는다. 그러나 신고납세제도에서는 당초의 신고가 납세의무를 확정시키는 효력을 가지므로 수정신고도 확정력을 갖게 되며, 따라서 정부의 경정이 없더라도 수정신고로 인하여 납세의무는 증액된다.

경정 등의 청구는 이미 신고·결정·경정된 과세표준 및 세액이 과대하거나 이미 신고·결정·경정된 결손금액 또는 환급세액이 과소한 경우 과세관청에게 이를 정정하여 결정 또는 경정하도록 촉구하는 납세의무자의 청구를 말한다. 결정 또는 경정의 청구를 받은 세무서장은 그 청구를 받은 날부터 2개월 이내에 과세표준 및 세액을 결정 또는 경정하거나 결정 또는 경정하여야 할 이유가 없다는 뜻을 그 청구를 한 자에게 통지하여야 한다. 이와 같이 경정 등의 청구는 그 자체만으로는 납세의무를 감액변동시키는 확정력을 갖지 못하고, 과세관청에게 일정 기간 내에 청구의 취지에 따른 결정 또는 경정을 하여야 할 법적 의무를 지우는 것이다.

1.9.3 기한후신고

법정신고기한까지 과세표준신고서를 제출하지 않은 자는 관할세무서장이 세법에 따라 해당 국세의 과세표준과 세액(가산세 포함)을 결정하여 통지하기 전까지 기한후과세표준신고서를 제출할 수 있다. 기한후신고(期限後申告)를 하더라도 해당 국세의 납세의무를 확정시키는 효력은 없기 때문에 기한후과세표준신고서를 제출하고 그 세액을 납부한 경우 관할세무서장은 세법에 따라 신고일부터 3개월 이내에 해당 국세의 과세표준과 세액을 결정하여야 한다. 기한후신고는 법정신고기한까지 세무신고를 하지 못한 경우 무신고에 따른 가산세 부담을 줄일 수 있는 기회를 부여한 제도이다.

1.9.4 국세환급금

납세의무자가 국세, 가산금, 체납처분비로 납부한 금액 중 과오납금이 있거나 세법에 따라 환급하여야 할 환급세액이 있을 때에는 이것을 납세자에게 반환하여야 하며, 그 반환해야 할 금액을 국세환급금(國稅還給金)이라 한다.

과오납금(過誤納金)이나 환급세액이 있는 경우 세무서장은 이를 국세환급금으로 결정하여야 한다. 국세환급금은 다른 세금과 상계하거나(충당), 충당 후 남은 금액을 국세환급금의 결정일로부터 30일 내에 환급청구권자에게 지급하여야 한다.

납세자가 국세를 체납하면 가산금을 징수하는 것처럼 국세환급금에 대해서는 법정이자를 지급하는데, 이를 국세환급가산금이라 부른다.

납세자의 국세환급금과 국세환급가산금에 관한 권리는 행사할 수 있는 때부터 5년간 행사하지 않으면 소멸시효가 완성된다.

1.10 납세자권리구제

1.10.1 세무조사

국세의 과세표준과 세액을 결정 또는 경정하기 위하여 질문하고 해당 장부, 서류 또는 그 밖의 물건 등을 검사·조사하는 것을 세무조사라고 한다.

세무조사 대상자의 선정은 정기선정에 의한 조사와 수시선정에 의한 조사로 구분된다. 정기선정에 의한 조사는 장기미조사자(최근 4과세기간 이상 같은 세목의 세무조사를 받지 않은 납세자) 등을 대상으로 정기적으로 신고의 적정성을 검증하기 위한 것이며, 수시선정에 의한 조사는 다음의 경우에 이루어진다.

- 세법에서 정하는 신고, 성실신고확인서의 제출, 세금계산서 또는 계산서의 작성·교부·제출, 지급명세서의 작성·제출 등의 납세협력의무를 이행하지 않은 경우
- 무자료거래, 위장·가공거래 등 거래내용이 사실과 다른 혐의가 있는 경우
- 납세자에 대한 구체적인 탈세제보가 있는 경우
- 신고내용에 탈루나 오류의 혐의를 인정할 만한 명백한 자료가 있는 경우
- 납세자가 세무공무원에게 직무와 관련하여 금품을 제공하거나 금품제공을 알선한 경우

증여세나 상속세처럼 과세관청의 조사결정에 따라 과세표준과 세액이 확정되는 세목의 경우에도 세무공무원은 과세표준과 세액을 결정하기 위하여 세무조사를 할 수 있다.

납세자는 세무조사를 받는 경우에 변호사, 공인회계사, 세무사로 하여금 조사에 참여하게 하거나 의견을 진술하게 할 수 있다.

세무조사가 종료되면 세무공무원은 그 조사 결과를 서면으로 납세자에게 통지하여야 한다.

1.10.2 과세전적부심사

세무조사 결과에 대한 서면통지나 그 밖에 과세예고통지를 받은 자는 통지를 받은 날부터 30일 이내에 통지를 한 세무서장이나 지방국세청장에게 통지 내용의 적법성에 관한 과세전적부심사(課稅前適否審査)를 할 수 있다. 과세전적부심사는 정식의 국세처분을 받기 전에 납세자의 청구에 의하여 그 국세처분의 타당성을 미리 심사하는 제도이다.

조세쟁송제도는 일단 국세처분이 있은 후에 그 국세처분의 타당성을 다투는 사후적 권리구제제도이지만, 과세전적부심사는 국세처분이 있기 전에 미리 이를 다투어 위법·부당한 국세처분을 예방하는 사전적 권리구제제도라는 점에서 차이가 있다.

과세전적부심사청구를 받은 세무서장 등은 과세전적부심사에 대한 결정이 있을 때까지 과세표준 및 세액의 결정이나 경정결정을 유보하여야 하며, 국세심사위원회의 심사를 거쳐 과세전적부심사에 대하여 결정(심사거부, 불채택, 채택)하고 그 결과를 청구를 받은 날부터 30일 이내에 청구인에게 통지하여야 한다.

1.10.3 조세쟁송제도

국세기본법 또는 세법에 따른 처분으로서 위법 또는 부당한 처분을 받거나 필요한 처분을 받지 못하여 권리나 이익을 침해당한 자는 국세기본법에 따라 행정청에 그 처분의 취소 또는 변경을 청구하거나 필요한 처분을 청구할 수 있다.

〈국세불복절차〉

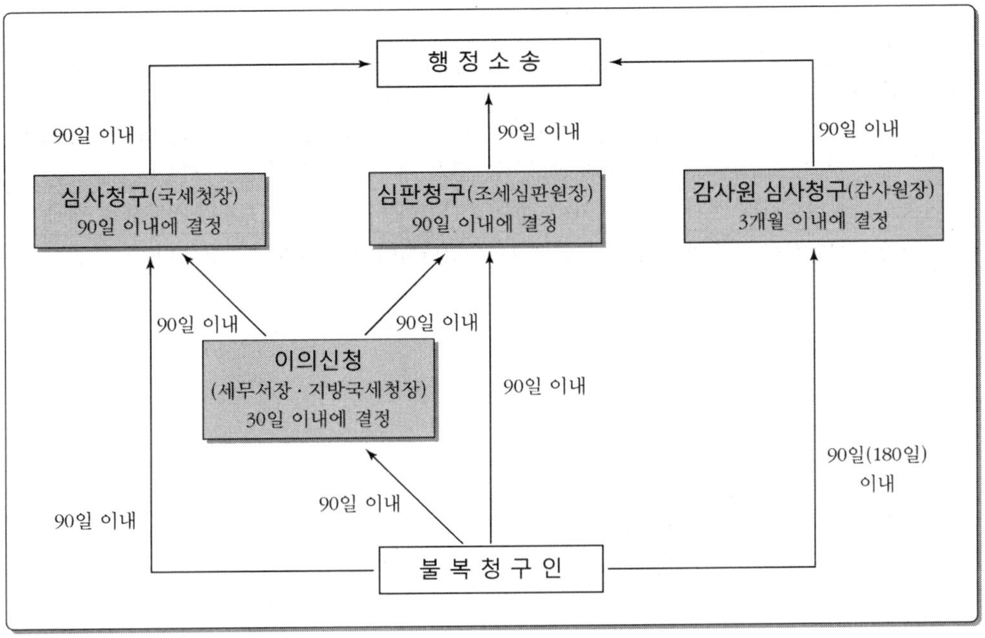

국세기본법에 따른 불복(不服)은 국세청장에 대한 심사청구(審査請求) 또는 조세심판원장에 대한 심판청구(審判請求)에 의하며 동일한 처분에 대해서는 심사청구와 심판청구를 중복하여 제기할 수 없기 때문에 원칙적으로 1심급으로 되어 있다. 하지만 불복청구인이 소관세무서장 또는 소관지방국세청장에게 이의신청(異議申請)을 할 수도 있고 그 결정을 받아 심사청구 또는 심판청구를 할 수 있기 때문에, 불복청구인이 이의신청을 거치는 경우에는 2심급이 된다.

행정상의 법률관계에 관한 분쟁은 행정소송에 의해 사법부의 법적 심판을 받아야 하지만, 일반적으로 행정소송의 제기를 위한 필요적 전심절차로서 행정심판에 의해 행정청 자신의 재결을 거쳐야 한다(행정심판 전치주의). 그러나 국세에 관한 불복에 있어서는 국세의 특수성을 감안하여 행정심판법에 따른 행정심판절차를 배제하고, 그 대신 국세기본법에 따른 불복절차를 거치도록 하고 있다. 결국 국세에 관한 행정쟁송은 국세기본법에 따른 불복 또는 감사원 심사청구에 의해 이루어지며, 이를 적법하게 거치지 않으면 행정소송을 제기할 수 없다.

불복청구에 대한 결정의 종류는 다음과 같다.

구 분	내 용
각하(却下)	요건심리(要件審理)의 결과 청구가 형식적으로 부적합한 경우 본안심리(本案審理)를 하지 않고 청구 자체를 물리치는 결정(예: 청구기간이 지난 경우)
기각(棄却)	본안심리의 결과 청구가 이유 없다고 판단하여 청구인의 주장을 거부하는 결정
인용(認容)	본안심리의 결과 청구가 이유 있다고 판단하여 청구인의 주장을 수용하는 결정

연습문제

문 1 다음 조세 중 국세가 아닌 것은?

① 법인세　　② 소득세

③ 부가가치세　　④ 재산세

문 2 직접세와 간접세를 구분하는 기준은?

① 과세주체　　② 세수 용도의 특정 여부

③ 조세부담의 전가 여부　　④ 납세의무자의 인적 사항 고려 여부

문 3 조세의 분류기준에 관한 다음 설명 중 타당하지 않은 것은?

① 세수 용도를 특정하지 않고 일반경비에 충당하는 조세를 보통세라고 한다.

② 간접세는 법률상 납세의무자와 경제적 담세자가 다른 조세이며, 부가가치세가 이에 속한다.

③ 법인세와 소득세는 납세의무자를 중심으로 그 인적 측면에 주안점을 두어 부과하는 인세에 속한다.

④ 부가세는 다른 조세에 부가되는 조세이며, 부가가치세가 이에 속한다.

문 4 다음 중 조세법률주의의 내용으로 보기 어려운 것은?

① 실질과세의 원칙

② 과세요건 법정주의

③ 과세요건 명확주의

④ 새로운 법률에 따른 소급과세의 금지

문 5 국세기본법과 관련한 다음 설명 중 타당하지 않은 것은?

① 국세기본법은 국세에 관한 기본적이고 공통적인 사항을 규정하는 총칙법이다.

② 우리나라는 '1세목 1세법주의'를 따르고 있다.

③ 국세기본법은 위법 또는 부당한 국세처분에 대한 불복절차를 규정하는 불복절차법이기도 하다.

④ 국세기본법은 지방세법이나 관세법에 대해서도 우선하여 적용된다.

문 6 국세를 납부기한까지 납부하지 않은 경우에 국세징수법에 따라 고지세액에 가산하여 징수하는 금액과 납부기한이 지난 후 일정 기한까지 납부하지 않은 경우 그 금액에 다시 가산하여 징수하는 금액은?

① 가산세　　② 가산금
③ 체납처분비　　④ 공과금

문 7 다음 중 국세기본법상 특수관계인에 속하지 않는 자는?

① 본인과 동창관계(고교, 대학)에 있는 자
② 본인과 친족관계에 있는 자
③ 본인과 임원·사용인 등 경제적 연관관계에 있는 자
④ 본인과 주주·출자자 등 경영지배관계에 있는 자

문 8 기간과 기한에 대한 다음 설명 중 타당하지 않은 것은?

① 기간은 어느 시점에서 어느 시점까지의 계속된 기간을 말한다.
② 기한은 법률행위의 효력발생·소멸이나 채무이행을 위하여 정해진 일정한 시점을 말한다.
③ 국세기본법 또는 세법에서 규정하는 기간의 계산은 원칙적으로 민법의 규정을 따른다.
④ 4월 25일은 부가가치세 제1기 예정신고기간이다.

문 9 다음 중 국세부과의 원칙으로 보기 어려운 것은?

① 실질과세　　② 신의성실
③ 근거과세　　④ 수시부과

문 10 실질과세에 관한 다음 설명 중 타당하지 않은 것은?

① 과세의 대상이 되는 소득이나 재산의 사실상 귀속자가 따로 있더라도 그 명의자에게 과세하여야 한다.
② 세법 중 과세표준의 계산에 관한 규정은 소득 또는 거래의 명칭이나 형식에 관계없이 그 실질 내용에 따라 적용한다.
③ 실질과세는 조세평등주의를 구체화한 것으로 볼 수 있다.
④ 실질과 다른 법 형식을 통해 조세부담을 회피하는 행위를 방지하고 부담능력에 상응한 과세를 실현하기 위한 것이다.

문 11 다음 중 세법적용의 원칙으로 보기 어려운 것은?

① 납세자 재산권의 부당한 침해 금지

② 소급과세의 금지

③ 세무공무원 재량의 한계

④ 조세감면의 사후관리

문 12 국세기본법상 납세의무의 성립시기에 관한 다음 설명 중 타당하지 않은 것은?

① 소득세와 법인세는 과세기간이 끝나는 때 납세의무가 성립한다.

② 상속세는 상속이 개시되는 때 납세의무가 성립한다.

③ 부가가치세는 재화가 공급되는 시점에 납세의무가 성립한다.

④ 가산세는 가산할 국세의 납세의무가 성립하는 때 납세의무가 성립한다.

문 13 신고납세제도에 관한 다음 설명 중 타당하지 않은 것은?

① 납세의무 확정의 권한을 먼저 납세의무자에게 부여하는 제도이다.

② 정부의 부과처분(결정)에 의해 납세의무가 확정된다.

③ 법인세, 소득세, 부가가치세는 신고납세제도를 채택하고 있다.

④ 납세의무자의 과세표준신고에 의해 납세의무가 확정된다.

문 14 국세의 납부의무는 다음의 경우에 소멸한다. 타당하지 않은 것은?

① 납부 또는 충당 ② 이의신청

③ 부과취소 ④ 국세징수권 소멸시효의 완성

문 15 국세부과의 제척기간에 관한 설명이다. 타당하지 않은 것은?

① 납세의무 성립 후 국가가 부과권을 행사할 수 있는 기간이다.

② 조세법률관계를 조속히 안정시켜 납세의무자의 법적 안정성을 보장하기 위한 제도이다.

③ 제척기간이 만료되면 부과권이 소멸한다.

④ 국세징수권의 소멸시효를 의미한다.

문 16 수정신고와 경정청구에 관한 설명이다. 타당하지 않은 것은?

① 수정신고는 이미 신고한 과세표준과 세액이 과소한 경우 납세의무자가 이를 정정하는 신고이다.

② 정부부과제도에서는 당초의 신고가 납세의무를 확정시키는 효력이 없으므로 수정신고도 확정력이 없다.

③ 경정청구는 그 자체만으로 납세의무를 감액변동시키는 확정력을 갖는다.

④ 경정청구는 이미 신고한 과세표준과 세액이 과대한 경우 과세관청에게 이를 정정하여 경정하도록 촉구하는 납세의무자의 청구이다.

문 17 기한후신고에 관한 다음 설명 중 타당하지 않은 것은?

① 기한후신고를 하면 해당 국세의 납세의무를 확정시키는 효력이 있다.

② 법정신고기한까지 과세표준신고서를 제출하지 않은 자는 관할세무서장이 세법에 따라 해당 국세의 과세표준과 세액을 결정하여 통지하기 전까지 기한후과세표준신고서를 제출할 수 있다.

③ 무신고에 따른 가산세 부담을 줄일 수 있다.

④ 관할세무서장은 신고일부터 3개월 이내에 해당 국세의 과세표준과 세액을 결정하여야 한다.

문 18 납세자가 국세를 체납하면 가산금을 징수하는 것처럼 국세환급금에 대해서 법정이자를 지급하는 것을 무엇이라 하는가?

① 가산세　　② 국세환급가산금

③ 체납처분비　　④ 세액공제

문 19 세무조사 결과에 대한 서면통지나 과세예고통지를 받은 자가 정식의 국세처분을 받기 전에 국세처분의 적법성 여부를 미리 심사받는 사전적 권리구제제도는?

① 과세전적부심사　　② 이의신청

③ 심사청구　　④ 심판청구

문 20 불복청구에 대하여 본안심리의 결과 청구가 이유 있다고 판단하여 청구인의 주장을 수용하는 결정은?

① 각하 ② 기각

③ 인용 ④ 부인

02장

법인세 1

2.1 법인세의 의의

2.1.1 법인세의 성격

법인세(法人稅; corporate income tax)는 직접세인 국세로서 법인이 벌어들인 소득에 대하여 부과되는 세금이다.

법인세는 기간이익의 크기에 따라 세금이 결정되기 때문에 기업회계와 밀접한 관련이 있고, 개인사업자가 내는 개인소득세와도 유사한 점이 많다.

법인세는 법인 스스로 과세표준과 세액을 관할세무서에 신고·납부하는 신고납부제도를 채택하고 있으며, 이는 소득세의 경우에도 동일하다.

법인세와 소득세는 기간이익에 대해 과세하는 점에서 공통점이 있지만, 구체적으로 과세소득의 범위를 결정함에 있어서는 차이가 있다. 소득세법은 계속적·반복적으로 발생하는 소득에 대해서만 세금을 부과하는 소득원천설을 따르며, 법에서 구체적으로 열거된 것만을 과세하는 열거주의 과세방식을 취하고 있다. 이에 비해서 법인세법은 일정기간 동안의 순자산증가액을 파악하여 과세소득으로 보는 순자산증가설의 입장을 취하며, 순자산을 증가시키는 모든 소득에 대해서 포괄적으로 과세하는 포괄주의 과세방식을 채택하고 있다.

2.1.2 법인세의 과세대상소득

법인세의 과세대상소득은 크게 각 사업연도소득, 토지 등 양도소득, 청산소득, 미환류소득으로 구분할 수 있다.

각 사업연도소득이란 법인이 매 사업연도에 벌어들인 소득으로서 법인세 중 가장 기본이 되는 소득이다. 법인세법은 포괄주의 과세방식을 취하고 있기 때문에 원칙적으로 순자산을 증가시키는 모든 소득이 각 사업연도소득에 포함된다. 각 사업연도소득은 각 사업연도별로 익금에서 손금을 차감한 것이며, 실무적으로는 기업회계를 기초로 측정한 당기순이익에 기업회계와 세무회계의 차이를 반영하여 세무조정을 하는 방법으로 계산한다.

토지 등 양도소득은 법인의 부동산 투기방지를 위해서 주택 및 토지의 양도소득에 대하여 각 사업연도소득에 대한 세금 외에 추가적으로 법인세를 부과하는 소득이다. 주택 및 토지의 양도소득에 대한 개인의 소득세율은 법인세율보다 훨씬 높기 때문에 이러한 세율 차이로 인한 영향을 조정함으로써 법인의 부동산 투기를 규제하려는 정책 취지가 반영되어 있다.

청산소득(淸算所得)은 법인이 해산하는 경우 발생하는 소득이며, 법인의 순자산가액에서 세무상 자기자본을 차감한 것을 의미한다. 세무상 자기자본 중 유보이익에 대해서는 이미 각 사업연도소득으로 과세하였지만, 법인이 청산되는 시점에서 세무상 자기자본을 초과하는 순자산가액이 생길 경우 이에 대해서 과세하는 것이다. 세무상 자기자본이란 세무상 자산에서 부채를 차감한 순자산가액을 말하며, 이는 법인 설립 이후 청산 시점까지 측정해 온 각 사업연도소득이 모두 반영된 결과로 볼 수 있다. 각 사업연도소득을 계산하기 위해서 기업회계와 세무회계의 모든 역량이 집중되지만, 현실적으로 계속기업에 대한 기간이익 측정을 통해서 각 사업연도별 순자산의 증가를 완전하게 담아내기에는 한계가 있다. 이와 같이 청산소득은 법인 설립 이후 각 사업연도소득으로 포착하지 못한 순자산의 증가를 파악하여 법인의 청산 시점에 최종적으로 정산하는 의미가 있다.

미환류소득은 투자, 임금 등으로 환류하지 아니한 소득을 의미한다. 기업의 미환류소득에 대한 법인세는 자기자본이 500억원을 초과하는 법인(중소기업은 제외)이나 공정거래법상의 상호출자제한기업집단에 속하는 법인이 미환류소득의 20%를 법인세액에 추가하여 납부하는 제도이다.

2.1.3 법인세와 이중과세의 조정

법인세는 법인의 소득에 대하여 부과하는 세금이다. 법인세를 납부하고 남은 이익을 주주에게 배당하면 소득세(법인주주는 법인세)가 부과된다. 이와 같이 법인이 벌어들인 소득에 대해서 법인세를 부과하고 세후이익을 주주에게 배당하는 단계에서 또 다시 세금을 부과하기 때문에, 결국 동일한 소득에 대해서 이중으로 과세하는 문제점이 발생한다.

이론적으로 법인에게 독자적으로 세금을 부과할 수 있는가에 관해서는 법인의 소득에 대해서 소득세와는 별개로 법인세를 독립적으로 과세할 수 있다는 견해(독립과세론)와 법인은 창출한 소득을 주주에게 분배하기 위한 도관(導管; conduit)에 불과하며 법인세는 소득의 최종 귀속자인 주주에게 소득세를 부과하는 과정에서 미리 부과한 세금으로 보아야 한다는 견해(통합과세론)가 있다. 현실적으로 대부분의 국가에서는 법인의 소득에 대하여 법인세를 부과하는 대신에 이중과세를 조정하는 제도를 두고 있으며, 우리나라에서도 다음의 제도를 운용하고 있다.

첫째, 개인주주가 받는 배당소득에 대하여 소득세를 과세할 때 해당 배당소득에 관련된 법인세 상당액(귀속법인세)을 배당소득 총수입금액에 가산하여 소득세를 계산하고, 소득세 산출세액에서 그 귀속법인세를 배당세액공제로 차감해 주는 제도가 있다(소득세 7.5.3 배당소득에 대한 이중과세의 조정 부분 참조).

둘째, 법인주주가 받는 배당금에 대하여 이를 익금불산입하는 제도가 있다. 법인주주는 지주회사와 일반법인으로 구분되며, 일반법인보다 지주회사가 받는 수입배당금이 익금불산입되는 비율이 더 높다.

2.2 사업연도와 납세지

2.2.1 사업연도

법인의 소득은 계속해서 발생하므로 과세를 위해서는 일정한 기간 단위로 소득을 구분하여야 하며, 이와 같이 소득을 계산하는 1회계기간을 사업연도라고 한다. 사업연도는 법령이나 법인의 정관 등에서 정하는 1회계기간으로 하며, 그 기간은 1년을 초과하지 못한다. 법령이나 법인의 정관 등에 사업연도에 관한 규정이 없는 내국법인은 사업연도를 정하여 법인설립신고 또는 사업자등록과 함께 납세지 관할세무서장에게 사업연도를 신고하여야 한다. 사업연도를 신고하지 않은 경우에는 매년 1

월 1일부터 12월 31일까지를 그 법인의 사업연도로 한다.

2.2.2 납세지

납세지(納稅地)란 납세의무자가 납세의무를 이행하고 과세권자가 부과징수를 행하는 기준이 되는 장소를 말하며, 법인세는 납세지를 관할하는 세무서장 또는 지방국세청장이 과세한다.

내국법인의 경우 법인세의 납세지는 원칙적으로 법인의 등기부에 따른 본점이나 주사무소 소재지이며, 외국법인의 법인세 납세지는 국내사업장 소재지가 된다.

원천징수한 법인세의 납세지는 해당 원천징수의무자의 소재지로 한다.

2.3 법인의 유형과 납세의무

법인은 법인의 목적에 따라 영리법인과 비영리법인으로 분류되고, 본점(영리법인)이나 주사무소(비영리법인)가 국내에 있는지의 여부에 따라 내국법인과 외국법인으로 구분된다.

영리법인은 영리목적으로 설립된 법인이며, 이익을 그 구성원에게 분배한다. 이에 비해서 비영리법인은 비영리 공익사업을 목적으로 설립된 법인이며, 이익을 그 구성원에게 분배하지 않는다.

법인이 납세의무를 지는 과세소득의 범위는 법인의 유형에 따라 다르다.

가장 일반적인 영리내국법인은 모든 소득(각 사업연도소득, 토지 등 양도소득, 청산소득)에 대해서 납세의무를 부담한다. 법인세는 법인이라는 인격을 기준으로 과세하는 세금이므로 납세의무의 범위도 원칙적으로 그 법인격에 귀속되는 모든 소득에 미친다. 내국법인은 법인격의 소재지가 국내에 있기 때문에 국내원천소득은 물론 국외원천소득에 대해서도 각 사업연도의 소득에 대한 법인세 납세의무를 진다(무제한 납세의무).

외국법인은 법인격의 소재지가 국외에 있기 때문에 우리나라의 과세권이 소득 전체에는 미치지 못하고, 일정한 국내원천소득(國內源泉所得)에 대해서만 법인세 납세의무를 부담한다(제한 납세의무). 이와 같이 외국법인은 각 사업연도소득 중 국내원천소득과 토지 등 양도소득에 대하여 납세의무가 있으며, 청산소득은 비과세된다.

비영리법인은 수익사업에서 발생한 소득과 토지 등 양도소득에 대해서만 납세의무를 지며, 비영리법인이 청산하면 잔여재산을 국가나 다른 비영리법인에 기부해야 하므로 청산소득은 비과세된다.

〈법인유형별 납세의무의 범위〉

구 분	납세의무의 범위		
	각 사업연도소득	토지 등 양도소득	청산소득
영리 내국법인	국내외원천소득	과 세	과 세
비영리 내국법인	국내외원천소득 중 수익사업소득	과 세	비 과 세
영리 외국법인	국내원천소득	과 세	비 과 세
비영리 외국법인	국내원천소득 중 수익사업소득	과 세	비 과 세

1,700억대 법인세 소송, 론스타가 웃었다

1,700억원대 법인세를 둘러싼 소송에서 론스타가 먼저 웃었다.

서울행정법원은 28일 미국계 사모펀드인 론스타펀드가 한국 세무당국을 상대로 제기한 법인세 부과처분 취소소송에서 원고의 손을 들어줬다.

재판부는 "국내 주식투자에 대한 주요한 결정은 모두 미국에 있는 본사에서 이뤄져 론스타가 국내에 고정사업장을 가지고 있다고 보기 어렵다"면서 "국내 고정사업장을 전제로 법인세를 부과한 것은 위법하다"고 판시했다. 재판부는 그러면서 "국내에 외국법인의 고정사업장이 존재한다고 보려면 보조적인 사업활동이 아닌 '본질적이고 중요한 사업활동'을 수행해야 한다"는 대법원 판례를 인용했다. 단 "투자 소득은 론스타펀드가 아닌 벨기에 국적의 지주회사들에 귀속되었다"는 론스타 측의 주장은 받아들이지 않았다. 재판부는 "지주회사들은 원고들이 조세회피 목적으로 설립한 회사에 불과해 국내 투자로 벌어들인 소득을 지배 · 관리하고 있다고 할 수 없다"면서 "해당 소득이 실질적으로 귀속되는 회사라고 할 수 없다"고 판단했다. 정부는 바로 항소했다.

정부의 항소로 소송은 계속되겠지만, 당국의 패소 사례가 늘어 현실적으로 외국 투기 자본을 규제하기 어렵다는 회의론이 확산되고 있다.

앞서 론스타는 벨기에에 있는 지주회사를 통해 2000년대 초반부터 서울 역삼동 스타타워, 스타리스, 극동건설 등을 차례로 인수한 뒤 되팔아 시세차익을 올렸다. 특히 2003년 외환은행을 인수한 후 8년 만에 4조 6,633억원의 차익을 실현하고 매각해 '먹튀' 논란이 일기도 했다.

국세청은 론스타에 대한 세무조사 뒤 소득세와 법인세 4,600억원을 포함해 총 1조원대의 세금을 부과했지만 론스타가 납부를 거부해 관련 소송이 계속되고 있다. 정부는 지난해 1,000억원 규모의 소득세 관련 소송에서 론스타에 패소했다.

(아시아경제, 2013.2.28)

2.4 기업회계와 법인세회계의 관계

2.4.1 공통점과 차이점

기업회계를 통해 산출되는 가장 핵심적인 정보는 기간이익의 크기라 할 수 있고 법인세도 기간이익의 크기에 비례하므로, 기업회계와 법인세회계는 전반적인 이익측정 과정에서 많은 공통점이 있다. 하지만 양자는 그 목적이 다르고 이익 측정기준 등에서 차이가 있다.

구 분	기업회계	법인세회계
주요 목적	적정한 경영성과 측정	과세소득 산정
주된 정보이용자	주주, 채권자	정부(과세당국)
기간이익 용어	당기순이익 = 수익 − 비용	각 사업연도소득 = 익금 − 손금
기간이익 측정기준	발생주의	권리의무확정주의
주요 보고수단	재무제표	세무조정계산서

또한 법인세법은 조세의 공평성과 효율성이라는 정책 목적을 달성하기 위해서 여러 제도를 운용하고 있으며, 이로 인해 기업회계와 세무회계의 차이가 발생하기도 한다.

정책 목적	법인세법상 제도
불건전한 지출 규제	기업업무추진비 한도초과 손금불산입
조세회피 방지	부당행위계산부인
불건전한 기업행태 규제	지급이자 손금불산입
조세지원	조세감면제도
제반 법령 준수	범칙금, 벌금, 가산세 등의 손금불산입

2.4.2 세무조정의 필요성

기업회계의 당기순이익은 수익에서 비용을 차감하여 산출하고, 법인세회계에서 각 사업연도소득금액은 익금에서 손금을 뺀 금액이다. 이와 같이 법인세법상 각 사업연도소득금액은 기업회계상 당기순이익과 유사하고, 법인세법상 익금·손금은 기업회계상 수익·비용과 거의 같은 개념이다. 하지만 그 내용에서는 약간의 차이가 있고, 이러한 차이를 조정하기 위해서 세무조정이 필요하다.

세무조정은 기업회계상 당기순이익을 기초로 하여 기업회계와 세무회계의 차이를 조정함으로써 법인세법상 각 사업연도소득을 계산하는 일련의 과정을 의미한다.

세무조정에서 사용되는 용어는 다음과 같다.

익금산입(益金算入): 기업회계상 수익으로 계상하지 않았지만, 법인세법상 익금에 해당하는 항목

익금불산입(益金不算入): 기업회계상 수익으로 계상하였지만, 법인세법상 익금에 해당하지 않는 항목

손금산입(損金算入): 기업회계상 비용으로 계상하지 않았지만, 법인세법상 손금에 해당하는 항목

손금불산입(損金不算入): 기업회계상 비용으로 계상하였지만, 법인세법상 손금에 해당하지 않는 항목

2.4.3 세무조정의 방법

법인세법상의 각 사업연도소득금액을 구하는 방법으로는 기업회계와 독립적으로 법인세법에서 정한 익금과 손금을 기준으로 각 사업연도소득금액을 직접 계산하는 방법도 생각할 수 있겠지만, 그런 방법을 적용하려면 세금계산을 위해서 별도의 장부를 유지해야 하므로 기업의 부담이 클 것이다. 따라서 기업회계상 당기순이익에서 출발하여 기업회계와 세무회계의 차이를 조정하는 방법으로 법인세법상 각 사업연도소득금액을 구하는 방법을 사용하고 있다.

> 법인세법상 각 사업연도소득금액＝익금－손금
> ＝(기업회계상 수익＋익금산입－익금불산입)－(기업회계상 비용＋손금산입－손금불산입)
> ＝(기업회계상 수익－기업회계상 비용)＋(익금산입＋손금불산입)－(손금산입＋익금불산입)
> ＝기업회계상 당기순이익＋익금산입 및 손금불산입－손금산입 및 익금불산입

〈기업회계와 세무회계의 관계〉

기업회계	세무조정	세무회계
수 익	＋익 금 산 입 －익 금 불 산 입	익 금
|		|
비 용	＋손 금 산 입 －손 금 불 산 입	손 금
‖		‖
당기순이익	＋ 익금산입 및 손금불산입 － 손금산입 및 익금불산입	각 사업연도소득금액

2.5 결산조정과 신고조정

세무조정은 결산조정(決算調整)과 신고조정(申告調整)으로 구분할 수 있다. 결산조정은 특정 손금을 결산서에 비용으로 계상하여 과세소득에 반영하는 것이고, 신고조정은 결산서에 수익 또는 비용으로 계상되지 않은 익금 또는 손금을 세무조정에 의해 과세소득에 반영하는 것을 말한다.

2.5.1 결산조정사항

결산조정사항이란 법인이 결산 시 회계장부에 비용으로 계상하지 않으면 세무조정과정에서 손금산입을 할 수 없는 항목을 의미한다. 결산조정사항에 대해서 법인이 결산 시 비용으로 계상하지 않으면 이를 세무상 손금으로 인정받을 수가 없다. 이는 객관적인 외부거래 없이 그 손금산입 여부가 법인 자신의 의사에 맡겨져 있는 사항에 대하여 법인 스스로가 장부상 비용으로 계상하지 않은 것을 세무조정을 통해서 손금으로 산입할 수 없다는 뜻이다.

결산조정사항은 법인이 임의로 결산에 반영하는 시점에서 손금으로 귀속되며(임의조정), 따라서 법인이 결산 시 반영하지 못하고 법인세 신고가 완료된 경우에는 경정청구가 불가능하다. 신고조정사항의 경우 외부거래의 발생시점에 법인세법상 손익귀속시기가 확정되므로 손익귀속시기를 법인이 임의로 선택할 수 없지만, 결산조정사항은 법인이 임의로 결산에 반영하는 시점에서 손금이 귀속되므로 법인이 손금의 귀속시기를 임의로 선택할 수 있다는 점에서 차이가 있다.

결산조정사항의 대표적인 예로서는 감가상각비, 대손충당금의 손금산입을 들 수 있다. 결산조정사항을 결산 시 회계장부에 반영하면, 법인세신고서에는 조정내역이 나타나지 않는다. 결산조정사항을 결산 시 비용으로 계상하더라도 세법이 정하는 일정 한도 범위 내에서만 손금으로 인정되며, 만약 세법에서 허용한 한도액보다 법인이 장부상 비용으로 계상한 금액이 더 클 경우 그 초과액은 손금으로 인정받지 못한다.

결산조정사항은 일부 손금항목에 국한되며, 익금항목은 해당되지 않는다. 그 이유는 익금항목을 결산조정사항으로 규정할 경우 법인이 결산에 반영하지 않은 익금항목을 신고조정할 수 없게 되어 과세소득의 누락 방지에 중점을 두고 있는 법인세법의 취지에 부합하지 않기 때문이다.

2.5.2 신고조정사항

신고조정사항이란 법인이 결산 시 회계장부에 계상하지 않고 세무조정과정에서 익금 또는 손금으로 반영해도 이를 세무상으로 인정받을 수 있는 항목을 말한다.

익금항목은 모두 신고조정사항이며, 결산조정사항 이외의 손금항목도 신고조정사항이다. 결산조정의 대상은 외부거래를 수반하지 않는 비용항목인 데 비해서 신고조정은 원칙적으로 외부거래를 수반하는 항목을 대상으로 한다는 점에서 차이가 있다.

신고조정사항은 외부거래 발생시점과 결산 반영시점 사이의 차이 발생시 반드시 세무조정을 하여야 하며(강제조정), 법인세법상 손익귀속시기가 외부거래 발생시점에 확정되므로 법인세 신고시 신고조정을 하지 못하더라도 그 귀속시기에 대한 법인세 경정청구가 가능하다는 점에서 결산조정사항과 차이가 있다.

신고조정은 단순신고조정과 잉여금처분에 따른 신고조정으로 구분할 수 있다.

단순신고조정은 법인세신고서에 조정사항으로 기재하는 것 외에 추가적인 조건을 요구하지 않는 세무조정방식을 말하며, 결산조정사항과 잉여금처분에 따른 신고조정사항을 제외한 대부분의 세무조정이 이에 속한다.

잉여금처분에 따른 신고조정은 조세특례제한법상 준비금 등을 신고조정으로 손금산입하는 경우 준비금상당액을 이익잉여금 처분을 통해 적립하여야 하는 세무조정 방식이다. 조세특례제한법상 준비금 등은 외부거래를 수반하지 않는 항목이므로 이를 손금으

구　분	세무조정
기업회계상 수익>세무상 익금	익금불산입으로 신고조정
기업회계상 수익<세무상 익금	익금산입으로 신고조정
기업회계상 비용>세무상 손금	손금불산입으로 신고조정
기업회계상 비용<세무상 손금	비용이 결산조정항목이면 손금산입으로 신고조정할 수 없고, 결산조정항목이 아닌 경우에만 손금산입으로 신고조정할 수 있음

로 산입하기 위해서는 원칙적으로 결산조정에 따라야 한다. 그러나 조세특례제한법상 준비금 등은 대부분 기업회계상 비용에 해당되지 않기 때문에 회계감사를 받아야 하는 법인이 이를 결산 시 비용으로 계상하기 어렵다는 점을 감안하여 이 같은 제도를 둔 것이다.

2.6 소득처분

2.6.1 세무조정과 소득처분

각 사업연도소득금액은 기업회계(결산서)상 당기순이익에 세무조정사항(익금산입·손금불산입, 손금산입·익금불산입)을 가감하여 계산한다. 당기순이익이 주주총회에서 이익배당금 등의 사외유출과 이익준비금 등의 사내유보로 처분되는 것처럼 세무조정사항에 대해서도 소득의 귀속자를 확인하는 절차가 필요하다. 법인세법에서는 세무조정사항이 법인 내부에 남아 세무상 순자산을 구성하고 있는지 아니면 외부로 유출되었는지를 구분하고 외부로 유출된 경우에는 그 귀속자가 누구인지를 결정하는 절차를 두고 있으며, 이를 소득처분(所得處分)이라고 한다.

법인세법상 소득처분은 사외유출금액과 사내유보금액으로 구분된다. 소득처분을 통하여 사외유출금액의 소득귀속을 명확히 할 수 있고, 이는 곧 소득의 귀속자에게 소득세를 징수하는 절차로 이어진다. 사내유보금액은 세무상 순자산(잉여금)에 영향을 주어 장래의 각 사업연도소득 계산시에도 영향을 미치게 된다.

이와 같이 소득처분은 법인세회계의 중요한 부분을 구성한다.

2.6.2 사외유출

익금산입·손금불산입으로 세무조정한 항목 중 법인 외부로 유출된 것은 그 소득의 귀속자를 파악하여 귀속자에게 소득세를 징수하여야 한다. 사외유출(社外流出)은 귀속자에 따라 다음과 같이 분류된다.

소득처분 구분	소득 귀속자	소득세 과세방법	세무조정 사례
배 당	주주, 출자자	배당소득으로 과세	출자자에 대한 가지급금 인정이자
상 여	임원, 사용인	근로소득으로 과세	채권자가 불분명한 사채이자
기타사외유출	법인, 개인사업자	과세하지 않음	기업업무추진비한도초과액
기타소득	상기 외의 자	기타소득으로 과세	

소득의 귀속자가 법인 또는 개인사업자인 경우에는 세무조정에 의하여 처분된 소득이 이미 법인 또는 개인사업자의 소득에 포함되어 법인세 또는 소득세가 과세된 것으로 볼 수 있다. 따라서 이중과세를 피하기 위해서 기타사외유출로 처분하고 귀속자에 대하여 추가로 과세하지 않는다.

그러나 손금불산입사항으로 사외유출된 것이 분명하더라도 소득 귀속자가 불분명한 경우에는 법인의 대표자에게 상여로 처분하며, 이는 법인의 대표자에게 부담을 지움으로써 소득의 실제 귀속자를 밝히도록 하기 위한 취지이다. 또한 다음 항목에 대해서는 귀속자에 관계없이 기타사외유출로 처분하며, 따라서 소득세 과세문제는 발생하지 않는다.

- 임대보증금에 대한 간주임대료
- 기부금한도초과액, 비지정기부금의 손금불산입액
- 기업업무추진비한도초과액
- 업무무관자산에 대한 차입금이자
- 채권자불분명사채이자에 대한 원천징수세액 상당액

2.6.3 유 보

유보(留保)란 세무조정의 결과가 법인 외부로 유출되지 않고 법인 내부에 남아서 세무회계상 자산·부채와 기업회계상 자산·부채 사이에 차이를 발생시키는 사항을 의미한다.

익금산입·손금불산입의 세무조정으로 인한 소득이 법인 내부에 남아 세무상 순자산을 증가시킨 경우 '유보' 처분을 하고, 반대로 손금산입·익금불산입한 세무조정사항이 법인 내부에 남아 세무상 순자산을 감소시킨 경우에는 '(－)유보' 처분을 하여야 한다(이하 △유보로 표기).

유보는 익금산입 · 손금불산입한 소득이 법인 내부에 남아 기업회계상의 순자산(재무상태표상 순자산)보다 자산을 증가시키거나 부채를 감소시켜 세무상 순자산을 증가시키는 효과를 가져오므로 이를 적극적 유보라고 부르며, 이와 반대인 △유보는 소극적 유보라고 한다.

유보 또는 △유보는 기업회계와 세무회계의 자산 · 부채에 대한 평가방법 또는 손익의 귀속시기에 대한 차이로부터 발생하므로 유보로 처분된 사항은 이후 사업연도에 △유보로 소멸하는 특성이 있다. 유보는 세무회계상 잉여금(순자산)과 기업회계상 잉여금(순자산)에 차이를 초래하지만, 법인의 자산 · 부채가 이후 사업연도에 소멸하는 과정에서 처분손익에 반영되어 그 차이가 상쇄되는 것이다. 예를 들어 당해 사업연도에 유보사항이 있었다면, 이는 세무회계상 자산(부채)이 기업회계상 자산(부채)보다 더 크다(작다)는 것을 의미한다. 이후 사업연도에 해당 자산(부채)이 소멸하면 기업회계상 처분이익(손실)보다 세무회계상 처분이익(손실)이 더 작아진다(커진다).

이와 같이 유보로 처분된 사항은 이후 사업연도에 △유보로 소멸하므로 언제나 2개 사업연도 이상에 걸쳐 영향을 미치게 된다. 따라서 유보와 △유보는 사후적인 관리가 반드시 필요하며, 이를 위해 자본금과 적립금조정명세서(을)를 작성하여야 한다.

2.6.4 기 타

기타처분은 세무조정사항이 사외로 유출된 것도 아니고 사내에 남아서 세무회계상 자산 · 부채와 기업회계상 자산 · 부채 사이에 차이를 발생시키지도 않는 사항에 대한 소득처분을 말한다.

익금산입 · 손금불산입으로 인한 세무상 소득이 이미 회계상의 자본을 구성하고 있는 경우 이는 사외유출된 것이 아니고, 자본의 구성항목을 달리할 뿐 회계상 순자산가액과 세무상 순자산가액이 일치한다. 이와 같이 기타처분은 세무조정의 효과가 법인 내부에 남아 있으나, 회계상 순자산가액과 세무상 순자산가액이 동일한 경우에 하는 소득처분이다. 이러한 소득처분은 세무상 각 사업연도소득을 증가시켜 법인세를 더 부담할 뿐이며, 귀속자에게 소득세를 부과하거나 유보처럼 사후관리할 필요가 없다.

기업회계상 자본잉여금으로 계상된 자기주식처분이익을 익금산입으로 세무조정한 경우를 생각해 보자. 자기주식처분이익은 기업회계상 자본잉여금이지만 세무회계상으로는 익금에 해당한다. 각 사업연도소득은 기업회계상의 당기순이익을 기초로 세무조정을 하여 산출하는데, 자기주식처분이익은 기업회계상 당기순이익에 포함되지 않았기 때문에 세무조정 시 이를 익금산입하는 것이다.

법인세법상 익금불산입사항인 국세·지방세의 과오납환급이자를 기업회계상 잡이익으로 계상한 경우에도 이를 익금불산입하고 기타로 소득처분한다.

손금산입·익금불산입으로 인한 세무상 소득이 이미 회계상의 자본을 구성하고 있는 경우에도 기타로 소득처분한다.

2.6.5 소득처분 요약

이상에서 설명한 소득처분의 종류를 요약하면 다음과 같다.

〈소득처분의 종류〉

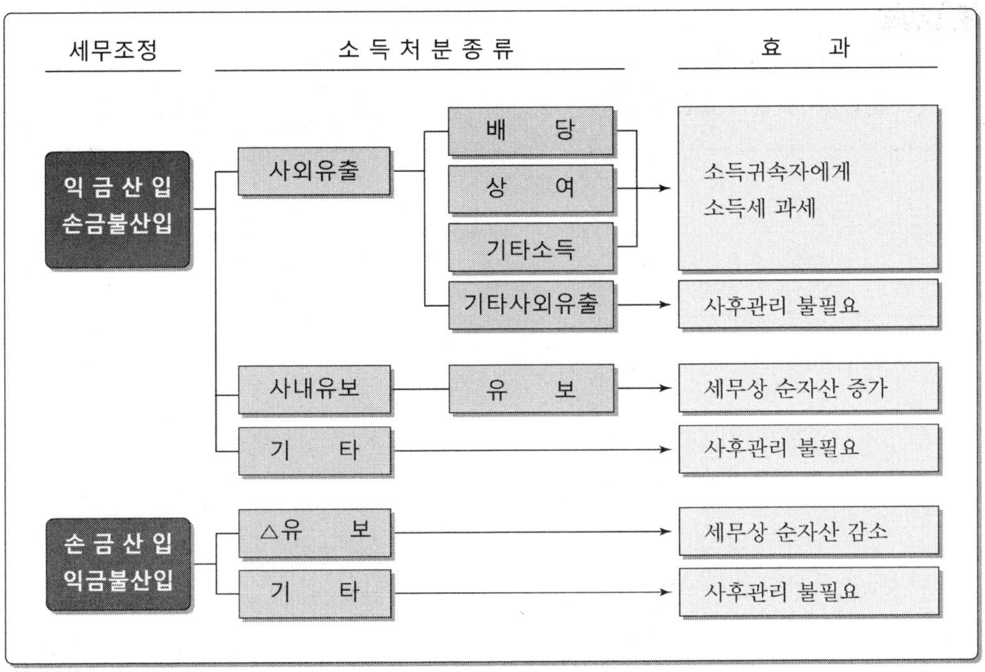

2.6.6 소득금액조정합계표 및 자본금과 적립금조정명세서(을)

모든 세무조정과 소득처분은 세무조정계산서의 소득금액조정합계표에 요약되어 나타나며, 그 중에서 소득처분이 유보인 항목의 증감내용을 별도로 관리하기 위해서 자본금과 적립금조정명세서(을)를 작성한다.

예 제

다음 자료에 기초하여 소득금액조정합계표 및 자본금과 적립금조정명세서(을)를 작성하시오.

- 결산서상 당기순이익: 200,000,000원
- 익금산입 · 손금불산입 세무조정사항: 법인세비용 7,000,000원, 기업업무추진비한도초과액 5,000,000원, 감가상각부인액 1,000,000원, 당기 대손충당금한도초과액 2,000,000원, 전기 미수이자 500,000원
- 손금산입 · 익금불산입 세무조정사항: 당기 미수이자 600,000원, 유가증권평가이익 1,500,000원, 전기 대손충당금한도초과액 1,800,000원
- 전기말 자본금과 적립금조정명세서(을)의 유보잔액: 대손충당금한도초과액 1,800,000원, 미수이자 500,000원, 감가상각부인액 2,000,000원

풀 이

〈소득금액조정합계표〉

〈자본금과 적립금조정명세서(을)〉

사업연도	소 득 금 액 조 정 합 계 표		법인명
사업자등록번호		법인등록번호	

익금산입 및 손금불산입				손금산입 및 익금불산입			
과목	금액	소득처분		과목	금액	소득처분	
		처분	코드			처분	코드
법인세비용	7 000 000	기타사외유출		미수이자	600 000	유보	
기업업무추진비 한도초과액	5 000 000	기타사외유출		유가증권 평가이익	1 500 000	유보	
감가상각 부인액	1 000 000	유보		대손충당금 한도초과액	1 800 000	유보	
대손충당금 한도초과액	2 000 000	유보					
미수이자	500 000	유보					
합계	15 500 000			합계	3 900 000		

사업연도		자본금과 적립금조정명세서(을)	법인명	

※ 관리번호			–			사업자등록번호			–			–						

※ 표시란은 기입하지 마십시오.

세무조정유보소득 계산

과목 또는 사항	기초잔액	당 기 중 증 감		기말잔액 (익기초현재)	비고
		감소	증가		
대손충당금한도초과액	1,800,000	1,800,000	2,000,000	2,000,000	
미수이자	△500,000	△500,000	△600,000	△600,000	
감가상각부인액	2,000,000	0	1,000,000	3,000,000	
유가증권평가이익	0	0	△1,500,000	△1,500,000	
합계	3,300,000	1,300,000	900,000	2,900,000	

2.6.7 유보와 이연법인세

기업회계에서 가장 어려운 주제의 하나로 꼽히는 이연법인세(移延法人稅; deferred income tax) 개념도 알고 보면 유보가 그 중심에 있다. 기업회계에서는 기업회계와 세무회계의 차이를 일시적 차이(temporary difference)와 영구적 차이(permanent difference)로 구분한다. 일시적 차이란 특정연도에 기업회계와 세무회계의 차이로 양자 사이의 기간이익이 달라지지만 그 후 언젠가는 그 반대방향으로 차이가 없어지게 되는 항목을 말하며, 이는 세무조정 시 유보로 소득처분되는 항목이 그 대부분을 차지한다. 영구적 차이는 기업업무추진비한도초과액처럼 기업회계와 세무회계의 차이가 한 번 발생하면 향후에도 그 차이가 조정되지 않는 항목을 의미하며, 이는 세무조정 시 사외유출로 소득처분되는 항목이 대부분이다.

이연법인세란 일시적 차이에 주목하여 특정연도에 기업회계에서 생각했던 세금보다 더 내거나 덜 낸 세금을 자산과 부채로 인식하는 것을 말한다. 구체적으로는 세무조정 시 유보로 소득처분된 항목(즉, 특정연도에 기업회계에서 예상했던 것보다 세무회계상 기간이익을 더 크게 만들어 더 많은 세금을 내도록 만든 세무조정항목)이 미래의 법인세를 감소시킬 것으로 예상하여 이를 이연법인세자산(이연법인세부채)을 증가(감소)시키는 요소로 인식하는 것이다. 만약, 특정연도에 기업회계에서 예상했던 것보다 세무회계상 기간이익을 더 적게 만들어 더 적은 세금을 내도록 만든 세무조정항목(즉, 세무조정시 '△유보'로 소득처분된 항목)이 있다면 이를 미래의 법인세를 증가시킬 요소로 생각하여 이연법인세부채(이연법인세자산)를 증가(감소)시키는 항목으로 인식한다.

결국 이연법인세는 기업회계기준이라는 거울에 비친 유보의 또 다른 모습인 셈이다.

2.7 각 사업연도소득에 대한 법인세 계산구조

법인세 계산을 위한 첫 번째 절차는 기업회계와 세무회계의 차이를 조정하는 일이며, 기업회계상 이익(결산서상 당기순이익)에 세무조정을 하여 법인세법상 이익(각 사업연도소득금액)을 구한다. 다음에는 각 사업연도소득금액에서 이월결손금, 비과세소득, 소득공제를 차감하여 과세표준을 계산한다. 과세표준에 세율을 적용하여 산출세액을 구하고, 세금의 가감 요인들을 반영하여 총부담세액을 계산한다.

각 사업연도소득에 대한 법인세를 계산하는 전체적인 구조를 요약하면 다음과 같다.

〈법인세 계산구조〉

	계산	
	결산서상 당기순이익	기업회계상 소득
기업회계와 세법의 차이 조정 →	(+) 익금산입 · 손금불산입	세무조정
	(−) 손금산입 · 익금불산입	
	각사업연도소득금액	법인세법상 소득
공제 →	(−) 이 월 결 손 금	
	(−) 비 과 세 소 득	
	(−) 소 득 공 제	
세법상의 소득금액 →	과 세 표 준	
×세 율 →	(×) 세 율	4단계 초과누진세율
세 금 →	산 출 세 액	
	(−) 세액감면 · 공제액	
	(+) 가 산 세	
	(+) 감면분추가납부세액	
부담할 총세금 →	총 부 담 세 액	
	(−) 기 납 부 세 액	중간예납세액 · 원천징수세액 · 수시부과세액
	차 감 납 부 할 세 액	

연습문제

문 1 법인세의 성격에 관한 다음 설명 중 타당하지 않은 것은?

① 법인세는 납세자와 담세자가 일치하는 직접세로 분류된다.
② 법인세는 기간이익의 크기에 따라 세금이 결정된다.
③ 법인세는 정부부과제도를 채택하고 있다.
④ 법인세는 국세에 속하는 조세이다.

문 2 과세소득에 대한 학설은 순자산증가설과 소득원천설로 나뉜다. 이에 관한 다음 설명 중 타당하지 않은 것은?

① 법인세법은 포괄주의 과세방식을 적용한다.
② 순자산증가설은 열거주의 과세방식을 따른다.
③ 소득원천설에 따르면 계속적·반복적으로 발생하는 소득에 대해서만 세금을 부과한다.
④ 소득세법은 소득원천설의 입장을 취하고 있다.

문 3 다음 중 법인세의 과세대상소득이 아닌 것은?

① 퇴직소득
② 각 사업연도소득
③ 토지 등 양도소득
④ 청산소득

문 4 법인세법상 사업연도에 관한 다음 설명 중 타당하지 않은 것은?

① 사업연도는 1년을 초과하지 못한다.
② 법령이나 정관 등에 사업연도에 관한 규정이 없는 내국법인은 사업연도를 정하여 법인설립신고 또는 사업자등록과 함께 납세지 관할세무서장에게 사업연도를 신고하여야 한다.
③ 사업연도를 신고하지 않은 경우에는 매년 1월 1일부터 12월 31일까지를 그 법인의 사업연도로 한다.
④ 사업연도와 회계기간은 다른 개념이므로 반드시 일치시킬 필요가 없다.

문 5 법인의 납세지에 관한 다음 설명 중 타당하지 않은 것은?

① 납세지는 납세의무자가 납세의무를 이행하고 과세권자가 부과징수를 행하는 기준이 되는 장소이다.

② 내국법인의 법인세 납세지는 각 사업장이다.

③ 외국법인의 법인세 납세지는 국내사업장 소재지이다.

④ 원천징수한 법인세의 납세지는 해당 원천징수의무자의 소재지이다.

문 6 법인의 유형과 납세의무에 관한 다음 설명 중 타당하지 않은 것은?

① 법인이 납세의무를 지는 과세소득의 범위는 법인의 유형에 따라 다르다.

② 영리내국법인은 모든 소득에 대해서 납세의무를 부담한다.

③ 외국법인은 각 사업연도소득 중에서 국내원천소득에 대해서만 납세의무가 있다.

④ 비영리내국법인은 각 사업연도소득은 물론 청산소득에 대해서도 납세의무가 있다.

문 7 기업회계와 법인세회계의 관계에 대한 다음 설명 중 가장 타당하지 않은 것은?

① 기업회계와 법인세회계는 전반적인 이익측정 과정에서 많은 공통점이 있다.

② 법인세회계의 익금·손금은 기업회계의 수익·비용에 대응하는 개념이다.

③ 기업회계와 마찬가지로 법인세회계의 가장 중요한 정보이용자는 주주와 채권자이다.

④ 기간이익의 측정기준으로 기업회계는 발생주의, 법인세회계는 권리의무확정주의를 근간으로 한다.

문 8 법인세법은 조세의 공평성과 효율성이라는 정책목적을 달성하기 위해서 여러 제도를 운용하고 있으며, 이로 인해 기업회계와 세무회계의 차이가 발생하기도 한다. 법인세법상 제도와 그 정책목적이 잘못 연결된 것은?

① 기업업무추진비한도초과 손금불산입: 불건전한 지출 규제

② 부당행위계산부인: 조세지원

③ 지급이자 손금불산입: 불건전한 기업행태 규제

④ 가산세: 제반 법령 준수

문 9 세무조정에 관한 다음 설명 중 타당하지 않은 것은?

① 익금산입은 기업회계상 수익으로 계상하지 않았지만, 법인세법상 익금에 해당하는 항목을 말한다.

② 익금불산입은 기업회계상 수익으로 계상하였지만, 법인세법상 익금에 해당하지 않는 항목을 말한다.

③ 손금산입은 기업회계상 비용으로 계상하지 않았지만, 법인세법상 손금에 해당하는 항목을 말한다.

④ 손금불산입은 기업회계상 비용으로 계상하지 않았고, 법인세법상으로도 손금에 해당하지 않는 항목을 말한다.

문 10 세무조정의 방법에 관한 다음 설명 중 타당하지 않은 것은?

① 법인세법상 각 사업연도소득금액은 법인세법상 익금에서 손금을 직접 차감하는 방법으로 계산한다.

② 기업회계상 수익에 익금산입을 더하고 익금불산입을 차감하면 법인세법상 익금이 된다.

③ 기업회계상 비용에 손금산입을 더하고 손금불산입을 차감하면 법인세법상 손금이 된다.

④ 법인세법상 각 사업연도소득금액은 기업회계상 당기순이익에 기업회계와 세무회계의 차이를 조정하는 방법으로 구한다.

문 11 결산조정과 신고조정에 관한 다음 설명 중 타당하지 않은 것은?

① 세무조정은 결산조정과 신고조정으로 구분할 수 있다.

② 결산조정은 특정 손금을 결산서에 비용으로 계상하여 과세소득에 반영하는 것이고, 신고조정은 결산서에 수익 또는 비용으로 계상되지 않은 익금 또는 손금을 세무조정에 의해 과세소득에 반영하는 것이다.

③ 결산조정사항에 대해서 법인이 결산 시 비용으로 계상하지 않으면, 원칙적으로 이를 세무상 손금으로 인정받을 수 없다.

④ 결산조정사항의 경우 세법에서 허용한 한도액보다 법인이 장부상 비용으로 계상한 금액이 더 크더라도 그 초과액을 손금으로 인정받을 수 있다.

문 12 다음 중 신고조정사항과 가장 거리가 먼 것은?

① 임대보증금에 대한 간주임대료 익금산입

② 감가상각비 손금산입

③ 기부금한도초과액 손금불산입

④ 업무무관자산에 대한 차입금이자 손금불산입

문 13 소득처분에 관한 다음 설명 중 타당하지 않은 것은?

① 세무조정사항에 대하여 소득의 귀속자를 확인하는 절차를 소득처분이라 한다.

② 소득처분은 소득의 귀속자에게 소득세를 징수하는 절차로 이어진다.

③ 법인세법상 소득처분은 사외유출금액과 사내유보금액으로 구분된다.

④ 손금산입 또는 익금불산입으로 세무조정한 항목 중 법인 외부로 유출된 것은 그 소득의 귀속자를 파악하여 귀속자에게 소득세를 징수하여야 한다.

문 14 다음은 소득 귀속자에 관계없이 기타사외유출로 처분하여 소득세 과세문제가 발생하지 않는 항목들이다. 타당하지 않은 것은?

① 출자자에 대한 가지급금 인정이자

② 임대보증금에 대한 간주임대료

③ 기업업무추진비한도초과액

④ 업무무관자산에 대한 차입금이자

문 15 유보 또는 △유보에 관한 다음 설명 중 타당하지 않은 것은?

① 익금산입 또는 손금불산입의 세무조정으로 인한 소득이 법인 내부에 남아 세무상 순자산을 증가시킨 경우 유보로 소득처분한다.

② 소극적 유보 또는 △유보가 발생하면 기업회계상 순자산보다 세무회계상 순자산이 더 커진다.

③ 유보 또는 △유보는 기업회계와 세무회계의 자산·부채에 대한 평가방법 또는 손익의 귀속시기에 대한 차이로부터 발생하며, 차기 사업연도 이후에 반대의 세무조정인 △유보 또는 유보를 통해 상쇄되어 없어진다.

④ 유보와 △유보에 대해서는 사후적인 관리가 반드시 필요하다.

문 16 세무조정의 효과가 법인 내부에 남아 있으나 회계상 순자산가액과 세무상 순자산가액이 동일한 경우에 하는 소득처분은 무엇인가?

① 기타

② 기타사외유출

③ 유보

④ 상여

문 17 소득처분 중 이연법인세와 가장 밀접한 관계가 있는 항목은 무엇인가?

① 배당

② 상여

③ 기타사외유출

④ 유보

문 18 손금불산입되는 다음의 세무조정사항 중 사외로 유출되는 항목이 아닌 것은?

① 기업업무추진비한도초과액

② 감가상각비한도초과액

③ 벌금

④ 기부금한도초과액

문 19 법인세 과세표준을 계산하기 위해서 각 사업연도소득금액에서 차감하는 항목으로 맞게 구성된 것은?

① 이월결손금, 비과세소득, 소득공제

② 이월결손금, 비과세소득, 세액공제

③ 이월결손금, 소득공제, 가산세

④ 비과세소득, 소득공제, 가산세

문 20 ㈜자하의 당기 결산서상 당기순이익은 300,000,000원이고, 세무조정 결과 익금산입·손금불산입금액은 60,000,000원이다. 또한 손금산입·익금불산입금액은 40,000,000원이며, 전년도에 30,000,000원의 결손금이 발생하였다(당기에 전액 공제 가능함). ㈜자하의 각 사업연도소득금액과 과세표준은 각각 얼마인가?

① 각 사업연도소득금액 360,000,000원, 과세표준 290,000,000원

② 각 사업연도소득금액 320,000,000원, 과세표준 350,000,000원

③ 각 사업연도소득금액 320,000,000원, 과세표준 290,000,000원

④ 각 사업연도소득금액 260,000,000원, 과세표준 230,000,000원

03장

법인세 2

3.1 익금 및 손금 총론

3.1.1 기업회계와 법인세회계의 관련성

기업회계를 통해 수많은 회계정보가 산출되지만, 그 중에서 가장 핵심적인 정보로는 해당 회계기간에 발생한 이익(기간이익)의 크기를 꼽을 수 있다. 기업회계에서 다루는 대부분의 주제는 정확한 기간이익 측정을 위한 것이라 해도 과언이 아니다. 법인세는 기간이익의 크기에 따라 세액이 좌우되는 세금이기 때문에 법인세회계의 초점도 '법인세가 과세되는 기간이익의 크기'를 결정하는 데 집중된다. 이와 같이 법인세회계의 주된 관심사도 기간이익을 측정하는 데 있기 때문에 법인세회계는 기업회계와 매우 밀접한 관련성이 있다.

3.1.2 기업회계와 법인세회계의 차이와 세무조정

기업회계에서 당기순이익은 수익에서 비용을 차감하여 산출된다. 법인세회계에서 각 사업연도소득금액은 익금에서 손금을 뺀 금액이다. 이와 같이 법인세법상 각 사업연도소득금액은 기업회계상 당기순이익과 유사하고, 법인세법상 익금·손금은 기업회계상 수익·비용과 거의 같은 개념이다. 하지만 그 내용에서는 양자간에 차이가 있고, 이러한 차이를 조정해 나가는 것을 세무조정이라 한다. 실무적으로는 기업회계상 당기순이익에서 출발하여 기업회계와 세무회계의 차이를 조정하는 방법으로 법인세법상 각 사업연도소득금액을 구하는 방법을 사용하고 있다.

법인세법에서 익금과 손금을 규정하고 있지만 이들 개념에 기초하여 직접 각 사업연도소득금액을 계산하는 것은 아니다. 법인이 기업회계기준을 적용하여 결산을 해 놓은 상태에서 기업회계와 세무회계상의 차이를 찾아내어 세무조정이라는 절차를 통해 법인세법상 각 사업연도소득금액을 구해야 한다. 본 장에서는 법인세법에서 규정하고 있는 익금과 손금 관련 제반 사항을 살펴보고, 좀 더 깊이 있는 공부가 필요한 주요 세무조정항목에 대해서는 제4장과 제5장에서 설명하기로 한다.

3.2 익금항목

법인세법상 익금(益金)이란 자본 또는 출자의 납입, 익금불산입항목으로 규정하는 것을 제외하고 당해 법인의 순자산을 증가시키는 거래로 인해 발생하는 수익을 의미한다. 법인세법에서는 다음 항목들을 익금으로 규정하고 있으나, 이는 예시적 규정일 뿐이다. 법인세는 순자산증가설에 입각한 포괄주의 과세방식을 취하고 있기 때문에 익금으로 규정되지 않았더라도 순자산을 증가시키는 것은 원칙적으로 모두 익금에 해당된다.

3.2.1 사업수입금액

사업수입금액은 자산의 판매, 용역의 제공에 의해 발생하는 것으로 기업회계상의 매출액에 해당하는 개념이다. 수입금액은 가장 대표적인 익금항목이며, 기업업무추진비 등 세법상 각종 한도액 계산시 기준으로 사용되기도 한다.

3.2.2 자산의 양도금액

여기서 말하는 자산의 양도란 재고자산이 아닌 고정자산, 투자자산 등의 비경상적인 양도를 의미한다. 법인세법에서는 자산의 양도시 기업회계처럼 처분손익만을 표시하지 않고 자산의 양도금액을 전액 익금에 산입하고 양도한 자산의 장부가액을 손금에 산입하는 총액법을 적용한다. 그러나 기업회계에 따라 처분손익만을 표시하더라도 기간이익에는 차이가 없으므로 세무조정이 필요 없다.

3.2.3 자산의 임대료

이는 임대업을 영위하지 않는 법인이 일시적으로 자산을 임대하고 받는 수입을 의미하며, 법인의 순자산을 증가시키는 항목이므로 당연히 익금에 해당한다.

3.2.4 자산수증이익과 채무면제이익

자산수증이익(資産受贈利益)은 법인이 주주나 채권자 등으로부터 무상으로 증여받은 자산가액을 말하며, 채무면제이익(債務免除利益)은 법인이 주주나 채권자 등으로부터 면제받은 채무가액을 의미한다. 기업회계상 자산수증이익과 채무면제이익은 수익으로 처리한다. 법인세법에서도 이들은 법인의 순자산을 증가시키는 항목이므로 원칙적으로 익금에 해당하지만, 법인의 재무구조개선을 지원하기 위해 자산수증이익과 채무면제이익 중 이월결손금의 보전에 충당된 금액은 익금불산입된다. 이월결손금은 세무상 이월결손금을 말하며, 이월결손금의 발생연도에는 제한이 없다.

3.2.5 손금에 산입한 금액 중 환입된 금액

재산세처럼 지출 시 손금으로 산입했던 금액이 환입된 경우 동 금액은 익금항목이 된다. 그러나 법인세와 같이 지출 시 손금으로 인정받지 못했던 금액이 환입된 경우에는 익금으로 산입하지 않는다. 한편, 지출 시 손금으로 산입했던 금액이 다음 사업연도에 환입된 경우 이를 중대한 오류라고 보아 기업회계상 환입된 사업연도의 수익으로 처리하지 않고 전기오류수정이익으로 전기이월미처분이익잉여금에 가산하는 회계처리를 하였다면 어떻게 세무조정해야 할까? 이 경우에는 전기오류수정이익만큼 익금산입하여야 하고, 기타(잉여금)로 소득처분하여야 한다. 만약 환입된 금액을 손익계산서에 수익으로 회계처리하였다면 이미 익금에 포함되어 있는 셈이므로 세무조정이 필요 없다.

3.2.6 자산의 평가차익 중 법에서 정한 항목

법인세법은 원칙적으로 자산의 평가차익을 인정하지 않지만(익금불산입), 예외적으로 보험업법 등의 법률규정에 의한 평가차익에 대해서 익금으로 인정한다.

3.2.7 이익처분에 의하지 않고 손금으로 계상된 적립금액

기업합리화적립금과 같은 회계상 적립금은 비용으로 계상할 수 없고 이익처분에 의해서만 적립할 수 있으나, 만약 법인이 이를 비용으로 잘못 계상한 경우에는 손금불산입한다는 의미이다.

3.2.8 불공정자본거래로 인하여 특수관계인으로부터 분여받은 이익

법인이 증자(增資), 감자(減資), 합병(合倂) 등의 불공정자본거래를 통해 특수관계인으로부터 분여받은 이익은 익금으로 보며, 이는 자본거래와 관련한 특수관계인 간의 이익분여행위에 대하여 부당행위계산부인을 할 수 있도록 한 것이다.

3.2.9 특수관계인인 개인으로부터 저가로 매입한 유가증권의 시가와의 차액

법인이 특수관계인인 개인으로부터 유가증권을 시가에 미달하는 가액으로 매입하는 경우 동 매입가액과 시가의 차액을 익금으로 보며, 따라서 유가증권의 취득가액은 실제 매입가액이 아닌 시가가 된다.

3.2.10 간접외국납부세액

내국법인이 외국납부세액에 대해서 외국납부세액공제를 받는 경우 외국자회사의 소득에 대하여 부과된 외국법인세액 중 그 수입배당금액에 대응하는 금액을 익금에 산입한다(6.3.3 외국납부세액공제 부분 참조).

3.2.11 간주임대료

간주임대료(看做賃貸料)란 영리내국법인으로 부동산임대업을 주업으로 하는 차입금 과다법인이 임대보증금이나 전세금 등에서 발생한 수입금액이 동 보증금 등에 대한 정기예금 이자상당액에 미달하는 경우 임대보증금 등에 정기예금이자율을 곱하여 계산한 금액상당액을 임대수입으로 보아 과세하는 것을 의미한다. 차입금 과다법인은 차입금이 자기자본의 2배를 초과하는 법인을 말한다. 한편, 부가가치세법에서도 간주임대료 규정을 두고 있으나, 이는 법인세법상 간주임대료의 적용요건과는 다르다는 점에 주의해야 한다.

3.2.12 의제배당

의제배당(擬制配當)이란 상법상 배당이 아니더라도 사실상 회사의 이익이 주주에게 귀속되는 경우 이를 배당으로 간주하는 제도를 의미한다. 의제배당소득은 일반적인 배당소득과 같이 주주의 과세소득을 구성하며, 소득세(개인 주주) 또는 법인세(법인 주주)가 과세된다.

상법상 이익의 배당이나 잉여금 분배절차에 의한 것은 아니라 하더라도 세법에서는 다음의 경우 이익의 배당을 한 것과 동일한 경제적 효과가 발생하는 것으로 보아 이를 배당으로 의제한다.

1. 자본금 감소 · 해산 · 합병 · 분할 등으로 인한 의제배당

> 의제배당금액＝자본금 감소·해산·합병·분할로 인해 주주가 받는 재산가액
> －소멸하는 주식 등의 취득가액

- 자본금 감소 시 의제배당: 주식의 소각, 자본금의 감소 등으로 인하여 주주가 받는 재산가액이 그 주주가 해당 주식을 취득하기 위하여 사용한 금액을 초과하는 금액
- 법인해산 시 의제배당: 해산한 법인의 주주가 잔여재산의 분배로 받는 재산가액이 해당 주식을 취득하기 위하여 사용한 금액을 초과하는 금액
- 법인합병 시 의제배당: 피합병법인의 주주가 합병법인 등으로부터 받는 합병대

가가 그 피합병법인의 주식을 취득하기 위하여 사용한 금액을 초과하는 금액
- 법인분할 시 의제배당: 분할법인의 주주가 분할신설법인으로부터 받는 분할대가가 분할법인의 주식을 취득하기 위하여 사용한 금액을 초과하는 금액

이들은 모두 주주가 보유하는 주식이 소멸할 때 그 대가로 받는 재산가액이 소멸하는 주식의 취득가액을 초과하는 금액이며, 이는 주식 취득 이후 피투자회사가 얻은 이익을 배당하지 않고 사내에 유보함으로써 피투자회사의 가치가 상승하였기 때문에 발생하는 차익으로 볼 수 있다. 따라서 주식 취득 이후 배당소득으로 인식하지 못했던 차익 실현분에 대하여 이를 배당으로 의제하여 과세하는 것이다.

예 제

㈜자하는 ㈜부림의 주식 10,000주(1주당 액면가액 5,000원)를 1주당 10,000원에 취득하여 보유하고 있었는데, ㈜부림은 발행주식의 50%를 1주당 14,000원의 현금을 지급하고 소각하였다.

㈜자하가 결산 시 1주당 4,000원씩의 차익에 대하여 처분이익(수익)으로 회계처리한 경우 필요한 세무조정을 하시오. 만약 이를 수익으로 회계처리하지 않고 남아 있는 ㈜부림 주식의 취득원가에서 차감하였다면, 어떤 세무조정이 필요한지 제시하시오. 단, 수입배당금액의 익금불산입규정은 고려하지 않는다.

풀 이

㈜자하가 결산 시 1주당 4,000원씩의 차익에 대하여 수익으로 회계처리한 경우에는 의제배당금액을 이미 익금으로 인식한 셈이므로 별도의 세무조정이 필요 없다. 그러나 ㈜자하가 이를 수익으로 회계처리하지 않고 남아 있는 ㈜부림 주식의 취득원가에서 차감하였다면, 세무조정시 의제배당금액 20,000,000원(10,000주×50%×4,000원=20,000,000원)을 익금산입(유보)하여야 한다.

2. 잉여금의 자본금 전입으로 인한 의제배당

기업회계에서는 잉여금의 자본금 전입과 주식배당을 수익으로 인식하지 않고, 단지 보유주식의 취득단가를 수정한다. 이에 비해서 세무회계에서는 잉여금의 자본전입과 주식배당을 원칙적으로 배당으로 의제하고, 다만 법인세가 과세되지 않는 자

본잉여금을 자본금에 전입하는 것은 예외적으로 배당으로 의제하지 않는다. 예를 들어 법인이 투자한 회사가 이익잉여금 재원으로 주주들에게 무상주(無償株)를 교부하였다면, 무상주를 받은 법인은 기업회계상 이를 수익으로 계상하지 않고 단지 주식의 취득단가를 수정할 뿐이다. 그러나 세무회계상으로는 무상주를 교부받은 시점에 주주에게 경제적 이익이 귀속된 것으로 보아 교부받은 주식의 액면상당액을 익금에 산입해야 한다. 여기서 주의할 점은 모든 무상주가 익금산입의 대상은 아니며, 무상주를 교부한 재원에 따라 과세여부가 달라진다는 것이다. 이익잉여금을 자본전입함으로써 교부된 무상주는 모두 의제배당(擬制配當)으로 과세되지만, 자본잉여금의 자본전입에 의한 무상주는 원칙적으로 자기주식처분이익처럼 법인세법상 익금에 산입되는 자본잉여금을 재원으로 한 경우에만 의제배당에 해당한다.

예 제

㈜자하는 ㈜홍제의 주식 10,000주(1주당 액면가액 5,000원)를 보유하고 있는데, 20×1년 중에 ㈜홍제가 잉여금을 자본에 전입하여 1,000주의 무상주를 수령하였다. 무상주의 재원은 이익준비금 60%, 주식발행초과금 40%이다.

㈜자하가 세무조정 시 익금산입하여야 하는 의제배당금액을 계산하시오.

풀 이

주식발행초과금은 법인세가 과세되지 않는 자본잉여금이므로 이를 재원으로 한 무상주는 의제배당에 해당하지 않는다. 따라서 의제배당금액은 이익준비금을 재원으로 한 무상주에 액면가액을 곱하여 계산한다.

• 1,000주×60%×5,000원=3,000,000원

3.3 익금불산입항목

익금불산입항목은 법인의 순자산을 증가시키는 거래이지만, 자본충실화 또는 이중과세방지 등의 목적으로 익금에 산입하지 않는 항목들이다.

3.3.1 주식발행초과금

법인이 주식을 발행할 때 액면가액보다 높은 가액으로 발행하는 경우 액면가액을 초과하는 금액을 주식발행초과금이라 한다. 실질적으로 자본금과 같은 성격인 주식발행초과금을 익금으로 과세하면 자본의 충실화를 기할 수 없으므로 이는 법인세법에서도 익금으로 보지 않는다. 주식발행초과금은 기업회계상 수익으로 계상할 수 없기 때문에 법인이 기업회계기준에 맞게 회계처리하였다면 세무조정이 필요 없다.

3.3.2 주식의 포괄적 교환차익

주식의 포괄적 교환은 상법 제360조의2에 따라 이미 설립된 완전모회사가 다른 회사의 주주로부터 발행주식총수를 이전받고 그 대가로 완전모회사의 주식을 배정하는 것을 의미한다(이 경우 다른 회사는 완전자회사가 됨).

주식의 포괄적 교환차익 = 자본금 증가의 한도액* − 완전모회사의 증가한 자본금

* 완전자회사의 순자산가액 − 완전자회사의 주주에게 지급할 금액과 이전하는 자기주식의 장부가액

완전모회사의 주식의 포괄적 교환차익은 법정자본금이 아니지만 실질적으로 완전자회사의 주주가 납입한 부분이므로 자본거래에서 발생한 것으로 보아 익금에 산입하지 않는다.

3.3.3 주식의 포괄적 이전차익

주식의 포괄적 이전은 상법 제360조의15에 따라 새롭게 설립되는 완전모회사가 다른 회사의 주주로부터 발행주식총수를 이전받고 그 대가로 완전모회사의 주식을 배정하는 것을 의미한다(이 경우 다른 회사는 완전자회사가 됨).

> 주식의 포괄적 이전차익＝자본금의 한도액*－완전모회사의 자본금

* 완전자회사의 순자산가액－완전자회사의 주주에게 지급할 금액

완전모회사의 주식의 포괄적 이전차익은 완전자회사의 주주가 납입한 부분이므로 자본거래에 해당하여 익금으로 보지 않는다.

주식의 포괄적 교환·이전은 완전모회사 설립 및 완전자회사 편입을 신속·간소화하기 위하여 도입된 제도로서 저비용으로 매우 강력한 모자(母子)관계를 만들 수 있다.

3.3.4 감자차익

자본금을 감자하는 경우 자본금 감소액이 주주에게 환급한 금액을 초과하는 것을 감자차익(減資差益)이라 한다. 기업회계상 감자차익도 주식발행초과금과 마찬가지로 자본잉여금에 해당하여 수익으로 계상할 수 없으므로 법인이 기업회계기준에 맞게 회계처리하였다면 법인세법상으로도 세무조정이 필요 없게 된다.

3.3.5 합병차익과 분할차익

합병이란 둘 이상의 법인이 하나의 법인으로 병합되는 것을 말한다. 합병법인이 피합병법인으로부터 승계한 순자산가액이 피합병법인의 주주 등에게 지급한 합병대가(합병교부금과 합병교부주식 액면가액의 합)를 초과하는 경우 그 초과액을 합병차익(合併差益)이라 한다.

합병차익 = 승계한 순자산가액 − (합병교부금 + 합병교부주식의 액면가액)

분할은 합병과는 반대로 하나의 회사를 둘 이상의 회사로 나누는 것을 의미한다. 분할차익(分割差益)이란 분할신설법인이 분할법인으로부터 승계한 순자산가액이 분할법인의 주주 등에게 지급한 분할대가(분할교부금과 분할교부주식 액면가액의 합)를 초과하는 경우 그 초과액을 말한다.

분할차익 = 승계한 순자산가액 − (분할교부금 + 분할교부주식의 액면가액)

합병차익과 분할차익에 대한 이 같은 정의는 상법상의 규정에 기초한 것이며, 법인세법(제17조)은 주식발행초과금과 마찬가지로 합병차익과 분할차익이 자본거래에서 발생한 것으로 보아 이들을 익금불산입하도록 규정하고 있다. 그러나 합병이나 분할에 대한 회계 및 세무처리는 이들 거래를 어떻게 보느냐에 따라 달라질 수 있으며, 이 규정에 의거하여 합병거래와 분할거래에서 발생하는 차익이 모두 익금불산입되는 것은 아니라는 점에 유의해야 한다.

법인세법(제6관 합병 및 분할 등에 관한 특례)에서는 2010.7.1부터 합병거래와 분할거래를 순자산의 양도거래로 보아 과세하는 체계를 마련하였고, 따라서 합병 및 분할거래와 관련하여 발생하는 과세문제는 이 규정에 따라야 한다.

3.3.6 자산수증이익과 채무면제이익 중 이월결손금의 보전에 충당된 금액

기업회계상 자산수증이익과 채무면제이익은 수익으로 처리하며, 법인세법에서도 이들은 법인의 순자산을 증가시키는 항목이므로 원칙적으로 익금에 해당한다. 그러나 법인의 재무구조개선을 지원하기 위하여 자산수증이익과 채무면제이익 중 이월결손금의 보전에 충당된 금액은 익금불산입항목으로 규정하고 있다. 이월결손금은 세무상 이월결손금을 의미하며, 이월결손금의 발생연도에는 제한이 없다.

3.3.7 이월익금

이월익금(移越益金)이란 이미 과세된 소득을 다시 당해 사업연도의 수익으로 계상한 것을 의미하며, 이는 이중과세 방지를 위하여 익금에 산입하지 않는다. 예를 들어 1기에 외상매출한 거래(1천만원)가 결산 시 누락되어 2기의 수익으로 계상되었다고 가정하자. 만약 1기의 세무조정 시 이를 발견하여 누락된 수입금액 1천만원을 익금산입(유보)하였다면, 2기의 세무조정 시에는 동 금액만큼을 익금불산입(△유보)하여야 한다.

3.3.8 법인세 및 법인지방소득세에 대한 환급액

법인세 및 법인지방소득세는 지출 시 손금으로 인정받지 못하기 때문에 그 환급액에 대해서도 익금불산입한다. 이에 비해서 재산세는 지출 시 손금으로 인정받으므로 환급액이 발생하면 익금산입한다.

3.3.9 지주회사의 수입배당금액

법인이 다른 회사의 주식을 소유하는 경우 출자의 대가로 받은 현금배당금은 기업회계상 수익으로 회계처리한다. 그런데 배당금의 재원인 피투자기업의 이익에 대해서는 이미 법인세가 과세되었음에도 불구하고 이익의 일부가 투자한 법인에게 배당되는 단계에서 또 다시 법인세가 과세되는 이중과세의 문제가 발생한다. 이와 같은 이중과세 문제를 완화시키기 위해서 지주회사가 자회사로부터 받은 배당소득금액 중 일정금액은 익금에 산입하지 않는다. 지주회사(持株會社; holding company)는 주식이나 지분의 소유를 통해 다른 회사를 지배하는 것을 사업 내용으로 하는 회사이다.

3.3.10 일반법인의 수입배당금액

지주회사가 아닌 일반법인에 대해서도 지주회사와의 과세형평 등을 감안하여 수입배당금의 일정금액을 익금불산입하지만, 지주회사에 비해서는 익금불산입되는 비율이 상대적으로 낮다.

한편, 법인이 아닌 개인주주가 받는 배당금에 대해서는 배당소득에 대한 소득세가 과세되므로 동일한 이중과세의 문제가 발생하게 된다. 소득세법에서는 이 같은 문제를 완화시키기 위해서 배당소득에 과세된 법인세 상당액(귀속법인세)을 배당소득 총수입금액에 가산하여 소득세를 계산한 다음, 소득세 산출세액에서 그 귀속법인세를 공제(배당세액공제)하는 방식을 취하고 있다(7.5.3 배당소득에 대한 이중과세의 조정 부분 참조).

3.3.11 부가가치세 매출세액

부가가치세 매출세액은 기업회계상으로도 수익이 아닌 부채(예수금)로 회계처리하여야 한다. 따라서 부가가치세 매출세액을 기업회계기준에 맞게 회계처리할 경우 세무조정은 불필요하다.

3.3.12 자산의 일반적인 평가차익

법인세법은 보험업법 등의 법률규정에 의한 평가차익에 대해서만 예외적으로 익금으로 인정하며, 원칙적으로 자산에 대한 임의적인 평가차익을 익금으로 인정하지 않는다.

3.3.13 국세·지방세 과오납금의 환급금에 대한 이자

국세·지방세 과오납금(過誤納金)의 환급금에 대한 이자는 국가·지방자치단체가 초과징수한 것에 대한 보상의 성격을 가지므로 정책적으로 익금에서 제외시켜준다.

3.4 손금항목

법인세법상 손금(損金)이란 자본의 환급, 잉여금의 처분 및 법에서 규정하는 것을 제외하고 당해 법인의 순자산을 감소시키는 거래에서 발생하는 비용을 의미한다. 법인세법에서는 다음 항목들을 손금으로 규정하고 있으나, 이는 예시적 규정에 지나지 않는다. 법인세는 순자산증가설에 입각한 포괄주의 과세방식을 적용하므로 손금으로 규정되지 않았더라도 순자산을 감소시키는 것은 원칙적으로 모두 손금에 해당된다.

3.4.1 판매한 상품 또는 제품에 대한 재료비와 부대비용

이는 익금항목인 사업수입금액에 대응하는 손금항목이며, 기업회계상 매출원가 및 판매비에 해당하는 것이다.

3.4.2 양도한 자산의 양도 당시의 장부가액

이는 익금항목인 양도자산의 양도가액에 대응하는 손금항목이다. 법인세법에서는 총액주의에 따라 양도가액을 익금으로 보고 양도자산의 장부가액을 손금으로 본다는 규정을 두고 있지만, 기업회계상 양도가액과 장부가액의 차액만을 처분손익으로 계상하더라도 기간이익은 동일하므로 결국 자산의 양도와 관련하여 기업회계와 세무회계의 실질적인 차이는 없는 셈이다.

3.4.3 인건비

인건비는 제조원가나 판매비와 관리비에 포함된 급여, 상여금, 퇴직금, 복리후생비 등 근로자에게 근로의 대가로 지급되는 각종 비용을 의미하며, 이를 받는 임직원의 입장에서는 근로소득과 퇴직소득에 해당한다. 인건비는 원칙적으로 손금으로 인정되는 항목이지만, 예외적으로 손금불산입되는 것이 있다. 즉 사용인의 인건비에 대해서는 비교적 규제가 없이 법인이 지급하는 대부분의 금액을 손금으로 인정하는 반면, 임원의 경우에는 상여금과 퇴직금 지급 시 일정한 규제를 두고 있다.

- 급여 및 보수: 일반급여는 원칙적으로 모두 손금으로 인정되지만, 비상근임원에게 지급하는 보수 중 부당행위계산부인에 해당하는 것과 지배주주 및 그와 특수관계가 있는 임직원에게 초과 지급한 인건비는 손금불산입된다.
- 상여금: 상여금은 원칙적으로 모두 손금으로 인정되지만, 임원에게 지급하는 상여금 중 정관 또는 주주총회나 이사회에서 결정된 급여지급기준에 의한 상여금을 초과하여 지급하는 금액은 손금불산입된다. 사용인에게 지급하는 상여금은 전액 손금으로 인정된다.
- 퇴직금: 사용인에게 지급하는 퇴직금은 모두 손금으로 인정되지만, 임원에게 지급하는 퇴직금은 다음의 손금한도액까지만 손금으로 인정하고 이를 초과하여 지급하는 금액은 손금불산입한다.

a. 퇴직금지급규정이 있는 경우: 퇴직금지급규정상의 금액
b. 퇴직금지급규정이 없는 경우: 퇴직 직전 1년간 총급여액×1/10×근속연수

- 복리후생비: 법인이 임원과 사용인을 위하여 직장시설보육비나 직장체육비, 사용자로서 부담한 국민건강보험료 및 고용보험료 등의 복리후생비를 지출한 때에는 이를 손금으로 인정한다.

3.4.4 고정자산의 수선비

수익적 지출에 해당하는 고정자산의 수선비는 손금으로 인정된다. 수익적 지출은 고정자산의 원상회복과 능률유지를 위해 지출한 금액을 말하며, 자산의 가치를 실질적으로 증가시키거나 내용연수 연장의 효과를 가져오는 자본적 지출과 구별된다. 만약 법인이 자본적 지출에 해당하는 수선비를 비용으로 회계처리한 경우에는

이를 감가상각비로 보아 시부인계산을 하여야 된다(4.1.7 즉시상각의제 부분 참조).

3.4.5 고정자산의 감가상각비

유형자산, 무형자산에 대한 감가상각비는 일정한 한도범위 내에서 손금으로 인정된다(4.1 감가상각비의 손금불산입 부분 참조).

3.4.6 자산의 임차료

법인이 자산을 임차하고 지급하는 임차료는 손금으로 인정된다.

3.4.7 차입금이자

법인의 차입금이자는 원칙적으로 손금으로 인정되지만, 법인세법상 손금불산입되는 경우가 있다(4.4 지급이자의 손금불산입 부분 참조).

3.4.8 대손금

대손금(貸損金)이란 법인이 거래처의 파산 등의 사유로 회수할 수 없는 채권금액을 말하며, 법인세법에서는 대손금의 손금산입 요건을 충족하는 경우에만 이를 손금으로 인정한다(5.2 대손금과 대손충당금의 손금산입 부분 참조).

3.4.9 자산의 평가차손

자산의 평가차손이란 자산의 시가가 장부가액보다 떨어지는 경우 발생하는 평가손실을 말한다. 자산의 평가차손은 아직 확정되지 않은 미실현손실이므로 세무회계상 원칙적으로 손금으로 인정하지 않지만, 저가법에 의한 재고자산평가손실 등 법인세법에서 규정한 특정사유에 해당하는 경우 손금으로 인정된다.

3.4.10 세금과 공과금

법인의 세금과 공과금은 손금으로 인정하는 것이 원칙이지만, 벌과금의 성격으로 부과되는 벌금 및 가산금은 손금으로 인정되지 않는다.

3.5 손금불산입항목

손금불산입항목은 법인의 순자산을 감소시키는 거래이지만, 주로 조세정책적 차원에서 손금에 산입하지 않는 항목들이다. 기업회계와 세무회계의 차이로 인한 세무조정사항은 주로 손금불산입항목에서 발생하기 때문에 손금불산입항목에 대한 이해는 매우 중요하다. 여기서는 법인세법에서 예시하고 있는 손금불산입항목을 간단히 살펴보고, 주요 계정과목에 대한 세무조정은 제4장과 제5장에서 설명하기로 한다.

3.5.1 주식할인발행차금

주식할인발행차금은 주식을 액면에 미달하는 가액으로 발행하는 경우에 액면에 미달하는 금액을 의미하며, 기업회계상으로도 이는 비용이 아닌 자본의 차감계정(자본조정)으로 처리한다. 따라서 기업회계기준에 따라 회계처리하였다면 세무조정이 필요 없다.

3.5.2 잉여금의 처분을 손비로 계상한 금액

잉여금의 처분이란 이익잉여금의 처분을 말하며, 배당금이나 적립금 등을 이익처분이 아닌 비용으로 회계처리한 경우 이를 손금으로 인정하지 않는다는 의미이다.

3.5.3 법령위반, 의무불이행으로 인한 손금불산입항목

법을 위반하거나 법에서 규정한 의무를 이행하지 않아서 국가 또는 지방자치단체가 부과하는 벌금, 과료, 과태료, 가산금, 체납처분비 등은 징벌의 일종으로 부과되는 것이므로 손금으로 인정하지 않는다.

3.5.4 재고자산 등 특정자산 이외의 자산의 평가손실

법인세법에서는 원칙적으로 자산을 취득원가로 평가하도록 규정하고 있으며, 다음의 경우에 자산에 대한 평가손실을 손금으로 인정한다.

대상자산	평가손실이 손금으로 인정되는 경우
재고자산	파손·부패 등의 사유로 계상한 재고자산평가손실, 재고자산평가방법을 저가법으로 신고한 법인이 계상하는 재고자산평가손실
고정자산	천재지변, 화재, 법령에 의한 수용, 폐광으로 인한 평가차손
주 식	주권상장법인이 발행한 주식, 주권상장법인 외의 법인 중 특수관계가 없는 법인이 발행한 주식 등으로서 그 발행법인이 부도가 발생한 경우 또는 회생계획인가의 결정을 받았거나 부실징후 기업이 된 경우의 평가손실

3.5.5 업무무관경비

법인이 사업을 위해 지출하는 경비는 손금으로 인정하는 것이 원칙이지만, 법인세법에서 업무무관경비로 규정한 항목에 대해서는 손금에 산입하지 않는다.

- 업무무관부동산 및 업무무관자산의 취득·관리에 따른 비용, 유지비, 수선비와 이에 관련되는 비용
- 법인이 직접 사용하지 않고 타인(비출자임원, 소액주주인 임원 및 사용인 제외)이 주로 사용하는 장소, 건축물, 물건 등의 유지비, 관리비, 사용료와 이에 관련되는 지출금
- 출자자(소액주주 제외)나 출연자인 임원 또는 그 친족이 사용하고 있는 사택의 유지비, 사용료와 이에 관련되는 지출금

- 업무무관부동산 및 업무무관자산을 취득하기 위한 자금의 차입과 관련되는 비용

3.5.6 임원상여금 한도초과액 및 임원퇴직금 한도초과액

인건비 중 임원에 대한 상여금과 퇴직금의 한도초과액은 손금불산입한다(3.4.3 인건비 부분 참조).

3.5.7 채권자불분명사채이자 등 손금불산입되는 지급이자

차입금에 대한 지급이자는 원칙적으로 손금에 해당하지만, 법인세법상 손금불산입되는 경우가 있다(4.4 지급이자의 손금불산입 부분 참조).

3.5.8 각종 한도초과액

법인세법은 조세정책 차원에서 일정한 한도까지만 손금으로 인정하고 한도초과액을 손금불산입하는 경우가 있다.

- 기부금(법정, 지정) 한도초과액(4.3 기부금의 손금불산입 부분 참조)
- 기업업무추진비 한도초과액(4.2 기업업무추진비의 손금불산입 부분 참조)
- 감가상각비 한도초과액(4.1 감가상각비의 손금불산입 부분 참조)
- 각종 충당금·준비금 한도초과액

3.6 손익의 귀속

3.6.1 권리의무확정주의

계속기업을 전제로 활동하는 기업의 기간이익을 계산하기 위해서는 수익과 비용을 각 회계기간별로 어떻게 인식하느냐가 매우 중요한 과제이며, 기업회계에서는 발생주의와 실현주의에 기초하여 기간이익을 산정하고 있다. 법인세도 기간이익(각 사업연도소득금액)의 크기에 비례하고, 각 사업연도소득금액은 해당 사업연도의 익금과 손금을 기준으로 산정된다. 기업활동에서 발생하는 손익이 각 사업연도에 어떻게 귀속되느냐에 따라 각 사업연도의 소득이 영향을 받고 이로 인해 납부할 세액이 달라질 수 있기 때문에 법인세계산에서 익금과 손금이 귀속되는 사업연도를 결정하는 것은 중요한 의미를 갖는다. 법인세법에서는 권리의무확정주의(權利義務確定主義)에 따라 익금의 권리와 손금의 의무가 확정된 사업연도에 익금과 손금을 인식하며, 법인세법에 규정되지 않은 사항에 대해서는 기업회계기준에 의한 손익귀속시기를 따르도록 하고 있다.

3.6.2 상품 등 판매손익의 귀속시기

상품 등 판매손익의 귀속시기에 대한 법인세법상 규정은 다음과 같으며, 이는 기업회계상 손익귀속시기와 별 차이가 없다.

- 상품, 제품의 판매손익: 상품, 제품의 인도일
- 상품, 제품 이외의 자산 판매손익: 해당 자산의 대금청산일, 소유권이전등기일, 인도일 또는 사용수익일 중 가장 빠른 날

3.6.3 장기할부판매손익의 귀속시기

장기할부판매는 제품이 인도된 후 판매대금을 2회 이상 분할하여 상환받는 것으로서 제품인도일부터 최종 할부금지급기일까지의 기간이 1년 이상인 거래형태를 의미한다. 장기할부판매의 기업회계상 수익인식기준은 인도기준이며 법인세법에서도 원칙적으로 인도기준을 적용한다. 다만 법인의 결산서에 해당 사업연도에 회수하였거나 회수할 금액과 이에 대응하는 비용을 수익과 비용으로 계상한 경우(즉, 회수기일도래기준으로 결산에 반영한 경우) 이를 인정하며, 중소기업은 결산서상 인도기준으로 손익을 인식한 경우에도 신고조정을 통해 회수기일도래기준으로 익금과 손금에 산입할 수 있도록 하고 있다.

3.6.4 용역제공 등에 의한 손익의 귀속시기

법인세법에서는 건설·제조 기타 용역(도급공사와 예약매출 포함)의 제공으로 인한 익금과 손금을 그 목적물의 착수일이 속하는 사업연도부터 인도일이 속하는 사업연도까지 그 목적물의 건설 등을 완료한 정도(작업진행률)를 기준으로 하여 계산한 수익과 비용을 각각 해당 사업연도의 익금과 손금에 산입한다. 다만 중소기업의 단기건설계약(계약기간이 1년 미만인 건설 등)의 경우에는 결산서상 진행기준으로 손익을 인식하였다 하더라도 신고조정을 통해 인도기준으로 익금과 손금에 산입할 수 있으며, 결산서상 기업회계기준에 의해 인도기준을 적용한 것이라면 중소기업 여부와 무관하게 세무상 진행기준을 적용하지 않아도 된다.

진행기준을 적용할 경우의 작업진행률과 익금·손금의 산정방법은 다음과 같다.

- 작업진행률＝당해 사업연도까지 발생한 총공사비누적액/총공사예정비
- 익금＝(도급금액×작업진행률)－직전 사업연도말까지의 수익계상액
- 손금＝당해 사업연도에 발생한 총비용

3.6.5 이자수익과 이자비용의 귀속시기

금융회사 등 이외의 일반법인의 이자소득 등의 손익귀속시기는 소득세법상 이자소득 수입시기를 기준으로 하므로 원천징수대상이 되는 이자소득의 경우 기업회계상 수익인식 시점과 차이가 발생하게 된다. 법인이 수입하는 이자는 대부분 원천징수의 대상이 되므로 세무회계에서는 기업회계와는 달리 이자를 실제 받은 날 또는 약정에 의해 받기로 한 날에 이자수익이 확정된 것으로 보며, 따라서 법인이 기업회계기준에 따라 금융회사 등이 지급하는 이자에 대하여 결산 시 미수이자를 계상한 경우 이를 익금불산입(△유보)하는 세무조정이 필요하다. 만약 다음 사업연도에 이자가 실제 입금되었다면 전년도에 익금불산입했던 미수이자를 익금산입(유보)하는 세무조정을 하여야 한다.

이자비용은 이자수익과는 달리 법인세법에서도 결산 시 계상하는 미지급이자를 손금으로 인정하므로 법인이 기업회계기준에 맞게 회계처리할 경우 세무조정이 필요없다.

3.6.6 자산의 취득가액

법인이 지출한 금액을 자산의 취득가액으로 처리하는 것과 지출 사업연도의 비용으로 처리하는 것은 기간이익의 크기에 직접적인 영향을 미치게 된다. 법인세법에서는 자산의 유형별로 다음과 같이 자산의 취득가액 산정기준을 규정하고 있으며, 기업회계상의 일반적인 취득원가 결정기준을 따르고 있다.

- 매입자산: 매입가액＋부대비용(취득세, 등록세 등)
- 자기가 제조 · 생산 · 건설한 자산: 원재료비＋노무비＋경비
- 그 외의 자산(증여 등): 취득 당시의 시가

3.6.7 재고자산의 평가

법인세법상 재고자산의 평가방법에는 원가법과 저가법이 있다. 원가법은 재고자산을 개별법, 선입선출법, 후입선출법, 총평균법, 이동평균법, 매출가격환원법(소매재고법) 중 한 방법을 선택하여 취득가액을 계산하고 이를 재고자산의 평가금액으로 하는 방법이다. 저가법은 취득원가와 시가(순실현가능가액) 중에서 낮은 금액을 재고자산의 평가금액으로 하는 방법이다. 법인이 법인세법상 재고자산평가방법을 저가법으로 신고한 후 저가법에 의하여 계상한 재고자산의 평가손실은 세무회계상 손금으로 인정되는 자산의 평가손실이다. 이에 비해서 법인이 재고자산평가방법을 저가법으로 신고하지 않은 경우 파손·부패 등의 사유로 계상한 재고자산평가손실 이외의 평가손실은 세무상 손금으로 인정되지 않는다.

법인은 설립일이 속하는 사업연도의 과세표준 신고기한까지 재고자산 평가방법을 신고하여야 하며, 재고자산 평가방법을 변경하고자 하는 법인은 변경할 평가방법을 적용하고자 하는 사업연도의 종료일 이전 3개월이 되는 날까지 신고하여야 한다. 법인세법상 재고자산의 평가방법을 신고하지 않은 경우에는 선입선출법(매매목적용 부동산은 개별법)을 적용하며, 법정요건을 충족하지 못한 평가방법 변경(임의변경)시 선입선출법과 당초 신고한 방법으로 평가한 금액 중 큰 금액을 적용한다.

세무상 재고자산평가금액이 기업회계(재무상태표)상 기말재고자산가액과 다를 경우 다음과 같이 세무조정해야 한다.

구 분	당기 세무조정	차기 세무조정
세무상 재고자산 > 재무상태표상 재고자산	익금산입(유보)	손금산입(△유보)
세무상 재고자산 < 재무상태표상 재고자산	손금산입(△유보)	익금산입(유보)

재고자산평가와 관련한 당기의 세무조정이 차기 사업연도에 반대로 조정되어 소멸하는 이유는 당기말 재고자산가액의 과대(과소)평가액이 차기 기초재고자산의 과대(과소)평가액으로 나타나기 때문이다. 즉, 기말재고자산과 기초재고자산은 매출원가(비용)를 계산함에 있어 서로 반대 방향의 영향을 미치므로 당기말 재고자산평가

와 관련한 세무조정사항은 다음 기의 매출원가를 통해 자동적으로 차이가 해소되는 것이다.

3.6.8 유가증권의 평가

법인세법상 유가증권의 평가방법은 원가법 중 총평균법과 이동평균법을 적용할 수 있다(채권은 개별법 적용 가능). 유가증권평가방법의 신고 및 변경신고는 재고자산의 경우와 동일하다. 법인세법상 유가증권의 평가방법을 신고하지 않은 경우에는 총평균법을 적용하며, 법정요건을 충족하지 못한 평가방법 변경(임의변경)시 총평균법과 당초 신고한 방법으로 평가한 금액 중 큰 금액을 적용한다.

연습문제

문 1 법인세법상 익금에 대한 다음 설명 중 타당하지 않은 것은?

① 법인세법상 익금이란 자본 또는 출자의 납입, 익금불산입 항목으로 규정하는 것을 제외하고 당해 법인의 순자산을 증가시키는 거래로 인해 발생하는 수익을 의미한다.

② 법인세는 순자산증가설에 입각한 포괄주의 과세방식을 취하고 있기 때문에 익금으로 규정되지 않았더라도 순자산을 증가시키는 것은 원칙적으로 모두 익금에 해당한다.

③ 사업수입금액은 익금에 해당한다.

④ 모든 무상주는 무상주를 교부한 재원에 관계없이 익금에 해당한다.

문 2 다음 중 법인세법상 익금에 해당하지 않는 것은?

① 자산의 양도금액 ② 자산의 임대료

③ 부가가치세 매출세액 ④ 의제배당

문 3 의제배당에 관한 다음 설명 중 타당하지 않은 것은?

① 이익잉여금을 자본전입함으로써 교부된 무상주는 의제배당으로 과세된다.

② 주식발행초과금을 자본전입하여 교부된 무상주는 의제배당에 해당하지 않는다.

③ 의제배당에 해당하면 교부받은 주식의 액면상당액을 익금에 산입한다.

④ 무상주를 받으면 기업회계상으로도 수익으로 계상한다.

문 4 다음은 법인의 순자산을 증가시키는 거래이지만 익금에 산입하지 않는 항목들이다. 타당하지 않은 것은?

① 간주임대료

② 주식발행초과금

③ 감자차익

④ 이월익금

문 5 합병차익과 분할차익에 관한 다음 설명 중 가장 타당하지 않은 것은?

① 합병법인이 피합병법인으로부터 승계한 순자산가액이 피합병법인의 주주에게 지급한 합병대가를 초과하는 경우 그 초과액을 합병차익이라 한다.

② 합병차익은 자본거래에서 발생한 순자산증가액이므로 법인세법상 익금불산입한다.

③ 분할은 합병과는 반대로 하나의 회사를 둘 이상의 회사로 나누는 것이다.

④ 분할차익은 순자산증가설에 따라 익금산입하는 것이 원칙이다.

문 6 지주회사가 자회사로부터 받는 배당소득금액 중 일정금액은 익금에 산입하지 않는다. 이러한 제도를 둔 주된 이유는 무엇인가?

① 배당금은 수익이 아니기 때문이다.

② 배당금 지급시 원천징수를 하기 때문이다.

③ 배당금의 재원인 피투자기업의 이익에 대해서는 이미 법인세가 과세되었음에도 불구하고 이익의 일부가 투자한 법인에게 배당되는 단계에서 또 다시 법인세가 과세되는 이중과세의 문제를 완화시키기 위한 것이다.

④ 자본이득에 대한 조세부담을 줄여줌으로써 투자를 촉진하기 위함이다.

문 7 법인세법상 손금에 대한 다음 설명 중 가장 타당하지 않은 것은?

① 법인세법상 손금이란 자본 또는 지분의 환급, 잉여금의 처분 등을 제외하고 당해 법인의 순자산을 감소시키는 거래에서 발생하는 비용을 의미한다.

② 법인세는 순자산증가설에 입각한 포괄주의 과세방식을 취하고 있기 때문에 손금으로 규정되지 않았더라도 순자산을 감소시키는 것은 원칙적으로 모두 손금에 해당한다.

③ 법인세법에서는 총액주의에 따라 자산의 양도가액을 익금으로 보고 양도자산의 장부가액을 손금으로 본다는 규정을 두고 있지만, 기업회계상 양도가액과 장부가액의 차액만을 처분손익으로 계상하더라도 기간이익은 동일하므로 결국 자산의 양도와 관련하여 기업회계와 세무회계의 실질적인 차이는 없다.

④ 법인이 주주에게 지급하는 배당금은 손금으로 인정되지 않지만, 법인의 차입금이자는 예외 없이 손금으로 인정된다.

문 8 다음 중 손금으로 인정되는 것은?

① 벌금, 과태료, 체납처분비
② 퇴직금지급규정상의 금액을 초과하여 지급한 사용인에 대한 퇴직금
③ 업무무관경비
④ 자산에 대한 임의평가 손실

문 9 손금항목에 대한 다음 설명 중 타당하지 않은 것은?

① 자산의 평가차손은 미실현손실이므로 절대로 손금에 산입할 수 없다.
② 유형자산의 감가상각비는 일정한 한도범위 내에서 손금으로 인정된다.
③ 수익적 지출에 해당하는 고정자산의 수선비는 손금으로 인정된다.
④ 인건비의 경우 사용인보다 임원에 대한 규제가 엄격한 편이다.

문 10 인건비에 관한 다음 설명 중 가장 타당하지 않은 것은?

① 인건비는 근로자에게 근로의 대가로 지급되는 각종 비용이며, 이는 원칙적으로 손금에 해당한다.
② 임원에 대한 인건비는 사용인에 비해서 더 엄격히 규제하는 편이다.
③ 사용인의 경우에는 임원과 달리 상여금과 퇴직금 지급 시 일정한 규제를 두고 있다.
④ 법인이 임직원을 위해서 복리후생비를 지출하면 손금으로 인정된다.

문 11 고정자산의 수선비와 관련한 다음 설명 중 타당하지 않은 것은?

① 수익적 지출에 해당하는 고정자산의 수선비는 손금으로 인정된다.
② 자산의 가치를 실질적으로 증가시키는 지출을 비용으로 처리하였다면, 이는 감가상각비로 보아 시부인계산을 하여야 한다.
③ 수익적 지출은 고정자산의 원상회복과 능률유지를 위해 지출한 금액을 말한다.
④ 수익적 지출에 해당하는 수선비를 고정자산의 취득원가에 가산하였다면, 이를 손금불산입하는 세무조정이 필요하다.

문 12 법인세법상 손금으로 인정되는 자산평가손실에 해당하지 않는 것은?

① 파손·부패로 인한 재고자산평가손실
② 재고자산평가방법을 저가법으로 신고한 법인이 계상한 재고자산평가손실
③ 법인이 보유한 사옥건물에 대해 감정평가를 받아 계상한 평가손실
④ 화재로 공장건물이 전소되어 계상한 평가손실

문 13 법인이 사업을 위해 지출하는 경비는 손금으로 인정하는 것이 원칙이지만, 업무무관경비에 해당하면 손금으로 인정받을 수 없다. 다음 중 손금불산입되는 업무무관경비로 보기 어려운 것은?

① 직원들이 사용하는 사택의 유지비
② 출자임원이 주로 사용하는 별장의 유지비
③ 업무무관자산의 취득을 위한 자금의 차입 비용
④ 대표이사가 대학동창회를 위해 지출한 비용

문 14 손익의 귀속과 관련한 다음 설명 중 타당한 것은?

① 손익귀속시기에 대하여 법인세법에서 기업회계와 다르게 규정하더라도 기업회계의 내용이 우선적으로 적용된다.
② 기업회계상 발생주의에 따라 미수이자와 미지급이자를 계상하면 세무조정이 필요 없다.
③ 기업회계에서는 발생주의와 실현주의에 기초하여 기간이익을 산정하지만, 법인세법에서는 권리의무확정주의를 기준으로 손익의 귀속시기를 결정한다.
④ 장기할부판매손익은 실제 현금이 회수되는 기간에 인식하는 것이 원칙이다.

문 15 법인세법상 손익의 귀속시기에 대한 다음 설명 중 타당하지 않은 것은?

① 제품의 판매손익: 제품의 인도일
② 장기도급공사손익: 용역의 제공완료일
③ 장기할부판매손익: 제품의 인도일
④ 부동산양도손익: 대금청산일, 소유권이전등기일, 인도일 또는 사용수익일 중 가장 빠른 날

문 16 법인 소유의 건물을 양도하는 경우 손익의 귀속사업연도에 대한 다음 설명 중 타당하지 않은 것은?

① 원칙적으로 대금청산일이 속한 사업연도이다.

② 대금청산일 이전에 소유권이전이 이루어진다면 소유권이전등기일이 속한 사업연도이다.

③ 대금청산일 이전에 건물을 사용수익한다면 그 사용수익일이 속한 사업연도이다.

④ 대금청산일 이전에 건물이 인도되더라도 대금청산일이 속한 사업연도이다.

문 17 ㈜자하는 재고자산의 평가방법을 저가법으로 신고하였다. 취득원가 4,000,000원의 상품이 결산시점에 시가가 3,000,000원으로 하락하여 손익계산서에 재고자산평가손실 1,000,000원을 비용으로 계상하였다면, 어떤 세무조정이 필요한가?

① (손금불산입) 재고자산평가손실 1,000,000원(유보)

② (손금불산입) 재고자산평가손실 2,000,000원(유보)

③ (손금불산입) 재고자산평가손실 3,000,000원(유보)

④ 세무조정 없음

문 18 재고자산의 평가와 관련한 다음 설명 중 타당하지 않은 것은?

① 재고자산의 평가와 관련한 세무조정이 차기 사업연도에 반대로 조정되어 소멸하는 이유는 당기말 재고자산가액의 과대(과소) 평가액이 차기 기초재고자산의 과대(과소) 평가액으로 나타나기 때문이다.

② 세무상 기말재고자산 평가금액이 재무상태표상 재고자산보다 적을 경우 당기에는 익금산입하고 차기에는 손금산입하는 세무조정이 필요하다.

③ 기말재고자산과 기초재고자산은 매출원가(비용)를 계산함에 있어 서로 반대 방향의 영향을 미치므로 당기말 재고자산의 평가와 관련한 세무조정사항은 다음 기의 매출원가를 통해 자동적으로 차이가 해소된다.

④ 저가법은 취득원가와 시가(순실현가능가액) 중에서 낮은 금액을 재고자산의 평가금액으로 하는 방법이다.

문 19 ㈜자하는 제6기 사업연도 중에 단기매매증권을 1,500,000원에 취득하였으며, 제6기 사업연도 결산시에 공정가액 2,000,000원으로 평가하였다(단기매매증권평가이익 500,000원을 수익으로 인식함). 이 단기매매증권을 제7기 사업연도 중에 3,000,000원에 처분하였다면, 제7기 사업연도에 어떤 세무조정이 필요한가?

① (익금불산입) 단기매매증권평가이익 500,000원(△유보)

② (익금산입) 단기매매증권평가이익 500,000원(유보)

③ (익금불산입) 단기매매증권평가이익 1,000,000원(△유보)

④ 세무조정 없음

문 20 법인세법상 유가증권의 평가에 관한 다음 설명 중 가장 타당하지 않은 것은?

① 유가증권의 평가방법은 원가법 중 총평균법과 이동평균법을 적용할 수 있다(채권은 개별법 적용 가능).

② 유가증권평가방법의 신고 및 변경신고는 재고자산의 경우와 동일한다.

③ 법인세법상 유가증권의 평가방법을 신고하지 않은 경우에는 총평균법을 적용한다.

④ 유가증권의 평가방법을 임의로 변경한 경우에는 총평균법과 당초 신고한 방법으로 평가한 금액 중 작은 금액을 적용한다.

04장

법인세 3

4.1 감가상각비의 손금불산입

4.1.1 세법상 감가상각회계의 특징

감가상각(減價償却; depreciation)이란 적정한 기간이익 계산을 위해 고정자산의 취득원가를 일정한 상각방법을 적용하여 내용연수 동안 비용으로 배분하는 회계절차로서 발생주의 회계의 대표적인 예이다.

법인세법에서도 기간이익을 계산하기 위해 감가상각회계를 적용하지만, 법인세법상 감가상각제도는 조세정책 및 계산의 편의성 등을 고려하여 기업회계와 약간의 차이를 두고 있다.

법인세법상 감가상각비는 원칙적으로 법인이 결산시 장부상 비용으로 계상한 경우에만 손금으로 인정된다(결산조정사항). 감가상각비의 계상은 외부거래를 수반하지 않는 항목으로 내부결산에 따라 비용의 가액이 확정되는 대표적인 결산조정사항이다.

법인세법은 손금에 산입할 수 있는 감가상각비 최고한도(상각범위액)를 정해 놓고, 이를 초과하여 계상한 감가상각비에 대해서는 손금으로 인정하지 않는다. 원칙적으로 감가상각비의 최저한도에 대한 규정은 없기 때문에 상각범위액보다 적게 계상한 감가상각비에 대해서는 세무조정이 발생하지 않는다(한도 내 임의상각).

한편, 일정기간 법인세를 면제 또는 감면받는 법인이 감가상각비를 계상하지 않거나 과소계상하는 경우에는 법인세법상의 상각범위액까지는 동 기간 중 각 사업연도에 감가상각한 것으로 간주하여 그 후 감가상각 미계상액만큼을 취득원가에서 차감하여 감가상각범위액을 계산하여야 한다(감가상각의제).

4.1.2 감가상각의 기본요소

감가상각비를 계산하기 위해서는 취득원가, 내용연수(耐用年數), 잔존가액이 결정되어야 한다.

감가상각과 관련한 취득원가 결정에서 가장 기본적인 주제는 자본적 지출과 수익적 지출의 구분이다. 자본적 지출은 엘리베이터 설치와 같이 고정자산의 내용연수를 증가시키거나 가치를 실질적으로 증가시키는 지출이며, 이는 자산의 취득원가에 가산되어 감가상각을 통해 손금으로 처리된다. 이에 비해서 수익적 지출은 건물 도장비 또는 기계의 소모부품 교체 등과 같이 고정자산의 원상을 회복하거나 능률유지를 위한 지출이며, 이러한 지출은 감가상각과정을 거치지 않고 그 발생연도에 전액 비용으로 계상된다.

사업용 고정자산의 매입·제작·건설에 소요되는 차입금에 대한 건설기간 중의 지급이자(건설자금이자)도 취득원가에 포함시켜야 한다.

만약 자본적 지출을 해당 자산의 취득원가에 가산하지 않고 비용으로 계상한 경우 이는 즉시 감가상각한 것으로 간주되어 시부인계산을 하여야 한다(즉시상각의제).

내용연수는 고정자산의 사용가능기간을 의미하며, 이는 감가상각방법과 함께 자산의 감가상각률을 결정하는 기준이 된다. 법인세법상 내용연수는 법인세법시행규칙 〈별표〉에 자산 및 업종별로 자세히 규정되어 있고(기준내용연수), 법인이 납세지 관할세무서장에게 신고하면 기준내용연수의 상하 25% 범위 내에서 선택하여 적용할 수 있다(신고내용연수). 예를 들어 철근콘크리트조 건물의 기준내용연수는 40년으로 규정되어 있지만, 법인의 선택에 따라 30~50년 사이의 내용연수를 적용할 수 있다. 만약 법인이 내용연수를 신고하지 않으면 기준내용연수가 적용된다.

잔존가액은 고정자산이 내용연수 종료 후 폐기될 때 회수할 수 있을 것으로 예상되는 금액을 의미하며, 법인세법에서는 감가상각시 고정자산에 대한 잔존가액을 0(영)으로 하도록 규정하고 있다.

4.1.3 자산별 감가상각방법

법인세법은 자산별로 선택가능한 감가상각방법을 규정하고 있다. 법인은 이 중 하나를 선택하여 납세지 관할세무서장에게 신고하여야 하며, 신고한 감가상각방법은 이후 사업연도에 계속적으로 적용하여야 한다.

<table>
<tr><th colspan="2">구 분</th><th>감가상각방법</th><th>무신고시 감가상각방법</th></tr>
<tr><td rowspan="3">유형자산</td><td>건축물</td><td>정액법</td><td>정액법</td></tr>
<tr><td>광업용 유형자산</td><td>정액법, 정률법, 생산량비례법</td><td>생산량비례법</td></tr>
<tr><td>위 이외 유형자산</td><td>정액법, 정률법</td><td>정률법</td></tr>
<tr><td rowspan="4">무형자산</td><td>개발비</td><td>20년 내 정액법</td><td>5년간 정액법</td></tr>
<tr><td>사용수익기부자산가액</td><td colspan="2">사용수익기간 동안 정액법</td></tr>
<tr><td>광업권</td><td>생산량비례법, 정액법</td><td>생산량비례법</td></tr>
<tr><td>기타무형자산</td><td>정액법</td><td>정액법</td></tr>
</table>

4.1.4 법인세법상 감가상각범위액의 계산

실무에서 가장 많이 사용되고 있는 감가상각방법인 정액법과 정률법을 적용하여 감가상각범위액을 계산해 보자.

1. 정액법

감가상각범위액＝세무상 취득가액×상각률

세무상 취득가액은 재무상태표상 취득원가에 즉시상각의제누계액을 합한 금액이다. 상각률은 내용연수에 따라 정해지며, 정액법의 상각률은 내용연수의 역수(1/내용연수)가 된다.

2. 정률법

감가상각범위액＝세무상 장부가액×상각률

세무상 장부가액은 세무상 취득가액에서 기초감가상각누계액을 차감하고 상각부인액을 합한 금액이다. 정률법의 상각률은 법인세법시행규칙 〈별표 4〉에서 구체적으로 규정하고 있다.

예 제

과거 사업연도에 10,000,000원을 주고 취득한 기계장치의 감가상각 관련 자료는 다음과 같다. 정액법과 정률법을 적용하여 감가상각범위액을 계산하시오.

- 전기말감가상각누계액: 5,000,000원(상각부인액 1,000,000원)
- 내용연수: 5년(정액법 상각률: 0.2, 정률법 상각률: 0.451)

풀 이

정액법 감가상각범위액: 세무상 취득가액×상각률=10,000,000원×0.2
=2,000,000원

정률법 감가상각범위액: 세무상 장부가액×상각률=(10,000,000원−5,000,000원
+1,000,000원)×0.451=2,706,000원

사업연도 중에 신규 취득한 자산의 감가상각범위액은 사업에 사용한 날부터 당해 사업연도 종료일까지의 월수에 따라 계산하며, 1개월 미만의 일수는 1개월로 한다. 기존의 자산에 대한 자본적 지출액은 자본적 지출이 발생한 이후의 월수를 고려하지 않고, 기존자산의 장부가액에 합산해서 그 자산의 내용연수를 그대로 적용하여 감가상각한다.

4.1.5 감가상각 시부인계산

감가상각 시부인계산(是否認計算)은 법인이 감가상각비로 계상한 금액과 법인세법상 감가상각범위액(손금산입한도액)을 비교하여 법인이 계상한 감가상각비를 시인 또는 부인하는 절차를 의미한다. 법인이 계상한 감가상각비가 법인세법상 감가상각범위액보다 더 크면 상각부인액이 발생하고, 더 작으면 시인부족액이 발생한다. 상각부인액은 손금불산입(유보) 처분된 후 차기 이후에 시인부족액이 발생하면 시인부족액의 범위 내에서 손금산입(△유보)된다.

감가상각비는 결산조정사항이기 때문에 원칙적으로 법인의 결산서에 반영되지 않은 감가상각비 시인부족액을 손금에 산입하는 세무조정은 허용되지 않는다. 다만, 전기 감가상각부인액이 있는 경우 시인부족액 범위 내에서 전기감가상각부인액을 손

금산입한다. 감가상각 시부인계산은 개별 감가상각자산별로 계산한 금액에 의한다. 따라서 A자산의 상각부인액과 B자산의 시인부족액을 서로 상계할 수 없으며, 각각 세무조정을 하여야 한다.

구 분	세무조정
상각부인액(감가상각비 계상액 > 감가상각범위액)	당기에는 손금불산입(유보)
	차기 이후에 시인부족액이 발생하면 그 범위 내에서 손금산입(△유보)
시인부족액(감가상각비 계상액 < 감가상각범위액)	원칙적으로 세무조정하지 않음
	전기 이전에 발생한 상각부인액을 시인부족액 범위 내에서 손금산입(△유보)

예 제

제1기 사업연도 개시일에 8,000원에 취득한 자산을 4년의 내용연수를 적용하여 정액법으로 상각하고 있다. 결산 시 다음과 같이 감가상각비를 계상한 경우 필요한 세무조정을 하시오.

구 분	A 사례	B 사례
제1기	2,400원	1,600원
제2기	2,400원	1,600원
제3기	2,400원	1,600원
제4기	800원	1,600원
제5기		1,600원

풀 이

정액법이므로 상각률이 0.25(=1/4)이고, 법인세법상 감가상각범위액은 매기 2,000원(=8,000원×0.25)이다.

(A 사례)

구 분	상각범위액	회사상각액	한도초과액	세무조정
제1기	2,000원	2,400원	400원	손금불산입 400원(유보)
제2기	2,000원	2,400원	400원	손금불산입 400원(유보)
제3기	2,000원	2,400원	400원	손금불산입 400원(유보)
제4기	2,000원	800원	(1,200원)	손금산입 1,200원(△유보)

제1기부터 제3기까지의 손금불산입누계액 1,200원(유보)은 제4기 손금산입 1,200원(△유보)과 상계되어 없어진다.

(B 사례)

구 분	상각범위액	회사상각액	시인부족액	세무조정
제1기	2,000원	1,600원	400원	세무조정 없음
제2기	2,000원	1,600원	400원	세무조정 없음
제3기	2,000원	1,600원	400원	세무조정 없음
제4기	2,000원	1,600원	400원	세무조정 없음
제5기	2,000원	1,600원	400원	세무조정 없음

법인세법은 감가상각범위액만을 정하고 있을 뿐이므로 원칙적으로 법인이 감가상각범위 이내의 금액으로 감가상각하는 것은 몇 년에 걸쳐서 상각하든지 상관하지 않는다(법인세를 감면받아 감가상각의제규정이 적용되는 경우는 예외임). 따라서 제4기까지의 회사상각액 6,400원을 제외한 잔액 1,600원이 제5기에 손금으로 인정된다.

4.1.6 국제회계기준 적용 법인의 감가상각비 손금산입

결산조정의 원칙에 의하면 감가상각비 시인부족액을 손금에 산입할 수 없는 것이 원칙이다. 그러나 국제회계기준을 적용하는 내국법인의 경우에는 유형고정자산과 내용연수가 비한정인 무형고정자산(상표권 등)의 감가상각비에 대해서 개별 자산별로 다음 금액이 결산서상 감가상각비로 손금에 산입한 금액보다 큰 경우 그 차액의 범위에서 추가로 손금에 산입할 수 있다.

- 2013년 12월 31일 이전 취득분: 국제회계기준 도입 이전의 방식에 따라 감가상각비를 손금으로 계상할 경우 손금에 산입할 감가상각비 상당액
- 2014년 1월 1일 이후 취득분: 기준내용연수를 적용하여 계산한 감가상각비 상당액

국제회계기준에서는 감가상각방법으로 정률법을 적용하기가 어려워서 국제회계기준의 도입과 함께 감가상각방법을 정액법으로 변경한 사례가 많다. 내용연수 초기에 정률법에서 정액법으로 감가상각방법을 변경할 경우 상대적으로 감가상각비 손금계상액이 줄어들어 법인세 부담이 증가하게 된다. 이 제도는 국제회계기준의 도입으로 감가상각비가 줄어드는 경우 그 금액을 신고조정으로 손금산입할 수 있도록 함으로써 법인세 부담을 완화시켜 주기 위한 것이다.

4.1.7 즉시상각의제

고정자산의 취득원가와 자본적 지출의 금액은 일단 고정자산으로 계상하고 내용연수 동안 감가상각비로 비용화하여야 한다. 만약 고정자산의 취득원가와 자본적 지출을 자산으로 계상하지 않고 비용으로 처리한 경우에는 법인세법상 이를 즉시 감가상각한 것으로 보며, 이를 즉시상각의제(卽時償却擬制)라고 한다.

즉시상각의제액에 대해서는 감가상각비로 손금산입한 것으로 보아 감가상각 시부인계산을 하는 것이 원칙이며, 소액자산의 취득 등 금액적으로 중요하지 않은 경우에는 예외적으로 시부인계산과정을 거치지 않고 전액 손금으로 인정하는 특례가 있다. 특례가 적용되는 지출의 예로는 취득가액이 거래단위별로 100만원 이하인 소액자산의 취득과 개별자산별로 지출한 금액이 600만원 미만인 수선비 등을 들 수 있다.

4.2 기업업무추진비의 손금불산입

4.2.1 기업업무추진비의 범위

기업업무추진비는 법인이 업무와 관련하여 법인의 거래처에 식사나 향응을 제공하는 등 접대에 지출하는 비용을 의미한다. 접대비, 교제비, 사례금, 그 밖에 어떤 명목이든 상관 없이 이와 유사한 성질의 비용으로서 법인의 업무와 관련하여 지출한 금액은 법인세법상 기업업무추진비에 해당한다. 기업업무추진비와 유사한 비용으로 광고선전비와 기부금을 들 수 있으나, 이들 비용은 다음과 같은 점에서 기업업무추진비와 차이가 있다.

기업업무추진비는 특정인에 대해서 지출되며 일정한도까지만 손금으로 인정되지만, 광고선전비는 불특정다수인에 대한 지출이며 전액 손금으로 인정된다. 기부금은 업무와 관련 없는 지출이라는 점에서 기업업무추진비와 구별된다.

4.2.2 기업업무추진비의 시부인계산구조

기업회계상 법인이 업무와 관련하여 지출하는 기업업무추진비는 전액 비용으로 처리되지만, 법인세법에서는 과도한 기업업무추진비 지출로 인해 과세소득이 줄어드는 것을 경계하여 일정한도까지만 손금으로 인정하고 이를 초과하는 기업업무추진비는 손금불산입한다. 또한, 증빙이 없거나 신용카드 등을 사용하지 않아 법정증빙서류가 미비된 기업업무추진비에 대해서도 제재를 가한다.

- 증빙이 없는 기업업무추진비: 손금불산입(상여)
- 건당 3만원 초과 법정증빙서류 미수취 기업업무추진비: 손금불산입(기타사외유출)
- 신용카드 등을 사용하여 법정증빙서류를 갖추었거나, 그렇지 못하더라도 건당 3만원 이하의 기업업무추진비: 기업업무추진비 한도 내 금액은 손금인정하고, 한도초과액은 손금불산입(기타사외유출)

경조사비는 건당 20만원을 초과하는 금액을 손금불산입하고, 문화비로 지출한 기업업무추진비에 대해서는 기존 기업업무추진비 한도의 20% 범위 내에서 추가로 손금에 산입한다.

4.2.3 기업업무추진비 손금산입한도액

법인세법상 기업업무추진비의 손금산입한도액은 기본한도액과 수입금액기준한도액을 합한 금액이다.

1. 기본한도액

기본한도액＝1,200만원(중소기업은 3,600만원)×당해 사업연도의 월수/12

2. 수입금액기준한도액

수입금액기준한도액＝일반수입금액×적용률＋특정수입금액×적용률×10%

수입금액은 기업회계상 매출액을 말하며, 특정수입금액이란 특수관계인간 거래금액을 의미한다. 수입금액기준한도액 산식에는 특수관계인간 거래에 대해 기업업무추진비를 엄격히 규제하려는 정책 취지가 반영되어 있다.

수입금액에 대한 적용률은 수입금액 구간별로 상이하다.

수입금액	적용률
100억원 이하분	0.3%
100억원 초과 500억원 이하	3천만원＋100억원 초과분×0.2%
500억원 초과분	1억 1천만원＋500억원 초과분×0.03%

한편, 부동산임대업을 주된 사업으로 하는 가족회사 등의 특정법인은 기업업무추진비 손금산입한도가 50%로 축소 적용된다.

예 제

다음 자료에 기초하여 기업업무추진비 세무조정을 하시오.

- 기업업무추진비 지출액: 1억 1천만원(신용카드 등을 사용하지 않아 법정증빙서류가 미비한 기업업무추진비 1건 5백만원 포함)
- 매출액: 400억원(특수관계인간 거래 50억원 포함)
- 사업연도는 12개월이며, 대기업에 해당함

풀 이

- 법정증빙서류 미수취 기업업무추진비 5,000,000원 손금불산입
- 기업업무추진비 손금산입한도액: 12,000,000원+(100억원×0.3%+250억원×0.2%+50억원×0.2%×10%)=93,000,000원
- 기업업무추진비 해당액: 기업업무추진비 지출액−법정증빙서류 미수취 기업업무추진비=110,000,000원−5,000,000원=105,000,000원
- 기업업무추진비한도초과액: 기업업무추진비 해당액−기업업무추진비 손금산입한도액=105,000,000원−93,000,000원=12,000,000원(손금불산입)
- 세무조정 요약: (손금불산입) 법정증빙서류 미수취 기업업무추진비 5,000,000원(기타사외유출), (손금불산입) 기업업무추진비한도초과액 12,000,000원(기타사외유출)

4.3 기부금의 손금불산입

4.3.1 기부금의 범위

기부금(寄附金)은 법인이 사업과 직접 관련 없이 타인에게 무상으로 지출한 재산적 증여가액을 의미한다. 기부금은 사업과 직접 관련이 없지만 지출의 공익성 등을 감안하여 일정한도 내에서 손금으로 인정한다.

본래의 기부금 이외에도 특수관계 없는 자에게 정당한 사유 없이 자산을 정상가

액보다 낮은 가액으로 양도하거나 정상가액보다 높은 가액으로 매입함으로써 실질적으로 증여한 것으로 인정되는 금액은 기부금으로 간주하므로 주의를 요한다. 정상가액이란 시가에 30%를 가감한 범위 내의 금액을 말한다. 예를 들어 시가 100억원의 토지를 50억원에 양도하였다면 20억원을 기부금으로 본다(정상가액 70억원－양도가액 50억원). 시가 100억원의 토지를 140억원에 취득하였다면 10억원을 기부금으로 간주한다(취득가액 140억원－정상가액 130억원).

만약 특수관계자와 이 같은 거래를 하였다면 어떻게 될까? 이 경우에는 시가에 30%를 가감해 주지 않고 거래금액과 시가와의 차이를 부당행위계산부인으로 과세한다.

4.3.2 기부금의 종류

법인세법상 기부금은 기부대상에 따라 법정기부금, 지정기부금, 비지정기부금의 세 가지로 구분되며, 그 종류에 따라 손금 인정 여부 및 손금한도가 다르다.

구 분	주요 내용	세무조정
법정기부금	국가·지방자치단체에 무상으로 지출하는 금품, 국방헌금·국군장병 위문금품, 천재지변으로 생긴 이재민을 위한 구호금품의 가액, 사립학교 등에 시설비·교육비·장학금·연구비로 지출한 금액	한도금액 내에서 손금인정하고, 한도초과액은 손금불산입(기타사외유출)
지정기부금	사회복지·문화·예술·교육·종교·자선·학술 등 공익목적으로 지출하는 기부금으로서 기획재정부령이 정하는 기부금, 불우이웃돕기 성금, 사내근로복지기금 출연금	한도금액 내에서 손금인정하고, 한도초과액은 손금불산입(기타사외유출)
비지정기부금	대표이사 동창회·향우회·종친회 등 기부금(법정기부금 및 지정기부금에 해당하지 않는 기부금)	전액 손금불산입(기타사외유출)

4.3.3 기부금의 손금한도액

법정기부금 손금한도액＝기준소득금액×50%

기준소득금액＝차가감소득금액＋법정기부금지출액＋지정기부금지출액－이월결손금차가감소득금액(差加減所得金額)이란 법정·지정기부금의 한도초과액을 제외한 모든 세무조정을 완료한 후의 소득금액을 말하며, 이월결손금은 법인세 과세표준 계산시 공제되는 이월결손금을 의미한다.

지정기부금 손금한도액＝(기준소득금액－법정기부금 손금용인액)×10%

비지정기부금은 전액 손금불산입한다.

법정기부금과 지정기부금의 한도초과액은 차후 10년 이내에 종료하는 사업연도에 이월하여 한도미달액의 범위 내에서 손금산입하는 이월공제제도를 두고 있다.

기부금은 현금주의에 따라 손금을 인정하므로 법인이 사업연도말 현재 미지급한 기부금을 손금에 계상한 경우에는 이를 손금불산입(유보)하고, 동 기부금을 실제로 지출한 사업연도에 손금산입(△유보)하여야 한다.

예 제

다음 자료에 기초하여 기부금에 대한 세무조정을 하시오.

- 당기순이익 3,800,000원
- 세무조정사항(기부금관련 세무조정 미반영): 익금산입 · 손금불산입 1,500,000원, 손금산입 · 익금불산입 1,000,000원
- 기부금 지급내역: 국방헌금(법정기부금) 1,200,000원, 불우이웃돕기 성금(지정기부금) 900,000원, 사내근로복지기금(지정기부금) 1,100,000원, 대표이사 동창회기부금(비지정기부금) 500,000원
- 세무상 이월결손금은 6,000,000원이며, 전액 전년도에 발생한 것임

풀 이

- 비지정기부금 500,000원 손금불산입(기타사외유출)
- 차가감소득금액: 3,800,000원＋(1,500,000원＋500,000원)－1,000,000원
  ＝4,800,000원
- 기준소득금액: 4,800,000원＋1,200,000원＋(900,000원＋1,100,000원)
  －6,000,000원＝2,000,000원
- 법정기부금 한도액: 기준소득금액×50%＝2,000,000원×50%＝1,000,000원

- 법정기부금 한도초과액: 법정기부금 지출액 − 법정기부금 한도액 = 1,200,000원 − 1,000,000원 = 200,000원(손금불산입, 기타사외유출)
- 지정기부금 한도액: (기준소득금액 − 법정기부금 손금용인액) × 10% = (2,000,000원 − 1,000,000원) × 10% = 100,000원
- 지정기부금 한도초과액: 지정기부금 지출액 − 지정기부금 한도액 = 2,000,000원 − 100,000원 = 1,900,000원(손금불산입, 기타사외유출)

4.4 지급이자의 손금불산입

원칙적으로 차입금에 대한 지급이자는 손금으로 인정되는 항목이지만, 변칙적인 자금거래의 규제 등 정책적인 필요에 따라 지급이자를 손금불산입하는 제도를 두고 있다.

4.4.1 채권자가 불분명한 사채의 이자

금융기관이 아닌 개인이나 법인으로부터 자금을 차입하는 것을 사채(私債)라고 한다. 법인이 사채이자를 지급하고 사채권자가 누구인지를 밝히지 않으면 사채권자가 지급받는 이자소득에 대해서 과세하기가 어려워진다. 따라서 이와 같은 변칙적인 자금거래를 규제하기 위해 채권자가 불분명한 사채의 이자는 손금불산입하고, 대표자상여로 소득처분한다.

4.4.2 지급받은 자가 불분명한 채권·증권의 이자와 할인액

채권·증권의 이자와 할인액을 당해 채권·증권의 발행법인이 직접 지급하는 경우 그 지급사실이 객관적으로 인정되지 않는 이자와 할인액은 손금으로 인정되지 않으며, 대표자상여로 소득처분한다. 이는 채권 등의 발행법인이 증권회사 등의 금융기

관에 맡기지 않고 채권 등의 소비자에게 직접 이자 등을 지급하는 경우에도 반드시 실명확인을 하도록 함으로써 금융소득 종합과세에 도움을 주기 위한 취지이다.

4.4.3 건설자금이자

건설자금이자는 사업용 고정자산의 매입·제작·건설에 소요되는 차입금에 대한 건설기간 중의 지급이자를 의미하며, 이는 자산의 취득원가에 가산하여야 하므로 만약 발생기간에 비용처리하였다면 이를 손금부인하여야 한다. 기업회계에서는 투자자산과 제조 등에 장기간이 소요되는 재고자산의 경우에도 금융비용을 자본화하도록 규정하고 있으나, 법인세법에서는 사업용 고정자산의 매입·제작·건설에 한하여 건설자금이자 규정을 적용한다.

법인세법에서는 자본화 대상자산의 취득과 관련하여 개별적으로 차입된 차입금(특정차입금)에 대한 지급이자는 자본화하도록 강제하고 있으며, 자본화 대상자산을 취득하기 위해 일반적으로 차입된 자금(일반차입금)에 대한 이자는 자본화를 선택할 수 있도록 규정하고 있다. 기업회계에서는 자본화대상차입금의 범위와 관련하여 차입목적에 따라 한정하지 않는다. 또한 건설자금이자의 자본화 여부에 대하여 국제회계기준은 강제사항으로, 일반기업회계기준은 선택사항으로 규정하고 있다.

건설자금이자를 비용으로 처리한 경우 필요한 세무조정을 요약하면 다음과 같다.

구 분		세무조정	
		당 기	차기 이후
상각자산	건설 중인 자산	손금불산입(유보)	건설완료 후 상각부인액으로 의제
	건설완료 자산	즉시상각의제(감가상각 시부인계산)	손금추인(△유보)
비상각자산		손금불산입(유보)	처분시 손금추인(△유보)

예 제

㈜자하의 이자비용에 관한 다음 자료를 기초로 제5기와 제6기의 세무조정을 하시오(사업연도: 1월 1일~12월 31일).

- 공장신축과 운영자금에 사용하기 위하여 은행으로부터 연 6%의 이자율로 10억원을 차입하였다.
- 차입기간: 제5기 7월 1일~제6기 6월 30일
- ㈜자하는 제5기와 제6기의 손익계산서에 이자비용으로 각각 3천만원씩을 계상하였다.
- 10억원의 차입금 중 8억원은 공장신축을 위하여 개별적으로 직접 차입한 자금이며, 나머지 2억원은 운영자금으로 차입한 것이다.
- 공사기간: 제5기 9월 1일~제6기 6월 30일
- 제6기에 완공된 상기 공장건물에 대하여 ㈜자하는 감가상각비를 계상하지 않았으며, 이 공장건물에 대한 제6기의 감가상각범위액은 2천만원이다.

풀 이

〈제5기의 세무조정〉

- 건설자금이자: 800,000,000원×6%×4/12=16,000,000원 손금불산입(유보)

〈제6기의 세무조정〉

- 건설자금이자: 800,000,000원×6%×6/12=24,000,000원
- 감가상각 시부인계산: 회사상각액(이자비용으로 처리한 건설자금이자)−상각범위액=24,000,000원−20,000,000원=4,000,000원 손금불산입(유보)

4.4.4 업무무관자산 등에 대한 지급이자

법인이 업무와 무관한 부동산, 골동품 등 업무무관자산을 보유하거나 특수관계인에게 업무와 무관한 가지급금 등을 지급한 경우 이에 상당하는 지급이자를 손금불산입한다.

> 지급이자 손금불산입액=지급이자×(업무무관자산적수+업무무관가지급금적수)/차입금적수

적수(積數)란 매일 잔액의 합계액을 의미한다.

특수관계인에게 업무와 무관하게 지급한 가지급금 등은 그 명칭 여하에 불구하고 해당 법인의 업무와 관련이 없는 자금의 대여액을 말하며, 다음의 금액은 가지급금 등의 범위에서 제외한다.

- 미지급소득(지급한 것으로 의제되는 배당금과 상여금)에 대한 소득세를 법인이 대납한 금액
- 국외에 자본을 투자한 내국법인이 해당 국외투자법인에 종사하거나 종사할 자의 여비, 급료, 기타 비용을 대신하여 부담한 금액
- 법인이 우리사주조합 또는 그 조합원에게 해당 우리사주조합이 설립된 회사의 주식취득에 소요되는 자금을 대여한 금액
- 국민연금법에 따라 근로자가 지급받은 것으로 보는 퇴직금전환금
- 익금산입액의 귀속자가 불분명하거나 추계로 과세표준을 결정·경정할 때 대표자상여로 처분한 금액에 대한 소득세를 법인이 대납한 금액
- 사용인에 대한 월정급여액의 범위에서 일시적인 급료의 가불금
- 사용인에 대한 경조사비의 대여액
- 사용인(사용인의 자녀 포함)에 대한 학자금의 대여액

기업회계에서 가지급금은 금전을 지출하였으나 계정과목이나 금액이 미확정된 경우 이들이 확정될 때까지 잠정적으로 사용하는 미결산계정을 의미한다. 그러나 세무회계상 가지급금은 이와 같은 기업회계상 계정명칭과는 관계없이 업무와 무관하게 특수관계인에게 지급한 일체의 자금 대여액을 총칭하는 용어이다.

동일인에 대한 가지급금 등과 가수금이 함께 있는 경우에는 이를 상계한 후의 잔액을 '가지급금 등'으로 하지만, 만약 가지급금 등과 가수금의 발생시에 각각 상환기간 및 이자율 등에 관한 약정이 있어 상계할 수 없는 경우에는 이러한 상계를 하지 않는다.

4.4.5 지급이자 손금불산입의 적용순서

지급이자 손금불산입 규정은 각 유형별로 이자 부인방법이 상이하여 어느 규정

을 먼저 적용하느냐에 따라 손금부인액이 서로 다를 수 있으므로 법인세법에서는 지급이자의 손금불산입 순서를 다음과 같이 정하고 있다.

- 채권자가 불분명한 사채이자
- 지급받은 자가 불분명한 채권·증권의 지급이자
- 건설자금이자
- 업무무관자산 등에 대한 지급이자

예 제

다음 자료를 기초로 ㈜자하의 제10기(1.1~12.31) 지급이자에 관한 세무조정을 하시오.

〈손익계산서상 지급이자 내역〉

이자율	지급이자	차입금적수	비 고
연 20%	2,000,000원	3,650,000,000원	채권자가 불분명한 사채이자
연 12%	8,400,000원	25,550,000,000원	
연 10%	6,000,000원	21,900,000,000원	
연 8%	7,200,000원	32,850,000,000원	전액 건물 신축공사에 사용(미완공상태)
계	23,600,000원	83,950,000,000원	

〈가지급금 내역〉

지급대상자	지급일자	지급금액	비고
대표이사	제10기 5.16	30,000,000원	업무와 무관한 대여금
총무부장	제10기 6.24	4,000,000원	경조사비 대여액
계		34,000,000원	

풀 이

1. 채권자가 불분명한 사채이자: 2,000,000원 손금불산입(대표이사 상여)
2. 건설자금이자: 7,200,000원 손금불산입(유보)
3. 업무무관자산 등에 대한 지급이자
   - 지급이자 잔액: 23,600,000원 − 2,000,000원 − 7,200,000원 = 14,400,000원
   - 차입금적수 잔액: 83,950,000,000원 − 3,650,000,000원 − 32,850,000,000원 = 47,450,000,000원

• 업무무관가지급금적수: 30,000,000원×230일(5.16~12.31)=6,900,000,000원
• 손금불산입액: 14,400,000원×(6,900,000,000원/47,450,000,000원)
=2,093,993원 손금불산입(기타사외유출)

4.4.6 과소자본세제

내국법인(외국법인의 국내사업장 포함)의 차입금 중 국외지배주주(국외지배주주와 친족관계 등이 있는 자 포함)로부터 차입한 금액과 국외지배주주의 지급보증(담보의 제공 등 실질적으로 지급보증하는 경우 포함)에 따라 제3자로부터 차입한 금액이 그 국외지배주주가 주식 등으로 출자한 출자지분의 2배(금융업은 6배)를 초과하는 경우에는 그 초과분에 대한 지급이자 및 할인료는 그 내국법인의 손금에 산입하지 않고 배당 또는 기타사외유출로 처분한다.

이는 국외지배주주에게 지급하는 이자에 대한 과세조정으로서 과소자본세제(過少資本稅制)라 부른다. 과소자본세제는 '국제조세조정에 관한 법률'에서 규정하고 있으며, 이 제도의 취지는 자본금 대신 차입금 형태로 자본을 들여와서 지급이자를 통해 이익을 부당하게 축소시키는 것을 방지하는 데 있다.

국외지배주주란 내국법인의 경우 외국주주 및 해당 외국주주가 출자한 외국법인을 말하며, 외국법인의 국내사업장의 경우 외국법인의 본지점이나 해당 외국법인의 외국주주 등을 의미한다.

과소자본세제에 따른 지급이자 손금불산입액은 다음과 같이 계산한다.

• 지급이자 손금불산입액=차입금 초과적수×해당 차입금 이자율×1/365
• 차입금 초과적수=내국법인의 국외지배주주 등에 대한 총차입금 적수−국외지배주주의 내국법인 출자금액 적수×기준배수(2배 또는 6배)

차입금 초과적수는 이자율이 높은 차입금부터 차례로 적용하며, 지급이자 손금불산입은 법인세법의 다른 지급이자 손금불산입에 우선하여 적용한다.

연습문제

문 1 법인세법상 감가상각 시부인액에 관한 다음 설명 중 타당하지 않은 것은?

① 상각부인액은 다음 사업연도의 시인부족액을 한도로 하여 손금으로 추인한다.

② 상각부인액이 있는 법인이 다음 사업연도에 감가상각을 하지 않는 경우에는 손금으로 추인되지 않는다.

③ 정률법의 경우 상각부인액은 그 후 사업연도의 장부가액에 합산하여 상각범위액을 계산한다.

④ 감가상각비 시인부족액은 원칙적으로 그 후 사업연도의 상각부인액에 충당할 수 없다.

문 2 법인세법상 감가상각의제에 관한 다음 설명 중 타당하지 않은 것은?

① 일정기간 법인세를 면제 또는 감면받는 법인에 적용된다.

② 감가상각비가 결산조정사항이라는 점을 악용하여 기간별 감가상각비를 왜곡시킴으로써 법인세를 줄이는 것을 방지하기 위한 제도이다.

③ 법인세가 면제되는 기간동안 감가상각비를 미계상하더라도 법인세법상의 상각범위액까지는 동 기간 중 각 사업연도에 감가상각한 것으로 간주한다.

④ 이는 자본적 지출을 해당 자산의 취득원가에 가산하지 않고 비용으로 계상한 경우에 적용하는 즉시상각의제를 일컫는다.

문 3 법인세법상 감가상각에 관한 다음 설명 중 타당하지 않은 것은?

① 감가상각비를 계산하기 위해서는 취득원가, 내용연수, 잔존가액이 결정되어야 한다.

② 자본적 지출을 해당 자산의 취득원가에 가산하지 않고 비용으로 계상한 경우 이는 즉시 감가상각한 것으로 간주하여 시부인계산을 하여야 한다.

③ 정률법은 정액법에 비해서 취득 초기의 감가상각비가 적게 계상되는 특징이 있다.

④ 감가상각시 내용연수는 법인세법상 기준내용연수의 상하 25% 범위 내에서 선택하여 적용할 수 있다.

문 4 다음 중 자본적 지출로 보기 어려운 것은?

① 건물에 엘리베이터를 설치하였다.

② 건물에 중앙 냉난방시스템을 설치하였다.

③ 건물의 리모델링을 실시하였다.

④ 기계의 소모성 부품을 교체하였다.

문 5 내용연수에 관한 다음 설명 중 타당하지 않은 것은?

① 내용연수는 고정자산의 사용가능기간을 의미한다.

② 감가상각방법과 함께 자산의 감가상각률을 결정하는 기준이 된다.

③ 내용연수는 고정자산의 공정가치를 평가하기 위한 요소이다.

④ 내용연수가 길수록 감가상각비는 적어진다.

문 6 법인세법상 철근콘크리트조 건물의 기준내용연수는 40년이다. 이 건물에 대하여 법인이 선택할 수 없는 내용연수는?

① 20년　　② 30년

③ 40년　　④ 50년

문 7 자산별로 선택가능한 법인세법상 감가상각방법이다. 잘못된 것은?

① 건축물: 정률법　　② 광업권: 생산량비례법, 정액법

③ 기계장치: 정액법, 정률법　　④ 비품: 정액법, 정률법

문 8 즉시상각의제에 관한 다음 설명 중 타당하지 않은 것은?

① 자본적 지출은 고정자산으로 계상하고 감가상각을 통해 비용화하여야 한다.

② 즉시상각의제액에 대해서는 감가상각비로 손금산입한 것으로 보아 감가상각 시부인계산을 하게 된다.

③ 취득가액이 거래단위별로 100만원 이하인 소액자산의 취득과 개별자산별로 지출한 금액이 600만원 미만인 수선비는 시부인계산과정을 거치지 않고 전액 손금으로 인정된다.

④ 수익적 지출에 대해서도 즉시상각의제를 적용하여 감가상각 시부인계산을 하여야 한다.

문 9 취득가액 25,000,000원인 기계장치에 대하여 내용연수 5년을 적용하여 정액법으로 감가상각하는 법인이 결산 시 손익계산서에 7,000,000원의 감가상각비를 계상하였다면, 어떤 세무조정이 필요한가?

① (손금불산입) 감가상각비한도초과액 2,000,000원(유보)

② (손금산입) 감가상각비 2,000,000원(△유보)

③ (손금산입) 감가상각비 5,000,000원(△유보)

④ 세무조정 없음

문 10 전기말까지의 감가상각부인누계액이 5,000,000원이고 당기의 감가상각범위액과 회사계상 감가상각비가 각각 20,000,000원과 18,000,000원이라면, 어떤 세무조정이 필요한가?

① 당기의 시인부족액 2,000,000원은 소멸하고, 전기말까지의 감가상각부인누계액 5,000,000원은 그대로 이월된다.

② 당기의 시인부족액 2,000,000원과 전기말까지의 감가상각부인누계액 5,000,000원이 함께 이월된다.

③ 전기말까지의 감가상각부인누계액 5,000,000원은 소멸하고, 당기의 시인부족액 2,000,000원은 이월된다.

④ 전기말까지의 감가상각부인누계액 중 2,000,000원은 손금에 산입되고, 나머지 3,000,000원은 이월된다.

문 11 기업업무추진비에 대한 다음 설명 중 타당하지 않은 것은?

① 기업업무추진비는 법인이 업무와 관련하여 법인의 거래처에 식사나 향응을 제공하는 등 접대에 지출하는 비용을 의미한다.

② 기업업무추진비는 특정인에 대한 지출이지만, 광고선전비는 불특정다수인에 대한 지출이라는 점에서 차이가 있다.

③ 기업회계상 기업업무추진비가 전액 비용으로 처리되는 것처럼 법인세법상으로도 업무와의 관련성만 입증할 수 있다면 지출한 기업업무추진비를 모두 손금으로 인정받을 수 있다.

④ 기업업무추진비는 업무와 관련한 지출이지만, 기부금은 업무와 관련 없는 지출이라는 점에서 차이가 있다.

문 12 기업업무추진비의 손금산입한도액과 관련한 다음 설명 중 타당하지 않은 것은?

① 기본한도액은 대기업보다 중소기업이 더 많다.

② 수입금액기준한도액은 수입금액이 증가할수록 적용률은 더 낮아진다.

③ 기업업무추진비의 손금산입한도액은 기본한도액과 수입금액기준한도액을 합한 금액이다.

④ 수입금액기준한도액 계산시 특수관계인간 거래금액인 특정수입금액에 대해서는 일반수입금액보다 더 높은 비율이 적용된다.

문 13 기업업무추진비의 시부인계산과 관련한 다음 설명 중 타당하지 않은 것은?

① 증빙이 없는 기업업무추진비는 손금불산입하고, 상여로 소득처분한다.

② 건당 3만원을 초과하는 기업업무추진비 중 법정증빙서류를 수취하지 않은 것은 손금불산입하고, 기타사외유출로 소득처분한다.

③ 건당 20만원을 초과하는 경조사비는 손금불산입한다.

④ 당기에 기업업무추진비를 적게 지출하면 다음 사업연도의 기업업무추진비 손금산입한도액이 늘어난다.

문 14 기부금에 대한 다음 설명 중 타당하지 않은 것은?

① 기부금은 기업업무추진비와 마찬가지로 발생주의를 적용하므로 사업연도말 현재 미지급한 기부금도 손금으로 인정받을 수 있다.

② 기부금은 법정기부금, 지정기부금, 비지정기부금으로 구분할 수 있다.

③ 기부금은 사업과 직접적인 관련이 없지만 지출의 공익성 등을 감안하여 일정한도 내에서 손금으로 인정한다.

④ 본래의 기부금 이외에도 특수관계 없는 자에게 정당한 사유 없이 자산을 정상가액보다 낮은 가액으로 양도하거나 정상가액보다 높은 가액으로 매입함으로써 실질적으로 증여한 것으로 인정되는 금액은 기부금으로 간주한다.

문 15 다음 중 법정기부금으로만 구성된 것은?

① 국방헌금, 국군장병 위문금품, 불우이웃돕기 성금

② 국방헌금, 사내근로복지기금 출연금, 대표이사 동창회 기부금

③ 국방헌금, 국가에 무상으로 지출하는 금품, 사립학교에 장학금으로 지출한 금액

④ 불우이웃돕기 성금, 사내근로복지기금 출연금, 종친회 기부금

문 16 다음은 손금불산입되는 지급이자에 관한 설명이다. 타당하지 않은 것은?

① 채권자가 불분명한 사채의 이자는 손금불산입하고, 대표자상여로 소득처분한다.

② 법인세법과 마찬가지로 기업회계에서도 건설자금이자를 자본화하는 규정을 두고 있기 때문에 결산시 기업회계기준에 맞게 회계처리할 경우 세무조정이 필요 없다.

③ 기업회계에서는 투자자산과 제조 등에 장기간이 소요되는 재고자산의 경우에도 금융비용을 자본화하도록 규정하고 있으나, 법인세법에서는 사업용 고정자산의 매입·제작·건설에 한하여 건설자금이자 규정을 적용한다.

④ 업무와 무관한 자산을 보유하면, 그에 상당한 지급이자를 손금으로 인정하지 않는다.

문 17 다음은 결산시 건설자금이자를 비용으로 처리한 경우의 세무조정에 관한 설명이다. 타당하지 않은 것은?

① 건설 중인 자산에 대한 이자비용은 손금불산입하고, 건설완료 후 상각부인액으로 보아 감가상각 시부인계산을 하여야 한다.

② 당기에 건설이 완료된 자산에 대한 이자비용은 즉시상각의제를 적용하여 감가상각 시부인계산을 하여야 한다.

③ 사업용 토지를 취득한 경우 그에 상당한 지급이자를 즉시상각한 것으로 보아 감가상각 시부인계산을 하여야 한다.

④ 자산의 취득연도에는 손금불산입(유보)이 나타나지만, 해당 자산을 처분하면 남아 있던 손금불산입 금액이 전액 손금으로 추인된다.

문 18 다음의 지급이자 손금불산입항목 중 유보로 소득처분되는 항목은?

① 건설자금이자

② 지급받는 자가 불분명한 채권·증권의 이자와 할인액

③ 업무무관자산에 대한 지급이자

④ 과소자본세제에 따른 지급이자

문 19 손금불산입되는 지급이자가 늘어나면 해당 법인의 자본비용에 어떤 영향을 미치는가?

① 타인자본비용이 높아진다.

② 자기자본비용이 높아진다.

③ 총자본비용이 낮아진다.

④ 자기자본비용이 낮아진다.

문 20 자본금 대신 차입금 형태로 자본을 들여와서 지급이자를 통해 이익을 부당하게 축소시키는 것을 방지하기 위하여 국외지배주주에게 지급하는 이자에 대한 과세조정을 하는 제도는?

① 배당세액공제제도

② 외국납부세액공제제도

③ 과소자본세제

④ 이전가격세제

05장

법인세 4

5.1 퇴직급여충당금과 퇴직연금충당금

5.1.1 퇴직급여충당금

법인의 임직원이 퇴직하면 근로자퇴직급여보장법에 따라 퇴직급여를 지급받는다. 퇴직급여제도는 사내적립제도인 퇴직금제도와 사외적립제도인 퇴직연금제도로 구분된다. 퇴직금제도를 설정하고자 하는 사용자는 계속근로기간 1년에 대하여 30일분 이상의 평균임금을 퇴직금으로 퇴직하는 자에게 지급하는 제도를 설정하여야 하며, 만일 사용자가 퇴직급여제도를 설정하지 않은 경우에는 퇴직금제도를 설정한 것으로 본다. 퇴직연금제도는 사용자가 근로자의 퇴직급여를 금융기관에 위탁하여 운용하고 근로자가 퇴직할 때 연금 또는 일시금을 지급하는 제도이다. 따라서 기업회계상 퇴직급여채무는 법인세법상 퇴직급여충당금과 퇴직연금충당금을 포함한 개념이라고 볼 수 있다.

퇴직급여충당금은 법인의 임직원이 퇴직할 때 법인이 지급하여야 할 퇴직금을 부채로 계상한 충당금이다. 국제회계기준에서는 퇴직급여충당부채를 보험수리적 가정을 이용하여 산출된 퇴직급여의 추계액으로 측정하도록 하고 있으며, 일반기업회계기준은 결산일 현재 전종업원이 일시에 퇴직할 경우 지급해야 할 퇴직금에 상당하는 금액을 퇴직급여충당부채로 계상하도록 하고 있다. 기업회계에서는 법인이 퇴직금제도만을 설정한 경우에도 결산일 현재의 퇴직급여추계액을 전액 부채로 계상하고, 이에 상응한 퇴직급여를 모두 비용으로 계상한다. 이에 비해서 법인세법은 퇴직금 재원을 사외에 적립시키는 퇴직연금제도로의 전환을 촉진하기 위해서 퇴직급여충당금에 의한 손금산입제도를 폐지하고, 확정급여형 퇴직연금에 가입한 경우 퇴직급여추계액의 100%까지 손금산입할 수 있도록 허용하고 있다.

5.1.2 퇴직금 지급

퇴직금 지급대상이 되는 임직원이 현실적으로 퇴직하여 법인이 퇴직금을 지급하는 경우 이미 손금으로 계상된 퇴직급여충당금이 있으면 그 퇴직급여충당금에서 먼저 차감하여야 한다. 현실적으로 퇴직이 아닌데 퇴직금을 지급할 경우 이는 해당 임직원에 대한 업무무관 가지급금으로 분류되어 동 퇴직금이 손금불산입(유보) 처리된다. 또한 인정이자 상당액이 익금산입(상여)되고 해당 임직원에게는 이에 대한 소득세가 과세되므로 퇴직금 지급시 현실적인 퇴직 여부의 판단에 주의를 기울여야 한다.

5.1.3 퇴직연금제도

법인이 퇴직금추계액의 100%를 퇴직급여충당금으로 설정하더라도 퇴직금 재원을 사내에 남겨두면 추후 재무상황이 악화되어 종업원의 퇴직금을 보장할 수 없는 문제점이 있기 때문에 퇴직금 재원을 사외에 적립시켜 퇴직금의 안정성을 확보할 필요가 있다. 이러한 취지에서 퇴직금 재원을 사외에 적립시키는 퇴직연금제도가 실시되고 있다.

근로자퇴직급여보장법상의 퇴직연금제도는 확정기여형(defined contribution; DC형)과 확정급여형(defined benefit; DB형)으로 구분된다.

확정기여형 퇴직연금은 연금급여의 지급을 위해 사용자가 부담해야 할 부담금의 수준이 사전에 확정되고, 근로자가 받을 퇴직급여는 적립금의 운용실적에 따라 변동될 수 있는 연금제도이다. 사용자가 연간 임금총액의 1/12 이상을 노사의 퇴직연금규약에서 선정한 금융기관의 근로자 개인별 계좌에 적립하고, 근로자는 자기 책임 아래 적립금을 운용하여 수급요건에 따라 연금 또는 일시금으로 지급받는다. 확정기여형 퇴직연금은 자체적인 연금제도를 설계하기 어려운 중소기업, 연봉제 실시기업, 직장이동이 빈번한 근로자 등에게 적합한 제도이다.

확정급여형 퇴직연금은 근로자가 지급받을 연금급여의 수준이 사전에 확정되고, 사용자가 부담할 금액은 적립금 운용결과에 따라 변동될 수 있는 연금제도이다. 근로자가 받을 연금급여는 일시금 기준으로 현행 퇴직금과 동일한 금액이 되도록 하며, 연금은 일시금을 퇴직연금규약에 따라 종신 또는 일정기간 동안 분할하여 받는다. 사용자는 연금지급에 대비하여 노사의 퇴직연금규약에서 정한 금융기관에 일정금액을 적립하고, 금융기관은 사용자와의 계약에 따라 적립금을 운용한다. 확정급여형 퇴직연금은 경영이 안정적이고 관리능력이 있는 대기업에 적합한 제도이다.

구　분	확정기여형(DC형)	확정급여형(DB형)
개　념	법인이 부담할 기여금을 확정한 후, 그 적립금을 근로자가 자기책임으로 운용하는 제도	근로자가 일정 시점에 받을 금액이 확정된 연금
급부금액	운용실적에 따라 달라짐	확정
운용책임	개별 근로자(개인책임형)	법인이 부담(회사책임형)
기업회계	회사의 연금부담금을 퇴직급여로 비용처리(매우 간편)	복잡한 연금회계 적용
세무회계	전액 손금인정	한도 내 손금인정

5.1.4 퇴직연금의 부담금

법인이 임직원의 퇴직급여를 지급하기 위하여 납부하는 퇴직연금의 부담금은 각 사업연도소득금액을 계산할 때 손금에 산입한다. 퇴직연금의 부담금(퇴직부담금)은 임직원의 퇴직 등을 퇴직급여의 지급사유로 하고 임직원을 수급자로 하는 연금으로서 법인이 퇴직연금사업자(보험회사 등)에게 납부하는 부담금을 의미한다.

확정기여형(개인책임형) 퇴직연금제도에서는 법인이 사전에 정해진 부담금을 퇴직연금사업자가 관리·운용하는 근로자 개인별 계좌에 매년 1회 이상 정기적으로 납부할 의무를 지며, 근로자가 퇴직할 경우 추가적인 퇴직급여의 지급의무는 없다. 따라서 이 제도하에서는 법인이 각 사업연도에 납부하는 부담금을 전액 손금에 산입하고, 확정기여형 퇴직연금이 설정된 임직원은 퇴직급여충당금 설정대상자에서 제외한다.

확정급여형(회사책임형) 퇴직연금제도에서는 근로자가 퇴직할 경우 사전에 정해진 급여수준을 지급할 의무가 법인에게 남아 있고, 퇴직연금사업자가 관리·운용하는 근로자 전체계좌에 납부하는 부담금이 고정되어 있지 않아 퇴직연금운용자산의 운용결과에 따라 추가적인 지급의무가 발생하기 때문에 회계처리가 대단히 복잡하다.

5.1.5 퇴직연금충당금

퇴직연금충당금이란 법인이 퇴직연금제도 중 확정급여형 퇴직연금을 설정·운영하는 경우 퇴직연금사업자에 납입하는 퇴직부담금을 퇴직연금운용자산으로 처리하고, 이에 상당하는 퇴직급여채무를 손금으로 계상한 것을 의미한다. 확정기여형 제도에서는 법인이 퇴직부담금을 지급할 때 기업회계상 퇴직급여로 비용처리하고 이를 법인세법에서도 전액 손금으로 인정하므로 충당금이 설정될 여지가 없다.

확정급여형 퇴직연금충당금의 설정한도액(손금산입범위액)은 다음 중 적은 금액에서 세무상 퇴직연금충당금 이월잔액을 차감한 금액이다.

- 퇴직급여충당금 미설정액: 퇴직급여추계액－세무상 퇴직급여충당금 기말잔액
- 퇴직연금운용자산 당기말 잔액

세무상 퇴직연금충당금 이월잔액은 전기말 현재 세무상 퇴직연금충당금 잔액에서 당기중 퇴직연금충당금 감소액을 차감한 금액을 의미한다. 퇴직급여추계액은 일시퇴직기준 퇴직급여추계액과 보험수리적기준 퇴직급여추계액 중 큰 금액을 적용한다.

퇴직부담금에 대한 세무조정은 퇴직부담금의 비용계상액과 세법상 한도액을 비교하여 한도액보다 회사의 비용계상액이 더 많으면 손금불산입(유보)하고, 반대의 경우에는 손금산입(△유보)한다. 퇴직연금충당금은 신고조정사항이므로 결산시 반영 여부와 관계없이 세무상 손금산입한도액까지 손금산입이 가능하다.

예 제

㈜자하의 제10기 사업연도 확정급여형 퇴직연금에 관한 다음 자료에 기초하여 확정급여형 퇴직연금에 관련된 회계처리와 세무조정을 하시오.

• ㈜자하의 제10기 사업연도 퇴직연금운용자산, 퇴직연금충당금, 퇴직급여충당금의 계정명세는 다음과 같다.

계정과목	전기이월액	당기감소액	당기증가액	기말잔액
퇴직연금운용자산	340,000,000원	20,000,000원	190,000,000원	510,000,000원
퇴직연금충당금	340,000,000원	20,000,000원	190,000,000원	510,000,000원
퇴직급여충당금	15,000,000원	15,000,000원	0	0

• 전기이월 퇴직급여충당금 중 손금부인된 금액은 없다.
• 당기의 퇴직연금운용자산 감소액(20,000,000원)과 퇴직급여충당금 감소액(15,000,000원)은 당기에 퇴직한 종업원에게 퇴직일시금으로 지급한 금액이다.
• 전기이월 퇴직연금충당금(340,000,000원) 중 12,000,000원은 한도초과로 인해 손금부인된 금액이며, 당기말 퇴직급여추계액은 일시퇴직기준 880,000,000원, 보험수리적기준 890,000,000원이다.

풀 이

1. 회계처리

구분	회계처리
퇴직일시금 지급시	(차) 퇴직연금충당금 20,000,000원 (대) 퇴직연금운용자산 20,000,000원 (차) 퇴직급여충당금 15,000,000원 (대) 현 금 15,000,000원
퇴직부담금 납부시	(차) 퇴직연금운용자산 190,000,000원 (대) 현 금 190,000,000원 (차) 퇴직부담금 190,000,000원 (대) 퇴직연금충당금 190,000,000원

2. 퇴직일시금에 대한 세무조정: 세무조정이 필요 없음
3. 퇴직부담금에 대한 세무조정
   (1) 결산서상 퇴직부담금 190,000,000원
   (2) 손금산입범위액: Min (①, ②) − ③ = 510,000,000원 − 308,000,000원
   = 202,000,000원
      ① 퇴직급여충당금 미설정액: 890,000,000원 − 0 = 890,000,000원
      ② 퇴직연금운용자산 당기말 잔액: 510,000,000원
      ③ 세무상 퇴직연금충당금 이월잔액:
      340,000,000원 − 12,000,000원 − 20,000,000원 = 308,000,000원
   (3) 세무조정금액: (2) − (1) = 12,000,000원 손금산입(△유보)

충당부채와 법인세회계

퇴직급여부채는 충당부채에 속한다. 충당부채는 과거 사건의 결과로 장래에 지출될 것이 확실하지만 언제, 누구에게, 정확히 얼마를 지급할 것인지가 불확실한 부채이다. 이와 같이 일반적인 부채로서 갖추어야 할 요소가 일부 불확실하더라도 과거 사건의 결과로 현재의 의무가 존재하고, 그 의무를 이행하기 위해 경제적자원이 유출될 가능성이 높으며, 지급해야 할 금액을 신뢰성 있게 측정할 수 있다면 기업회계에서는 이를 충당부채로 인식하도록 하고 있다. 부채로 인식한다는 의미는 해당 금액을 재무상태표에 부채로 계상하는 한편, 이에 대응되는 비용을 손익계산서에 포함시킨다는 뜻이다. 일부 요소가 불확실함에도 불구하고 기업회계에서 충당부채를 폭넓게 인식하는 주된 이유는 수익·비용대응의 원칙에 따라 수익을 인식하는 기간에 관련 비용을 함께 인식하기 위함이다. 퇴직급여부채 이외에도 기업회계에서 충당부채를 인식해야 하는 항목으로 판매보증, 하자보수, 반품, 소송, 복구, 경품 등을 들 수 있다.

그런데, 법인세법에서는 권리·의무가 확정되는 시점에 손금을 인식하기 때문에(권리의무확정주의) 기업회계에서 인식한 이러한 충당부채를 원칙적으로 인정하지 않는다. 따라서 법인세법에 규정되지 않은 충당부채가 결산서에 포함된 경우 세무조정과정에서 관련 비용을 대부분 손금불산입해야 한다.

5.2 대손금과 대손충당금의 손금산입

5.2.1 대손금

법인의 받을어음, 외상매출금 등 매출채권과 미수금, 대여금 등의 기타 채권은 전액 회수를 보증하기가 어렵다. 이와 같이 법인의 채권을 회수할 수 없게 되어 그 채권을 각 사업연도의 손금으로 계상하는 것을 대손금(貸損金)이라 한다. 대손금은 회수불능의 채권금액이므로 원칙적으로 손금에 해당하는 것이지만, 조세회피를 방지하기 위해 법인세법에서는 기업회계보다 대손요건을 엄격하게 규정하고 있다.

법인세법상 손금으로 인정되는 주요 대손금은 다음과 같다.

- 소멸시효 완성 채권
- 채무자 파산 등으로 인한 회수불능채권
- 부도발생일로부터 6개월 이상 경과한 수표 또는 어음상의 채권
- 국세결손처분을 받은 채무자의 채권

5.2.2 대손충당금 손금산입한도액

대손충당금(貸損充當金)은 회수불능채권의 추산액으로서 채권에 대한 평가성충당금이다. 법인이 각 사업연도에 외상매출금, 대여금, 그 밖에 이에 준하는 채권의 대손에 충당하기 위하여 대손충당금을 손금으로 계상한 경우에는 일정한 금액의 범위에서 해당 사업연도의 소득금액을 계산할 때 이를 손금에 산입한다. 대손충당금의 손금산입은 결산조정사항이다.

대손충당금 손금산입한도액은 설정대상채권에 설정률을 적용하여 산출한다.

대손충당금 손금산입한도액 = 설정대상채권의 장부가액 × 설정률

법인세법상 대손충당금 설정대상채권은 매출채권, 대여금, 미수금 등 기업회계상 대손충당금을 설정할 수 있는 채권의 범위와 대부분 일치하지만, 할인어음과 배서양도어음, 특수관계인에게 지급한 업무무관가지급금 등의 채권에 대해서는 세무상 대손충당금을 설정할 수 없다.

대손충당금 설정률은 1%와 대손실적률 중 큰 비율을 적용하며, 대손실적률은 직전 사업연도말 대손충당금 설정대상채권잔액 대비 해당 사업연도 중 대손금의 비율을 의미한다.

5.2.3 세무조정

회수불능채권에 대하여 법인이 대손금으로 처리한 경우 세법상 대손요건을 충족하면 세무조정이 필요 없지만, 만약 대손요건을 충족시키지 못한 경우에는 손금불산입하고 유보로 소득처분하여야 한다.

대손충당금은 기말잔액과 세무상 한도액을 비교하여 한도초과액을 손금불산입(유보) 처리하고, 한도미달액에 대해서는 법인이 결산에 반영하지 않았으므로 별도의 세무조정을 하지 않는다(결산조정사항).

기업회계에서는 대손충당금 설정시 대손충당금 설정 전 잔액과 기말 대손충당금 잔액을 비교하여 차액을 설정하거나 환입하는 방법(보충법)을 사용하지만, 법인세법에서는 기초 대손충당금 잔액을 전액 환입하고 당기 대손충당금을 새로 설정하는 방법(총액법)을 사용한다. 어느 방법을 사용하더라도 기간이익에는 차이가 없으며, 기업회계에서 보충법으로 회계처리한 경우에도 법인세법상으로는 이를 총액법으로 처리한 것으로 보아 세무조정을 하여야 한다. 즉 세법에서는 대손충당금 기초잔액을 모두 환입시키는 총액법을 사용하므로 전기 대손충당금 한도초과액은 당기에 전액 손금산입(△유보)하는 세무조정이 이루어진다.

예 제

다음 자료에 기초하여 대손충당금에 대한 세무조정을 하시오.

- 기초 대손충당금 잔액: 8,000,000원
- 당기 대손충당금 추가 설정액: 5,000,000원(기중 대손처리는 없었음)
- 기말 대손충당금 잔액: 13,000,000원
- 대손충당금 설정대상채권 장부가액: 1,000,000,000원
- 전기 대손충당금 부인액: 2,000,000원
- 대손실적률: 0.8%

풀 이

- 대손충당금 설정률: Max(1%, 0.8%) = 1%
- 대손충당금 손금산입한도액: 1,000,000,000원 × 1% = 10,000,000원

• 대손충당금 한도초과액: 대손충당금 기말잔액－대손충당금 손금산입한도액
＝13,000,000원－10,000,000원＝3,000,000원

• 세무조정: (손금산입) 전기 대손충당금 부인액 2,000,000원(△유보)
(손금불산입) 대손충당금 한도초과액 3,000,000원(유보)

5.3 일시상각충당금과 압축기장충당금

국고보조금, 공사부담금, 보험차익은 법인세법상 익금에 해당한다. 그런데 이들을 지급받은 사업연도에 익금산입하면 법인세가 과세되어 보조금 등을 지급한 효과가 감소되므로 법인세 부담을 이연시켜 주는 제도를 운용하고 있다.

일시상각충당금(一時償却充當金)이란 국고보조금 등으로 감가상각자산의 취득 등에 사용한 경우 그 금액을 손금에 산입한 것이며, 이는 추후 해당 자산의 감가상각비와 상계하거나 해당 자산의 처분 시 미상계잔액을 익금으로 산입한다. 압축기장충당금(壓縮記帳充當金)은 감가상각자산 이외의 자산에 대해 계상하는 것이고, 자산 취득시 손금산입하여 설정된 압축기장충당금은 해당 자산을 처분하는 사업연도에 전액 익금으로 산입한다. 이와 같이 이들은 국고보조금 등을 과세소득에서 완전히 제외하는 것이 아니라 법인세 부담을 차기 이후로 이연시켜 주는 효과가 있다.

일시상각충당금과 압축기장충당금의 손금산입은 법인의 의사에 맡겨져 있는 사항이므로 원칙적으로 결산조정사항에 속하는 것이지만, 이들이 기업회계상 비용으로 인정받을 수 없는 항목이기 때문에 외부감사를 받아야 하는 법인은 결산에 이를 반영하기가 어렵다. 따라서 법인이 이들을 결산서에 반영하지 않고 신고조정의 방법으로 손금계상하더라도 이를 인정해 주는 특례를 두고 있다.

예 제

제5기 사업연도(1.1～12.31)의 1월에 화재가 발생하여 취득가액 10,000,000원, 감가상각누계액 5,000,000원인 기계장치가 전소되었다. 보험금 청구결과 보험금 11,000,000원을 지급받았고, 1월 20일에 소실된 기계를 대체하기 위해 15,000,000원을 주고 새로운 기계를 취득하였다. 취득한 기계장치의 신고내용연수는 3년이며 정액법을 적용하여 감가상각한다. 이 기계장치에 대하여 신고조정으로 일시상각충당금을 설정할 경우 제5기에 필요한 세무조정을 하시오.

풀 이

- 보험차익 및 세무상 일시상각충당금설정액: 11,000,000원－(10,000,000원 －5,000,000원) ＝6,000,000원 손금산입(△유보)
- 감가상각비 중 손금불산입할 금액: 6,000,000원/3년＝2,000,000원 손금불산입(유보)

5.4 부당행위계산부인

법인의 행위 또는 소득금액의 계산이 특수관계에 있는 자와의 거래에 있어서 그 법인의 소득에 대한 조세의 부담을 부당하게 감소시킨 것으로 인정되는 경우에는 그 법인의 행위 또는 소득금액의 계산에 관계없이 납세지 관할세무서장 또는 관할지방국세청장이 그 법인의 각 사업연도소득금액을 계산할 수 있도록 하는 것을 '부당행위계산(不當行爲計算)의 부인(否認)'이라고 한다.

이 제도는 실질과세의 원칙에 그 근거를 두고 있으며, 법인이 세법에서 규정하는 특수관계인과의 거래에서 정상적인 경제인의 합리적인 방법에 의하지 않고 그 거래가 세법에서 열거한 제반 거래형태를 빙자하여 조세법을 남용하여 조세의 부담을 부당하게 회피하거나 경감시켰다고 인정되는 경우에 과세권자가 이를 부인하고 법령이 정하는 방법에 의하여 객관적으로 타당하다고 보여지는 소득이 있었던 것으로 의제하여 이를 과세함으로써 과세의 공평을 기하고 조세회피행위를 방지하고자 하는 것이 그 취지이다.

부당행위계산의 부인을 위해서는 거래의 당사자가 당해 법인과 특수관계가 있는 자이어야 하고, 거래의 내용이 조세부담을 부당하게 감소시킨 것으로 인정되어야 한다.

5.4.1 특수관계인의 범위

법인세법상 특수관계인(特殊關係人)의 범위는 당해 법인과 다음 중 어느 하나의 관계에 있는 자를 말하며, 특수관계인은 쌍방관계를 기준으로 판단하기 때문에 당해 법인도 그 특수관계인의 특수관계인으로 보게 된다. 즉 어느 일방을 기준으로 특수관계에 해당하면 이들 상호간은 특수관계에 해당한다.

① 임원의 임면권의 행사, 사업방침의 결정 등 당해 법인의 경영에 대하여 사실상 영향력을 행사하고 있다고 인정되는 자(상법 제401조의 2 제1항의 규정에 의하여 이사로 보는 자 포함)와 그 친족

② 주주 등(주주·사원 또는 출자자를 말하며, 소액주주 등은 제외함, 이하 동일)과 그 친족

③ 법인의 임원·사용인 또는 주주 등의 사용인(주주 등이 영리법인인 경우에는 그 임원을, 비영리법인인 경우에는 그 이사 및 설립자를 말함)이나 사용인 외의 자로서 법인 또는 주주 등의 금전, 기타 자산에 의하여 생계를 유지하는 자와 이들과 생계를 함께 하는 친족

④ 해당 법인이 직접 또는 그와 ① 내지 ③까지의 관계에 있는 자를 통하여 어느 법인의 경영에 대하여 지배적인 영향력을 행사하고 있는 경우 그 법인

⑤ 해당 법인이 직접 또는 그와 ① 내지 ④까지의 관계에 있는 자를 통하여 어느 법인의 경영에 대하여 지배적인 영향력을 행사하고 있는 경우 그 법인

⑥ 당해 법인에 30% 이상을 출자하고 있는 법인에 30% 이상을 출자하고 있는 법인이나 개인

⑦ 당해 법인이 공정거래법에 의한 기업집단에 속하는 법인인 경우 그 기업집단에 소속된 다른 계열회사 및 그 계열회사의 임원

〈특수관계인 요약〉

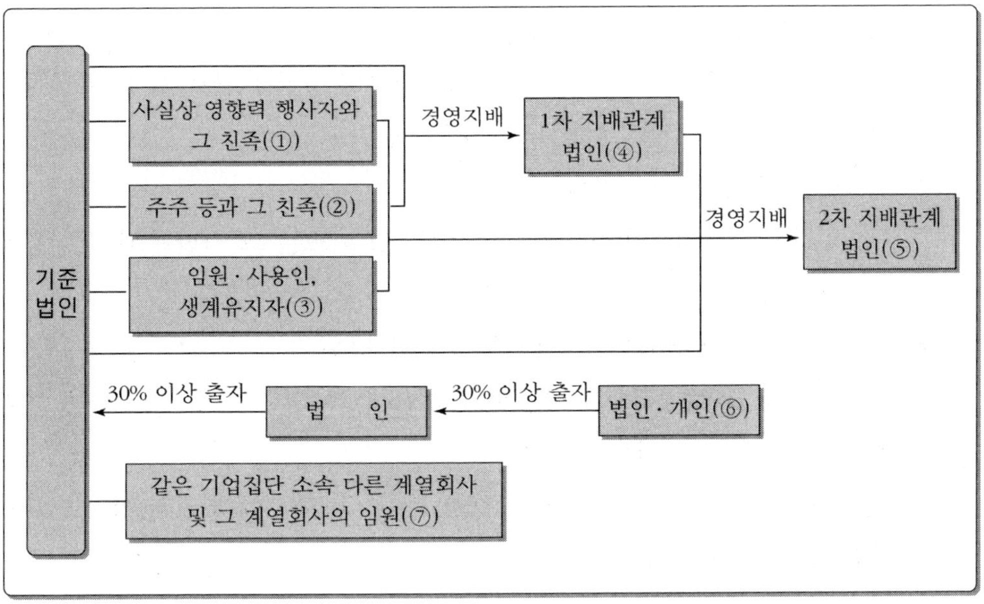

여기서 '소액주주 등'이란 발행주식총수(또는 출자총액)의 1%에 미달하는 주식을 소유한 주주(또는 출자자)를 말하며, 원칙적으로 소액주주 등은 해당 법인의 특수관계인에 포함되지 않지만 해당 법인 지배주주 등과의 특수관계인은 '소액주주 등'으로 보지 않는 점에 유의하여야 한다.

5.4.2 조세부담을 부당하게 감소시키는 거래

법인세법상 조세부담을 부당하게 감소시키는 것으로 규정된 거래는 손익거래와 자본거래로 구분할 수 있다. 손익거래에 속하는 부당행위계산의 유형은 다음과 같다.

① 자산을 시가보다 높은 가액으로 매입 또는 현물출자받았거나 그 자산을 과대상각한 경우
② 자산을 무상 또는 시가보다 낮은 가액으로 양도, 현물출자한 경우
③ 금전 등의 자산, 용역을 무상 또는 시가보다 낮은 이율·요율이나 임대료로

대부하거나 제공한 경우

④ 금전 등의 자산, 용역을 시가보다 높은 이율·요율이나 임차료로 차용하거나 제공받은 경우

⑤ 특수관계인인 법인간 합병·분할에 있어서 불공정한 비율로 합병·분할하여 합병·분할에 따른 양도손익을 감소시킨 경우

⑥ 출연금을 대신 부담한 경우

⑦ 무수익자산을 매입하였거나 현물출자받은 경우 또는 그 자산에 대한 비용을 부담한 경우

⑧ 불량자산을 차환하거나 불량채권을 양수한 경우

⑨ 파생상품에 근거한 권리를 행사하지 않거나 그 행사기간을 조정하는 등의 방법으로 이익을 분여하는 경우

⑩ 그 밖에 상기 각호에 준하는 행위 또는 계산 및 그 외에 법인의 이익을 분여하였다고 인정되는 경우

상기 손익거래 유형 중 ①~④에 해당하는 거래는 시가와 거래가액의 차액이 5%에 상당하는 금액 이상이거나 3억원 이상인 경우에만 부당행위계산의 부인규정을 적용한다.

자본거래에 속하는 부당행위계산의 유형은 다음과 같다.

① 불균등자본거래로 인하여 주주 등인 법인이 특수관계인인 다른 주주 등에게 이익을 분여한 경우

② 상기 외의 경우로서 증자, 감자, 합병, 분할, 전환사채 등에 따른 주식의 전환, 인수, 교환 등 법인의 자본을 증가시키거나 감소시키는 거래를 통하여 법인의 이익을 분여하였다고 인정되는 경우

③ 그 밖에 위 ①, ②에 준하는 행위 또는 계산 및 그 외에 법인의 이익을 분여하였다고 인정되는 경우

이상의 거래 중에서 가장 일반적인 부당행위계산부인의 세 가지 거래유형에 대하여 살펴보자.

5.4.3 고가매입

특수관계인으로부터 시가보다 고가로 자산을 매입하였을 경우 시가초과액을 손금불산입하고, 그 귀속자에 따라 배당, 상여 등으로 소득처분한다. 또한 동 시가초과액은 자산의 과대평가분에 해당하므로 손금산입(△유보)한다.

예 제

제5기 사업연도(1.1~12.31)의 1월에 법인의 대표이사로부터 시가 8억원인 건물을 10억원에 매입하고, 동 건물의 신고내용연수(40년)를 적용하여 당기 감가상각비 25,000,000원을 계상하였다. 이 거래가 부당행위계산부인에 해당하는지의 여부를 판단하고, 필요한 세무조정을 하시오.

풀 이

- 부당행위계산부인 해당여부: 시가초과액(2억원)이 3억원보다 적지만, 시가의 5%를 초과하므로(2억원 > 8억원 × 5%) 부당행위계산부인에 해당함
- 세무조정: (손금불산입) 고가매입액 2억원(상여), (손금산입) 건물 2억원(△유보), (손금불산입) 감가상각비 5,000,000원(유보)

고가매입으로 사외유출된 금액이 대표이사에 귀속되었으므로 상여로 소득처분하고, 과대평가된 건물가액(2억원)에 해당하는 감가상각비(2억원/40년 = 5,000,000원)를 손금불산입해야 한다.

5.4.4 저가양도

법인이 특수관계인에게 자산을 시가보다 낮은 가액으로 양도하면 시가에 미달하는 금액을 이익의 분여로 보아 동 미달액을 익금산입하고, 그 귀속자에 따라 배당, 상여 등으로 소득처분한다.

예 제

법인이 보유하던 시가 100억원의 토지를 대주주에게 96억원에 양도하였다. 이 거래가 부당행위계산부인에 해당하는지의 여부를 판단하고, 필요한 세무조정을 하시오.

풀 이

- 부당행위계산부인 해당여부: 시가미달액(4억원)이 시가(100억원)의 5%보다 낮지만, 3억원을 초과하므로 부당행위계산부인에 해당함
- 세무조정: (익금산입) 저가양도 4억원(배당)

저가양도로 사외유출된 금액이 대주주에 귀속되었으므로 배당으로 소득처분한다.

5.4.5 가지급금인정이자

법인이 특수관계인에게 금전을 무상 또는 낮은 이율로 대여한 경우 법인세법상 적정이자율로 계산한 이자상당액(또는 이자상당액과의 차액)을 익금산입하고, 그 귀속자에 따라 배당, 상여 등으로 소득처분한다. 이와 같이 인정이자가 계산되는 법인세법상 가지급금의 범위는 명칭여부에 관계없이 법인의 업무에 직접적인 관련이 없는 자금의 대여가 대부분 포함된다. 익금산입할 가지급금인정이자는 가지급금적수에 인정이자율을 곱하여 계산한다.

가지급금인정이자＝가지급금적수×인정이자율×1/365

인정이자율은 가중평균차입이자율을 적용하되, 이의 적용이 불가능한 사유 등이 있는 경우에는 당좌대출이자율을 적용한다.

특수관계인에 대한 가지급금에 대해서는 인정이자의 익금산입 세무조정과 별도로 지급이자의 손금불산입 세무조정을 해야 하고(4.4.4 업무무관자산 등에 대한 지급이자 부분 참조), 세무상 대손충당금을 설정할 수 없다. 특수관계인에 대한 가지급금 규제를 요약하면 다음과 같다.

구 분	지급상대방 요건	이자 요건
가지급금인정이자 익금산입	특수관계인	무상 또는 낮은 이율
업무무관자산 등에 대한 지급이자 손금불산입	특수관계인	이자수령 여부 불문
대손금 부인 및 대손충당금 설정 배제	특수관계인	이자수령 여부 불문

예 제

법인의 대표이사에게 업무와 무관한 가지급금을 대여하여 당기의 가지급금적수가 100억원이 발생하였다. 차입약정을 맺지 않았고, 대표이사로부터 받은 이자수입도 없다. 인정이자 계산을 위해 적용할 이자율이 7%라고 가정할 때, 가지급금인정이자에 대한 세무조정을 하시오.

풀 이

- 가지급금인정이자의 계산: 100억원×7%×1/365=1,917,808원
- 세무조정: (익금산입) 가지급금인정이자 1,917,808원(상여)

가지급금에 대한 인정이자가 대표이사에 귀속되었으므로 대표이사에 대한 상여로 소득처분한다.

5.4.6 이전가격세제

과세당국은 거래 당사자의 어느 한 쪽이 국외특수관계자인 국제거래(그 어느 한 쪽이 국내사업장인 경우로서 소득세법 또는 법인세법에 따른 국내원천소득을 발생시키는 거래는 제외)에서 그 거래가격이 정상가격보다 낮거나 높은 경우에는 정상가격을 기준으로 거주자(내국법인과 국내사업장 포함)의 과세표준 및 세액을 결정하거나 경정할 수 있다. 이는 국외특수관계인과의 거래에 대한 과세조정으로서 '정상가격에 의한 과세조정' 또는 이전가격세제라고 부른다.

이전가격(移轉價格; transfer price)은 관련기업 사이에 원재료, 제품, 서비스를 공급하는 경우에 적용하는 가격을 말하며, 이는 국내기업 사이에도 나타나지만 주로 국제거래에서 발생하는 다국적기업의 이전가격 조작과 관련하여 언급된다.

다국적기업의 이전가격 조작은 주로 해당 기업그룹 전체로서의 법인세 부담을 최소화하고 세후이익을 극대화하기 위하여 세율이 낮은 국가에서 가급적 많은 소득을 발생시키는 형태로 이루어진다. '세율이 낮은 국가(tax haven)'의 계열기업에 상품을 팔 때는 낮은 가격을 책정하고 반대로 그 기업으로부터 상품을 살 때는 높은 가격을 적용하면, 세율이 높은 국가에 소재하는 기업의 소득이 세율이 낮은 국가에 있는 기업으로 이전하는 효과가 발생한다.

국제조세조정에 관한 법률에서 규정하고 있는 이전가격세제는 이러한 이전가격의 조작이 있는 경우 이를 부인하고 '독립기업간 거래가격(arm's length price)' 또는 정상가격을 기준으로 소득금액을 계산하는 제도이며, 이는 부당행위계산부인의 성격을 띠고 있다.

정상가격은 다음의 방법 중 가장 합리적인 방법으로 계산한 가격으로 한다.

정상가격 산출방법	내 용
비교가능 제3자 가격방법	유사한 거래상황에서 특수관계가 없는 독립된 사업자 간의 거래가격을 정상가격으로 보는 방법
재판매가격방법	자산의 구매자가 특수관계가 없는 자에게 다시 그 자산을 판매하는 경우 판매가격에서 그 구매자의 통상적인 이윤으로 볼 수 있는 금액을 뺀 가격을 정상가격으로 보는 방법
원가가산방법	자산의 제조·판매 과정에서 발생한 원가에 자산 판매자의 통상적인 이윤으로 볼 수 있는 금액을 가산한 가격을 정상가격으로 보는 방법
이익분할방법	거래 쌍방이 함께 실현한 거래순이익을 합리적인 배부기준에 의해 측정된 거래 당사자들 사이의 상대적 공헌도에 따라 배부하고 이를 기초로 산출한 거래가격을 정상가격으로 보는 방법
거래순이익률방법	거주자와 특수관계가 없는 자 사이의 거래 중 해당 거래와 비슷한 거래에서 실현된 통상의 거래순이익률을 기초로 산출한 거래가격을 정상가격으로 보는 방법
그 밖에 합리적이라고 인정되는 방법	그밖에 거래의 실질 및 관행에 비추어 합리적이라고 인정되는 방법(이 방법은 상기 방법으로 정상가격을 산출할 수 없는 경우에만 적용)

조세피난처

예나 지금이나 세금고지서는 반갑지 않은 불청객이다. 부자든 가난한 사람이든 세금을 아예 내지 않거나 조금만 내고 싶은 게 인지상정이다. 이렇게 해서 생겨난 것이 조세피난처(tax haven)다. 조세피난처는 세금이 면제되거나 아주 낮은 세율로 부과되는 국가나 지역을 의미한다.

고대 그리스 시대의 일부 섬들은 해상 무역상들에 의해 물품 창고로 이용됐다. 무역상들은 아테네 등 도시국가들이 수입품에 대해 부과하는 2% 세금을 피하기 위해 물품을 섬에 보관했다. 조세피난처의 원조다. 현대적 개념의 첫 조세피난처는

1차 세계대전 이후 1935년 처음으로 해외기업 관련 법을 만든 버뮤다라는 주장이 통용되지만, 1926년 해외자본을 끌어들이기 위해 신탁법을 만든 유럽의 리히텐슈타인이라는 반론도 있다.

진정한 의미의 첫 조세피난처는 스위스다. 스위스는 오랫동안 러시아, 독일, 남아메리카 등의 사회적 폭동으로 도망치는 사람들을 위한 자본 피난처였다. 1차 대전 이후 많은 유럽 국가들이 전쟁의 폐허를 복구하기 위해 세금을 왕창 올렸지만, 영세중립국으로 전쟁피해를 입지 않은 스위스는 낮은 세율을 유지했다. 이로 인해 세금폭탄을 피하려는 외국자본이 밀려 들어왔고, 스위스 은행들은 고객의 인적사항 등을 비밀에 부쳐주면서 검은 돈의 온상이 됐다.

얼마 전 영국의 시민단체인 조세정의 네트워크는 1970년대부터 2010년까지 우리나라에서 외국의 조세피난처로 이전한 자산이 888조원에 달한다고 밝혔다. 중국, 러시아에 이어 세계 3위의 오명을 안았다. '유리지갑' 월급쟁이들은 꼬박꼬박 세금 내는데 부자들은 세금을 안 내기 위해 대서양 외딴 섬에까지 돈을 숨겨놓으니 억장이 무너질 일이다.

하지만 요즘 샐러리맨들의 울화병을 식혀줄 시원한 소식이 전해지고 있다. 한·스위스 조세조약 개정안이 지난달 25일 발효돼 국내 개인이나 기업의 스위스 금융계좌 정보를 세무당국이 들여다 볼 수 있게 됐다. 며칠 전 조세피난처 중의 하나인 카리브해의 케이맨 군도는 재정난을 타개하기 위해 처음으로 외국인에게 과세하겠다고 밝혔다. 부유층들의 검은 돈은 버뮤다나 버진 아일랜드 등 다른 조세피난처로 옮겨가겠지만, 그래도 검은 돈이 설 땅이 점점 줄어드는 것 같아 배가 덜 아프다.

(국민일보, 2012.7.31)

연습문제

문 1 법인세법상 퇴직급여충당금에 대한 다음 설명 중 타당하지 않은 것은?

① 퇴직급여제도는 퇴직금제도와 퇴직연금제도로 구분할 수 있다.

② 법인세법상 퇴직급여충당금에 의한 손금산입제도는 폐지되었다.

③ 퇴직금 지급대상이 되는 임직원에게 퇴직금을 지급할 경우 이미 손금으로 계상된 퇴직급여충당금이 있으면 그 퇴직급여충당금에서 먼저 차감하여야 한다.

④ 퇴직금제도는 퇴직금 재원을 사외에 적립시키는 특징이 있다.

문 2 퇴직연금의 부담금에 대한 다음 설명 중 타당하지 않은 것은?

① 퇴직부담금은 각 사업연도소득금액을 계산할 때 손금에 산입한다.

② 확정기여형 퇴직연금제도는 사용자가 부담해야 할 퇴직부담금의 수준이 사전에 확정된다.

③ 확정급여형 퇴직연금제도에서는 퇴직급여 급부금액이 적립금의 운용실적에 따라 달라진다.

④ 확정기여형 퇴직연금제도는 운용책임이 개별 근로자에게 있지만, 확정급여형 퇴직연금제도는 법인이 운용책임을 진다.

문 3 현실적으로 퇴직하지 않은 임직원에게 퇴직금을 지급하였다. 다음 설명 중 타당하지 않은 것은?

① 지급된 퇴직금은 해당 임직원에 대한 업무무관가지급금으로 분류된다.

② 지급된 퇴직금은 손금불산입(유보) 처리된다.

③ 가지급금에 대한 인정이자 상당액이 익금산입(상여)된다.

④ 해당 임직원에게는 소득세가 과세되지 않는다.

문 4 퇴직연금제도에 관한 다음 설명 중 타당하지 않은 것은?

① 퇴직연금제도는 확정기여형과 확정급여형으로 구분된다.

② 근로자가 일정 시점에 받을 금액이 확정된 연금은 확정급여형이다.

③ 회계 및 세무처리는 확정기여형보다 확정급여형이 간편하다.

④ 퇴직연금제도는 퇴직금 재원을 사외에 적립시켜 퇴직금의 안정성을 확보할 수 있는 장점이 있다.

문 5 퇴직연금충당금에 대한 다음 설명 중 타당하지 않은 것은?

① 퇴직연금충당금은 법인이 퇴직연금제도 중 확정급여형 퇴직연금을 설정·운영하는 경우 퇴직연금사업자에 납입하는 퇴직부담금을 퇴직연금운용자산으로 처리하고 이에 상당하는 퇴직급여채무를 손금으로 계상한 것이다.

② 확정기여형 퇴직연금제도에서는 법인이 퇴직부담금을 지급할 때 기업회계상 퇴직급여로 비용처리하고 이를 법인세법에서도 전액 손금으로 인정하므로 충당금이 설정될 여지가 없다.

③ 퇴직연금충당금은 신고조정사항이므로 결산시 반영 여부와 관계없이 세무상 손금산입한도액까지 손금산입이 가능하다.

④ 퇴직부담금에 대한 세무조정은 퇴직부담금의 비용계상액과 세법상 한도액을 비교하여 한도액보다 회사의 비용계상액이 더 많으면 손금산입한다.

문 6 다음은 법인세법상 손금으로 인정되는 대손금이다. 가장 거리가 먼 것은?

① 소멸시효 완성 채권

② 기업회계기준에 따른 대손상각

③ 채무자의 파산으로 인한 회수불능채권

④ 부도발생일로부터 6개월 이상 경과한 수표 또는 어음상의 채권

문 7 다음의 세무조정항목 중에서 다음 사업연도의 세무조정시 반대조정이 필요한 것은?

① 가지급금인정이자

② 법인세비용

③ 기업업무추진비한도초과액

④ 대손충당금한도초과액

문 8 다음 중 법인세법상 대손충당금을 설정할 수 있는 채권은?

① 특수관계인에게 지급한 업무무관가지급금

② 배서양도어음

③ 할인어음

④ 미수금

문 9 대손충당금의 세무조정에 관한 다음 설명 중 타당하지 않은 것은?

① 회수불능채권을 대손금으로 처리한 경우 세법상 대손요건을 충족시키지 못하면 손금불산입하고 유보로 소득처분하여야 한다.

② 대손충당금은 기말잔액과 세무상 한도액을 비교하여 한도초과액을 손금불산입(유보)하고, 한도미달액에 대해서는 법인이 결산에 반영하지 않았더라도 별도의 세무조정이 가능하다(신고조정사항).

③ 대손충당금 설정률은 1%와 대손실적률 중 큰 비율을 적용한다.

④ 법인세법에서는 대손충당금 기초잔액을 모두 환입시키는 총액법을 사용하므로 전기 대손충당금한도초과액은 당기에 전액 손금산입되어 소멸한다.

문 10 다음 중 일시상각충당금과 압축기장충당금을 설정할 수 없는 항목은?

① 국고보조금 ② 공사부담금

③ 보험차익 ④ 합병차익

문 11 일시상각충당금과 압축기장충당금에 관한 다음 설명 중 타당하지 않은 것은?

① 국고보조금 등을 지급받은 사업연도에 익금산입하면 법인세가 과세되어 이들을 지급한 효과가 감소되므로 법인세 부담을 이연시키기 위해 마련한 제도이다.

② 이들은 결산조정사항이므로 결산에 반영하지 않고 신고조정을 할 경우에는 절대로 손금으로 인정받을 수 없다.

③ 일시상각충당금은 국고보조금 등으로 감가상각자산을 취득한 경우 그 금액을 손금에 산입한 것이다.

④ 압축기장충당금은 감가상각자산 이외의 자산에 대해 계상하는 것이고, 자산 취득 시 손금산입하여 설정된 압축기장충당금은 해당 자산을 처분하는 사업연도에 전액 익금으로 산입한다.

문 12 법인의 행위 또는 소득금액의 계산이 특수관계에 있는 자와의 거래에 있어서 그 법인의 소득에 대한 조세의 부담을 부당하게 감소시킨 것으로 인정되는 경우, 그 법인의 행위 또는 소득금액의 계산에 관계없이 납세지 관할세무서장 또는 관할지방국세청장이 그 법인의 각 사업연도소득금액을 계산할 수 있도록 하는 것을 무엇이라 하는가?

① 부당행위계산부인

② 특수관계자거래

③ 정부부과제도

④ 세무조사

문 13 다음 중 ㈜자하의 세법상 특수관계인으로 보기 어려운 자는?

① 대주주와 그 친족

② 임직원

③ 자회사

④ 대표이사의 대학동창

문 14 다음은 법인세법상 조세부담을 부당하게 감소시키는 것으로 보는 거래이다. 해당되지 않는 것은?

① 자산을 시가보다 높은 가액으로 매입하거나 그 자산을 과대상각한 경우

② 자산을 무상 또는 시가보다 낮은 가액으로 양도한 경우

③ 직원에게 무상으로 사택을 제공한 경우

④ 금전 등의 자산, 용역을 무상 또는 시가보다 낮은 이율·요율이나 임대료로 대부하거나 제공한 경우

문 15 세법상 부당행위계산부인의 요건으로 보기 어려운 것은?

① 특수관계인과의 거래

② 사실판단에 의해 부당한 거래라고 인정

③ 조세부담의 감소

④ 불법적인 거래

문 16 법인세 세무조정을 실시하던 중 법인의 대표이사에게 업무와 관련 없는 가지급금을 지급한 것이 발견되었다. 다음의 세무조정사항 중 고려하지 않아도 되는 것은?

① 기부금에 대한 세무조정

② 업무무관가지급금에 대한 지급이자 손금불산입 세무조정

③ 가지급금인정이자 세무조정

④ 대손충당금에 대한 세무조정

문 17 법인의 대표이사로부터 시가 20억원인 토지를 30억원에 매입하였다면, 어떤 세무조정이 필요한가?

① (손금불산입) 고가매입 10억원(상여), (손금산입) 토지 10억원(△유보)

② (손금산입) 고가매입 10억원(상여), (익금산입) 토지 10억원(유보)

③ (익금불산입) 고가매입 20억원(유보), (손금불산입) 토지 20억원(유보)

④ (익금산입) 고가매입 20억원(유보), (손금불산입) 토지 20억원(유보)

문 18 시가 20억원인 건물(장부가액 8억원)을 법인의 대주주에게 매각하고 유형자산처분이익으로 5억원을 계상하였다. 어떤 세무조정이 필요한가?

① (익금산입) 저가양도 12억원(상여)

② (익금산입) 저가양도 12억원(배당)

③ (익금산입) 저가양도 7억원(상여)

④ (익금산입) 저가양도 7억원(배당)

문 19 가지급금인정이자에 관한 다음 설명 중 타당하지 않은 것은?

① 업무와 무관하게 대주주에게 가지급금이 발생했다면 인정이자를 계산한다.

② 대표이사가 법인의 업무에 사용하기 위해 일시적으로 인출한 자금에 대해서도 인정이자를 계산한다.

③ 임원의 가지급금에 대한 인정이자는 상여로 소득처분하고, 주주의 가지급금에 대한 인정이자는 배당으로 소득처분한다.

④ 가지급금의 적수(積數)는 가지급금의 매일 잔액을 합한 금액을 의미한다.

문 20 이전가격세제와 관련한 다음 설명 중 타당하지 않은 것은?

① 이는 국외특수관계인과의 거래에 대한 과세조정제도로서 부당행위계산부인 제도의 성격을 띠고 있다.

② 이전가격 조작은 주로 기업그룹 전체의 법인세 부담을 최소화하고 세후이익을 극대화하기 위하여 세율이 낮은 국가에서 가급적 많은 소득을 발생시키는 형태로 이루어진다.

③ 이전가격세제는 이전가격의 조작이 있는 경우 이를 부인하고 독립기업간 거래가격 또는 정상가격을 기준으로 소득금액을 계산하는 제도이다.

④ 재판매가격방법이란 유사한 거래상황에서 특수관계가 없는 독립된 사업자 간의 거래가격을 정상가격으로 보는 방법이다.

06장

법인세 5

6.1 법인세 과세표준

법인세 과세표준은 각 사업연도소득금액에서 이월결손금, 비과세소득, 소득공제를 차례로 공제하여 계산한다.

6.1.1 이월결손금

세무상 결손금은 각 사업연도의 손금총액이 익금총액을 초과하는 경우 그 초과하는 금액을 말하며, 이는 해당 사업연도에 법인의 순자산이 감소했음을 의미하므로 기간이익의 과세논리상 다른 사업연도의 소득에서 공제해 줄 필요가 있다. 구체적인 공제방법은 결손금을 그 후 사업연도의 소득에서 이월공제해 주는 방법과 그 전 사업연도의 소득에서 소급공제해 주는 방법이 있다. 현행 법인세법은 원칙적으로 결손금의 이월공제방법을 채택하고 있으며, 중소기업에 한하여 예외적으로 소급공제를 허용하고 있다.

결손금의 이월공제는 이월결손금(사업연도의 손금총액이 익금총액을 초과하여 생긴 결손금이 다음 연도로 넘어온 것)을 과세표준 계산시 각 사업연도소득금액에서 공제해 주는 방법이다. 하지만 모든 이월결손금이 공제되는 것은 아니고, 각 사업연도 개시일 전 15년 이내에 개시한 사업연도에 발생한 결손금으로서 당기 이전까지 과세표준 계산시 차감되지 않은 이월결손금이 공제대상이다. 자산수증이익, 채무면제이익으로 충당된 이월결손금은 각 사업연도의 과세표준을 계산할 때 공제된 것으로 본다. 중소기업은 이월결손금의 공제한도가 없지만, 일반적인 기업의 경우 개별 사업연도 소득금액의 80%를 한도로 이월결손금이 공제된다. 이월결손금은 먼저 발생한 사업연도의 결손금부터 순차로 공제한다.

한편, 중소기업은 세무상 결손금이 발생한 경우 그 결손금을 소급공제하여 감소되는 직전 사업연도 법인세액을 환급받고자 신청할 수 있으며, 이 경우 그 결손금에 대해서는 이월결손금 공제규정을 적용할 때 공제받은 금액으로 본다. 이와 같이 결손금의 소급공제는 중소기업에 대해서만 직전 사업연도의 과세표준을 한도로 허용하고 있다.

6.1.2 비과세소득

비과세소득(非課稅所得)은 법인의 소득 중 법인세를 과세하지 않는 소득이며, 법인세법상으로는 공익신탁의 신탁재산에서 생기는 소득 등이 있다. 비과세소득과 소득공제는 결손금과 달리 다음 연도로 이월하여 공제받을 수 없다. 즉 각 사업연도소득금액에서 이월결손금을 공제한 금액을 초과하는 비과세소득은 다음 연도로 이월되지 않고 소멸한다.

6.1.3 소득공제

소득공제(所得控除)는 조세정책적 목적에서 일정한 요건에 해당하는 경우 소득금액에서 일정액을 공제해 줌으로써 법인세부담을 경감시켜 주는 제도이다.

법인세법은 '유동화전문회사 등'에 해당하는 내국법인이 배당가능이익의 90% 이상을 배당한 경우 그 금액을 해당 사업연도의 소득금액에서 공제하도록 규정하고 있다. 자산유동화에 관한 법률에 따른 유동화전문회사, 기업구조조정투자회사법에 따른 기업구조조정투자회사 등은 명목회사(paper company)일 뿐만 아니라 각종 투자활동을 통해 얻은 소득을 주주에게 배당절차에 의해 전달하는 도관과 같은 실체인 점을 감안하여 이들이 주주에게 배당한 금액을 소득공제하는 것이다. 이와 같이 유동화전문회사 등이 주주에게 배당한 금액은 법인단계에서 소득공제되어 법인세가 과세되지 않으므로 주주단계에서는 배당소득에 대한 이중과세를 조정하지 않는다.

예 제

다음 자료에 기초하여 ㈜자하의 제14기 사업연도의 과세표준을 계산하시오.

(1) 각 사업연도소득금액: 200,000,000원
(2) 이월결손금: 30,000,000원(공제가능한 금액 20,000,000원)
(3) 비과세소득: 5,000,000원
(4) 소득공제: 10,000,000원

풀 이

각 사업연도소득금액	200,000,000원
이월결손금	(−)20,000,000원
비과세소득	(−)5,000,000원
소득공제	(−)10,000,000원
과세표준	165,000,000원

6.2 법인세 산출세액

법인세법은 각 사업연도의 소득에 대한 법인세를 산출세액으로 나타낸다. 산출세액은 각 사업연도의 과세표준에 세율을 적용하여 계산한 금액, 토지 등 양도소득에 대한 법인세액, 조세특례제한법(제100조의 32)에 따른 투자·상생협력 촉진을 위한 과세특례를 적용하여 계산한 법인세액을 합한 금액이다.

우리나라의 법인세율은 과세표준의 구간에 따라 세율을 달리하는 4단계 초과누진세율이다. 과세표준 2억원 이하는 9%, 2억원~200억원 사이는 19%, 200억원~3,000억원 사이는 21%, 3,000억원 초과 부분에 대해서는 24%의 세율이 적용된다.

과세표준	세 율
2억원 이하	과세표준×9%
2억원 초과 200억원 이하	1천 800만원+2억원 초과금액×19%
200억원 초과 3,000억원 이하	37억 8천만원+200억원 초과금액×21%
3,000억원 초과	625억 8천만원(*1)+3,000억원 초과금액×24%

(*1) 2억원×9%+(200억원−2억원)×19%+(3,000억원−200억원)×21%=625억 8천만원

상기 법인세율은 사업연도가 1년인 경우에 적용되는 비율이므로 사업연도가 1년 미만인 경우의 산출세액을 계산하기 위해서는 과세표준을 1년 단위로 환산해야 한다. 예를 들어 신설법인의 제1기 사업연도가 20×1.7.1~20×1.12.31이고 과세표

준이 2억원이라면, 산출세액은 다음과 같이 계산한다.

산출세액 = (과세표준×12/사업연도 월수)×세율×사업연도 월수/12
= (2억원×12/6)×세율×6/12
= (1천 800만원 + 2억원×19%)×6/12 = 2천 800만원

성실신고확인대상 소규모 법인은 과세표준이 2억원 이하인 경우에도 19%의 세율이 적용된다. 성실신고확인대상 소규모 법인이란 지배주주 및 특수관계인의 지분합계가 50%를 초과하고, 해당 사업연도의 상시 근로자 수가 5인 미만이며, 부동산임대업을 주된 사업으로 하거나 이자·배당·부동산(권리)임대소득금액 합계액이 매출액의 50% 이상인 법인을 의미한다.

투자·상생협력 촉진을 위한 과세특례

2015년부터 3년간 대기업은 이익의 80%에 해당하는 돈을 투자, 배당, 임금 인상 등 세 가지 용도로 써야 한다는, 이른바 기업환류세제를 적용받았다. 만약 이들 세 가지 용도로 사용한 금액이 목표액에 미달하면 미달금액의 10%만큼 법인세가 추가되었다.

당초 이 세제를 도입할 때 정부는 3년간만 한시적으로 시행하겠다고 약속했지만, 2017년말 세법개정시 법인세법상 기업환류세제를 일몰종료시키는 대신 이를 조세특례제한법으로 이관하여 투자·상생협력 촉진세제라는 이름으로 2020년말까지 적용하도록 하였다. 종전의 기업환류세제에서 규정한 세 가지 용도 중 배당은 삭제되고, 해당 사업연도의 소득 중 일정액 이상을 투자, 임금 등으로 사용하지 않으면 미달금액의 20%만큼 법인세를 추가 과세하는 제도로 바뀌었다.

이 세제를 적용받는 대상은 각 사업연도 종료일 현재 자기자본이 500억원을 초과하는 법인(중소기업은 제외)과 독점규제 및 공정거래에 관한 법률에 따른 상호출자제한기업집단에 속하는 법인이다.

정부가 과다한 유보금에 대해 추가 과세하겠다고 나선 것은 기업의 이익이 민간에 제대로 스며들지 못하고 있다는 인식 때문일 것이다. 하지만 재계에서는 과도

한 경영 개입이라는 비판의 소리가 높다. 기업의 투자결정은 기본적으로 경제성분석에 기초하여 이루어지는 것인데, 기업이 세금 부담 때문에 무리한 투자를 했다가 나중에 손해를 보면 정부가 이를 보전해주느냐는 볼멘소리도 나온다.

세제의 내용이 복잡해서 구체적인 세금계산을 위해 기업이 감수해야 하는 부담(납세협력비용)도 지나치게 크다. 조세제도는 납세자가 정부에 내는 명시적인 세금 이상의 부담을 국민경제에 초래할 수 있다는 점을 유념해야 한다. 높은 거래비용과 불합리한 규제는 시장의 발전을 가로막는 요소이다. 투자와 상생협력을 촉진하겠다고 도입한 새로운 세제가 시장경제의 주역인 개별기업의 경영의사결정에 과도하게 개입함으로써 오히려 효율적인 자원배분을 저해할 우려는 없는지 평가해볼 일이다.

6.3 법인세 총부담세액

총부담세액(總負擔稅額)은 산출세액에서 세액감면과 세액공제를 차감하고, 가산세와 감면분추가납부세액을 더하여 계산한다.

6.3.1 세액감면

세액감면(稅額減免)은 특정한 소득에 대하여 사후적으로 세금을 완전히 면제해 주거나, 일정한 비율만큼 경감해 주는 것을 말한다.

감면세액 = 법인세 산출세액 × (감면소득/과세표준) × 감면율

세액감면은 특정소득에 대하여 세액을 감면해 주는 제도로서 세액을 공제해 준다는 점에서는 세액공제와 유사하지만, 세액공제와는 달리 이월공제가 인정되지 않는다.

세액감면에 관한 사항은 주로 조세특례제한법에서 규정하고 있다. 조세특례제한법은 조세의 감면 또는 중과 등 조세의 특례와 이의 제한에 관한 사항을 규정하고 있다.

6.3.2 세액공제

세액공제(稅額控除)는 조세정책을 구현하기 위하여 산출세액에서 일정금액을 공제하는 제도이며, 법인세법과 조세특례제한법에서 규정하고 있는 주요 세액공제는 다음과 같다.

근거법	구 분	주요 내용
법인세법	외국납부세액공제	국제적 이중과세를 조정하기 위한 세액공제제도. 납세자의 선택에 따라 외국납부세액을 손금산입할 수도 있음
	재해손실세액공제	천재지변 등의 재해 시 재해상실비율에 따라 세액공제
	분식회계 경정에 따른 세액공제	분식회계로 인한 감액경정청구 시 과다납부세액을 20%씩 세액공제(5년간 환급을 제한하는 제재)
조세특례제한법	연구·인력개발비에 대한 세액공제	연구·인력개발비의 일정비율을 세액공제
	각종 투자세액공제	투자금액의 일정비율을 세액공제
	그 밖의 세액공제	전자신고, 지급명세서에 대한 세액공제 등

세액공제는 세액감면과는 달리 대부분 5년간 세액공제액의 이월공제(移越控除)가 가능하다.

6.3.3 외국납부세액공제

외국납부세액공제(外國納付稅額控除)는 내국법인이 국외에서 얻는 소득에 대하여 우리나라의 법인세와 함께 그 원천지국의 법인세를 동시에 부담하게 되는 국제적 이중과세 문제를 조정하기 위한 제도이다.

우리나라는 국제적 이중과세를 조정하기 위하여 원칙적으로 외국납부세액공제 제도를 두고 있으며, 예외적으로 납세자의 선택에 따라 외국납부세액을 손금산입할 수 있도록 하고 있다. 이와 같이 내국법인의 과세표준에 국외원천소득이 포함되어 있고 그 국외원천소득에 대하여 외국법인세액을 납부하였거나 납부할 것이 있는 경우에는 외국납부세액공제 또는 외국납부세액의 손금산입 중 어느 한 방법을 선택하여 적용할 수 있다.

외국법인세액은 해당 내국법인 자신이 직접 납부한 세액(직접납부 외국법인세액)은 물론, 외국자회사가 납부한 외국법인세액(간접납부 외국법인세액)도 포함한다. 즉, 내국법인의 각 사업연도소득금액에 외국자회사로부터 받은 수입배당금이 포함되어 있는 경우 다음의 금액을 세액공제(또는 손금산입)되는 외국법인세액으로 본다.

> 간접납부 외국법인세액＝외국자회사의 해당 사업연도의 법인세액×수입배당금액/(외국자회사의 해당 사업연도의 소득금액－외국자회사의 해당 사업연도의 법인세액)

내국법인이 외국납부세액에 대해서 외국납부세액공제를 받는 경우에는 간접납부 외국법인세액도 익금으로 간주하여 각 사업연도의 소득금액에 합산한다. 본래 수입배당금액은 외국자회사의 외국법인세가 차감된 후의 금액이지만, 외국법인세의 과세효과를 완전히 제거하기 위해서 이를 익금산입하여 우리나라 법인세를 계산하고 이를 다시 세액공제하는 것이다.

외국납부세액공제는 다음의 금액을 한도로 한다.

> 공제한도＝법인세 산출세액×국외원천소득/해당 사업연도의 과세표준

조세는 국가정치의 도깨비 방망이가 아니다

세법 개정의 시즌이다. 조세는 국가재정을 충당하는 것을 기본 기능으로 삼고 있다. 조세의 주된 목적이다. 한편 오늘날 국가는 조세를 국가경제의 안정과 성장의 수단으로 이용하고 있다. 뿐만 아니라 조세를 정치의 목적으로 사용한 경우도 허다하다. 그러다 보니 조세의 주된 기능보다는 부수적인 목적에 이용하는 경우가 더 많다.

따라서 세법 개정의 내용은 온통 국가재정의 건전한 충당보다는 경제와 정치에 관련된 조항들로 가득 찼다. 세법 개정이 정치와 경제의 목적에서 이루어지고 있는 것이다. 물론 오늘날 국가경제의 안정과 성장은 매우 중요하다. 국민의 행복한 삶과 직결되기 때문이다. 조세를 통한 어느 정도의 정책은 필요하다. 그러나 이 모든 문제를 조세에 의존하여 해결하려는 정치는 바람직하지 못하다.

조세는 조세원칙에 따라 부과되고 징수되어야 하기 때문이다. 조세는 조세법률주의에 의하여 모든 국민에게 공평하게 부과되고 징수되어야 한다. 조세를 통하여 경제의 성장과 안정을 이룩하기 위한 정책은 대부분 조세의 감면으로 이루어진다. 조세의 감면은 특정 납세의무자인 기업과 개인에게 조세 혜택을 주는 것이다. 이는 근본적으로 조세의 공평을 해칠 수 있다. 그래서 조세감면은 엄격하게 제한해야 한다고 하여, 특별히 조세를 감면할 경우 '조세특례제한법'에 규정하도록 하고 있다.

하지만 조세특례제한법의 감면 조항은 폭증하고 있다. 조세의 '특례제한법'이 아니라 '특례제조법'이 된 지 오래이다. 조세의 특례를 제한하는 것보다는 특례를 신설하는 법이 된 것이다. 조세특례제한법은 1965년에 '조세감면규제법'으로 입법된 후, 1998년 '조세특례제한법'으로 개칭되면서 146개 조항으로 시행되었다. 하지만 지금은 조항 수를 세기도 어렵다. 예를 들면 '조세특례제한법' 104조는 삭제되었지만, 104조의7에서 104조의27까지 새로운 조항이 신설되었다. 현재 조세특례제한법에는 이러한 조항이 수도 없이 많다.

그러다보니 기업체는 받을 수 있는 감면 혜택을 일괄적으로 파악하기도 어렵다. 세무전문가들조차도 어느 기업에 어느 조세 혜택이 있는지 알 수 없는 실정이다. 세법이 너무나 복잡하다보니, 과세표준과 세액계산에 따른 시간과 납세비용은 늘어날 수 밖에 없다.

기획재정부와 국회에 따르면 올 들어 여야 국회의원들이 발의한 각종 세법 개정안이 통과될 경우 향후 5년간 비과세·감면액은 최소 21조 4,067억원에 이를 것이라고 한다. 연평균 4조 2,813억원으로 중앙정부 1년 예산의 1% 수준이다. 그리고 올해 전체 국세 감면액은 33조 548억원으로 전망된다고 한다. 조세의 감면으로 인한 국가의 부족한 세수는 언젠가는 우리 국민이 부담해야 한다.

조세는 조세로 남는 것이 절대적으로 필요하다. 조세가 총선 등 표를 의식한 정치의 도구(시녀)로 전락해서는 안 된다. 국가경제를 위해서 조세를 통한 일시적이고 간접적인 정책보다는, 장기적이고 직접적인 정책을 시행하도록 해야 한다. 실질적인 경제정책을 펴지 못하고, 조세를 통하여 간접적인 경제의 성장과 안정을 꾀하는 것은 바람직하지 못하다.

조세를 간단명료하고 공평하게 입법하여, 국민이 납세의무자의 도리를 다할 수 있는 우리 사회의 조세사상과 철학이 필요하다.

(조세일보, 2015.9.16)

6.3.4 가산세

가산세(加算稅)란 세법에서 규정하는 의무의 성실한 이행을 확보하기 위하여 그 의무를 위반한 법인에게 부과하는 일종의 벌과금 제도이다. 이와 같이 가산세의 본질은 세법에 규정된 각종 협력의무의 위반에 대하여 부과하는 행정벌이지만, 형식적으로는 일반적인 조세처럼 과세요건의 충족에 의해 성립하고 일정한 절차에 따라 확정되고 징수된다.

가산세 중에서 신고 및 납부의무와 관련된 것은 세법의 기본적이고 공통적인 사항으로서 모든 세목에 적용되기 때문에 국세기본법에서 통일적으로 규정하고 있다(무신고가산세, 과소신고·초과환급신고 불성실가산세, 납부(환급) 불성실가산세, 원천징수납부 불성실가산세).

국세기본법과 법인세법에서 규정하고 있는 법인세 관련 주요 가산세의 내용을 요약하면 다음과 같다.

<table>
<tr><th colspan="2">구 분</th><th colspan="2">적용대상</th><th>가산세</th></tr>
<tr><td rowspan="2">무신고가산세</td><td>일반적인 경우</td><td colspan="2">법정신고기한까지 과세표준신고를 하지 않은 경우</td><td>Max(산출세액×20%, 수입금액×0.07%)</td></tr>
<tr><td>부정행위 등</td><td colspan="2">부정행위로 과세표준신고를 하지 않은 경우</td><td>Max[산출세액×40%(국제거래 60%), 수입금액×0.14%]</td></tr>
<tr><td rowspan="3">과소신고·초과환급신고가산세</td><td>일반적인 경우</td><td colspan="2">과세표준·납부세액을 적게 신고하거나 환급세액을 많이 신고한 경우</td><td>과소신고분 산출세액의 10%</td></tr>
<tr><td rowspan="2">부정행위 등</td><td rowspan="2">부정행위로 인한 신고불성실</td><td>일반과소신고가산세</td><td>일반과소신고분 산출세액의 10%</td></tr>
<tr><td>부정과소신고가산세</td><td>부정과소신고분 산출세액의 40%(국제거래 60%)와 부정과소신고 수입금액의 0.14% 중 큰 금액</td></tr>
<tr><td colspan="2">납부(환급) 불성실가산세</td><td colspan="2">납부기한까지 세금을 납부하지 않거나 적게(많이) 납부한(환급받은) 경우</td><td>미납부(초과환급)세액×경과일수×0.03%</td></tr>
<tr><td colspan="2">원천징수납부 불성실가산세</td><td colspan="2">원천징수의무 불이행</td><td>미납세액×(3%~10%)</td></tr>
<tr><td colspan="2">무기장가산세</td><td colspan="2">장부의 비치·기장의무 불이행</td><td>Max(산출세액×20%, 수입금액×0.07%)</td></tr>
<tr><td colspan="2">주주등명세서 제출불성실 가산세</td><td colspan="2">주주등명세서 미제출, 누락제출, 불명분</td><td>미제출 등 주식 액면금액의 0.5%</td></tr>
</table>

지급명세서 불성실가산세	지급명세서 미제출, 불명분	미제출·불명분 지급금액의 2%
주식등변동상황명세서 제출불성실가산세	주식 및 출자지분변동상황명세서 미제출, 누락제출, 불명분	미제출 등 주식 액면금액의 2%
계산서 불성실가산세	계산서의 부실기재, 매출·매입처별 합계표의 미제출·부실기재	미제출·부실기재분 공급가액의 1%
	계산서 미발급, 가공·허위 수수	미발급 등 공급가액의 2%
적격증명서류 불성실가산세	재화·용역을 공급받고 신용카드매출전표·현금영수증·세금계산서·계산서 등 적격증명서류 미수취, 불명분	미수취·불명분금액의 2% (건당 3만원 이하의 경우에는 영수증 수취도 무방함)
기부금영수증 불성실가산세	기부금영수증을 사실과 다르게 발급	발급금액의 2%
	기부법인별 발급내역의 미작성·미보관	미작성·미보관금액의 0.2%
신용카드 불성실가산세	신용카드가맹점이 신용카드 거래 거부, 불명분	건별 거부금액·불명분 금액의 5%(건별 최소 5천원)
현금영수증 불성실가산세	현금영수증가맹점 미가입	미가입기간 수입금액의 1%
	현금영수증 미발급, 불명분	건별 미발급·불명분 금액의 5%(건별 최소 5천원)

부정행위란 이중장부의 작성, 거짓 증빙 또는 거짓 문서의 작성과 수취, 장부와 기록의 파기, 재산의 은닉, 소득·수익·행위·거래의 조작 또는 은폐 등과 같이 조세의 부과와 징수를 불가능하게 하거나 현저히 곤란하게 하는 적극적 행위를 말하며, 이러한 행위에 대해서는 높은 가산세율을 적용함으로써 더 큰 불이익을 주고자 하는 취지가 담겨 있다.

법정신고기한이 지난 후 수정신고를 하면 과소신고가산세의 일부(10%~90%)를 감면해 주며, 감면율은 법정신고기한 경과기간에 따라 차등 적용된다.

또한 법정신고기한이 지난 후 기한후신고·납부를 하면 무신고가산세의 일부(20%~50%)가 감면된다.

가산세가 중복되는 경우 그 중복 적용이 배제되는 경우가 있다. 신고불성실가산세(무신고가산세, 과소신고가산세)와 무기장가산세가 동시에 적용되는 경우에는 그 중에서 가산세액이 큰 가산세만 적용한다. 또한 원천징수납부 불성실가산세가 부과되는 부분에 대해서는 법인세의 납부와 관련하여 납부(환급) 불성실가산세를 부과하지 않으며, 중간예납과 관련하여 납부(환급) 불성실가산세가 부과되는 부분에 대해서는 확정신고납부와 관련하여 납부(환급) 불성실가산세를 부과하지 않는다.

납부불성실가산세와 국세환급가산금

현행 세법상 납세의무자가 세법에 따른 납부기한까지 국세를 납부하지 않거나 납부해야 할 세액보다 적게 납부한 경우에는 납부하지 않은 세액 또는 과소납부분 세액에 납부기한의 다음 날부터 자진납부일 또는 납세고지일까지의 기간에 연 10.95%(1일 1만분의 3)의 이자율을 곱하여 산출한 금액을 납부할 세액에 가산하여야 한다. 이러한 납부불성실가산세의 입법취지와 그 법적 성격은 납세의무자에게 성실납부를 유도하고 일단 납부불성실세액이 발생하면 그 납부불성실세액에 대한 이자만큼 금융혜택을 받은 것으로 보아 그에 해당하는 금액을 가산세로 부과하는 것이다.

납세신고와 자진납부는 별개의 개념이므로 신고불성실가산세와 함께 납부불성실가산세를 두는 것 자체는 타당하다고 볼 수 있다. 다만 시장이자율의 하락에도 불구하고 연 10.95%의 고율로 납부불성실가산세를 부과하는 것은 납세자권익의 관점에서 개선할 필요가 있다.

납세의무자가 국세로 납부한 금액 중 잘못 납부하거나 초과하여 납부한 금액이 있는 경우 그 환급세액과 함께 환급가산금을 지급하는데, 2019년 12월 현재 국세환급가산금의 적용이율은 연 2.1%에 불과하다. 국세환급가산금과 비교할 때 납부불성실가산세의 이자율이 무려 5배를 넘는 셈이다. 납부불성실가산세의 이자율은 2003년 이후 지금까지 연 10.95%를 적용하고 있지만, 국세환급가산금의 적용이율은 2008년의 연 5%에서 시장이자율의 수준을 반영하여 연 2.1%까지 떨어졌다. 납부불성실가산세와 국세환급가산금의 경제적 실질이 이자 성격이라는 점을 감안할 때, 이러한 차이는 헌법상 과잉금지의 원칙에 위배된다 할 것이다.

만약 납부불성실가산세가 행정상 제재로서의 성격을 갖는 것으로 보아 적용이율에 차등을 두어야 한다면, 국세환급가산금 이자율에 일정률을 가산하는 방식으로 규정함으로써 시장이자율의 변화를 반영하고 양자 간의 지나친 괴리를 방지할 필요가 있다.

가산세제도는 원활한 조세행정을 위해 납세의무자에게 부과된 협력의무의 이행을 촉진하기 위한 제도로서 납세의무자의 성실신고와 납부를 담보하여 세무조사의 보완적 기능을 수행한다. 조세회피와 탈세의 방지를 위해서 납부불성실가산세를 부과하는 제도 자체는 필요하지만, 이는 납세의무자의 재산권에 대하여 강제적으로 불이익을 주는 것이므로 비례의 원칙이 엄격히 준수되어야 한다.

6.3.5 최저한세

비록 조세정책적 목적에 의해 조세감면을 해 주는 것이지만, 과다한 조세감면은 조세수입의 감소는 물론 법인세를 감면받는 법인과 감면받지 못하는 법인 사이에 과세형평의 문제를 야기한다. 따라서 법인세를 감면받는 법인에 대하여 세법이 규정한 일정한도의 세액을 납부하도록 하는 최저한세(最低限稅; alternative minimum tax) 제도를 두고 있다.

각 사업연도의 소득에 대한 법인세를 계산할 때 최저한세 적용대상 조세감면 등을 적용받은 후의 세액(감면후세액)이 다음의 최저한세액에 미달하는 경우 그 미달하는 세액에 상당하는 부분에 대해서는 조세감면 등을 하지 않는다.

최저한세액＝최저한세 적용대상인 준비금손금산입·특별감가상각·소득공제·손금산입·익금불산입·비과세를 적용하지 않은 경우의 과세표준×최저한세율

최저한세율은 다음과 같다.

구 분		최저한세율
중소기업		7%
일반기업	(조세감면 전 과세표준) 100억원 이하분	10%
	100억원 초과 1,000억원 이하분	12%
	1,000억원 초과분	17%

감면후세액은 다음과 같이 계산한다.

• 토지 등 양도소득에 대한 법인세, 가산세, 추징세액을 가산하지 않고 계산한다.

- 최저한세 적용대상이 아닌 세액공제액과 세액감면을 차감하지 않고 계산한다. 법인세법에 따른 세액공제와 중소기업의 연구·인력개발비 세액공제액은 최저한세 적용대상이 아니며, 따라서 이들 세액공제는 최저한세의 조정이 이루어진 후에 차감한다.

최저한세 적용대상 조세감면을 적용받은 후의 세액이 최저한세액에 미달하면, 그 미달하는 세액은 조세감면을 하지 않으므로(즉, 최저한세 적용대상 조세감면 중 일부를 배제함) 산출세액에 가산하여야 한다(감면분 추가납부세액).

이 경우 납세의무자가 신고하는 때에는 납세의무자의 선택으로 최저한세 적용대상 조세감면 중 일부를 배제하지만, 납세의무자가 신고한 법인세액이 최저한세액에 미달하여 법인세를 경정하는 경우에는 다음의 순서에 따라 감면을 배제하여 추징세액을 계산한다.

- 특별감가상각비
- 조세특례제한법에 따른 준비금의 손금산입
- 손금산입 및 익금불산입
- 세액공제(이월된 공제세액이 있으면 나중에 발생한 것부터 적용배제)
- 세액감면
- 소득공제 및 비과세

6.4 결산의 종착역, 법인세 신고

6.4.1 법인세 신고기한

법인세 납세의무가 있는 내국법인은 각 사업연도 종료일이 속하는 달의 말일부터 3개월 이내에 법인세 과세표준과 세액을 신고하여야 한다. 예를 들어 12월 31일이 사업연도 종료일이라면, 다음 해 3월 31일까지 법인세를 신고하여야 한다. 만약 외부감사대상 법인이 신고기한 연장을 신청하는 경우 1개월까지 자동연장을 허용하며, 이 경우에는 연장기간만큼 일정률의 이자가 부과된다.

각 사업연도소득금액이 없거나 결손금이 있는 경우에도 반드시 법인세 신고를 해야 하며, 이를 어기면 무신고에 대한 행정벌(무신고가산세)이 부과되므로 주의를 요한다.

한편, 법인세 신고의무가 있는 내국법인은 각 사업연도 종료일이 속하는 달의 말일부터 4개월 이내에 그 사업연도의 소득에 대한 법인지방소득세의 과세표준과 세액을 납세지 관할 지방자치단체의 장에게 신고하여야 한다.

6.4.2 법인세 신고시 제출하는 서류

법인세 신고 시에는 '법인세 과세표준 및 세액신고서'에 여러 서류를 첨부하여야 하며, 이 중에서 다음의 필수적 첨부서류는 반드시 첨부해야 한다(필수적 첨부서류를 첨부하지 않으면 법인세를 신고하지 않은 것으로 본다).

- 개별내국법인의 재무상태표와 포괄손익계산서
- 이익잉여금처분(결손금처리)계산서
- 세무조정계산서(법인세 과세표준 및 세액조정계산서)

필수적 첨부서류 이외에도 세무조정계산서 부속서류, 현금흐름표(주식회사의 외부감사에 관한 법률에 따라 외부감사의 대상이 되는 법인만 해당)를 첨부하여야 한다.

6.4.3 법인세의 납부

법인세는 신고기한 내에 납부하는 것이 원칙이다. 그러나 납부할 세액이 1천만원을 초과하는 경우에는 다음의 금액을 납부기한이 경과한 날로부터 1월(중소기업은 2월) 내에 분납할 수 있다.

- 납부세액이 2천만원 이하이면, 1천만원을 초과하는 금액
- 납부세액이 2천만원 이상이면, 납부세액의 50% 이하의 금액

법인세는 사업연도 종료 후 법정신고기한에 신고·납부하는 것이 원칙이지만, 세수의 조기확보와 세원관리 등을 목적으로 중간예납, 원천징수, 수시부과 제도를 두고 있다. 사업연도 종료일로부터 3개월 이내에 '납부할 세액'은 법인세 산출세액에서 사업연도 중에 납부한 금액(중간예납, 원천징수, 수시부과)을 차감하여 계산한다.

6.4.4 중간예납

사업연도의 기간이 6개월을 초과하는 법인은 사업연도 개시일로부터 6개월간의 기간을 중간예납기간으로 하여 그 기간에 대한 법인세를 중간예납기간이 지난 날부터 2개월 이내에 신고·납부하여야 한다.

중간예납세액은 직전 사업연도 부담세액의 50%로 하거나(직전 사업연도 실적기준), 중간예납기간을 1사업연도로 보아 가결산을 할 수 있다(가결산방법). 직전 사업연도의 법인세로 확정된 산출세액이 없는 법인이거나 그 중간예납기간 만료일까지 직전 사업연도의 법인세액이 확정되지 않은 법인의 경우에는 반드시 가결산방법에 의해 중간예납세액을 계산하여 납부하여야 한다. 직전 사업연도 법인세 산출세액 기준으로 계산한 중간예납세액이 30만원 미만인 중소기업은 중간예납의무 적용이 배제되며, 이는 영세 소상공인의 납세협력 부담을 줄여주기 위한 취지이다.

중간예납세액이 1천만원을 초과하는 경우에는 정규 법인세와 마찬가지로 분납할 수 있으며, 미납한 중간예납세액에 대해서는 납부불성실가산세가 적용된다.

6.4.5 원천징수

내국법인에게 다음의 소득을 지급하는 자는 해당 원천징수세율을 적용하여 계산한 금액에 상당하는 법인세를 징수하여 다음 달 10일까지 납세지 세무서장에게 납부하여야 하는데, 이러한 제도를 원천징수(源泉徵收)라고 한다.

- 이자소득금액: 14%(비영업대금의 이익은 25%)
- 증권투자신탁 수익분배금: 14%

6.4.6 수시부과

법인세 포탈의 우려가 있는 법인에 대해서는 조세채권을 조기에 확보할 필요가 있으므로 법정 요건에 해당하면 사업연도 중이라도 과세권자가 수시로 법인세를 부과할 수 있다.

6.5 연결납세제도

6.5.1 개별납세와 연결납세

연결납세제도(連結納稅制度)는 모회사와 자회사가 경제적으로 동일한 실체인 경우 해당 기업들을 하나의 과세단위로 보아 소득을 통산하여 법인세를 신고·납부할 수 있는 제도이다. 우리나라는 완전지배관계(100% 출자관계)에 있는 법인에 대해서도 각 법인별로 법인세를 계산하고 신고·납부하는 개별납세제도를 적용하고 있으나, 2010년부터 모회사와 자회사가 연결납세방식을 선택할 수 있는 제도를 도입하였다.

〈개별납세와 연결납세〉

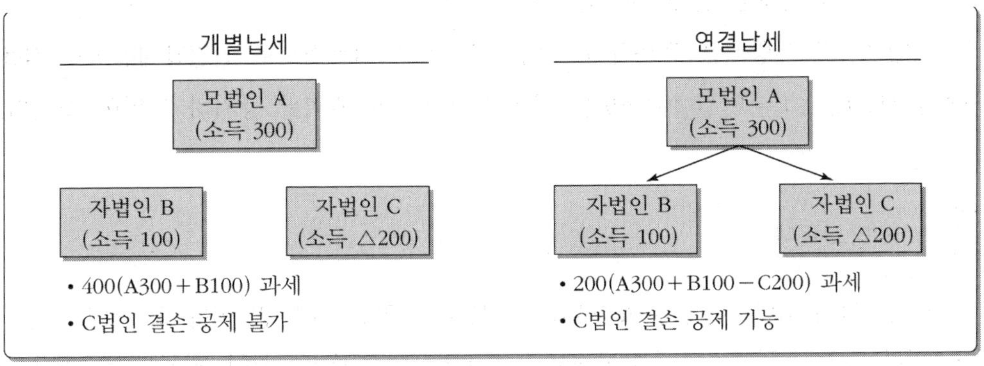

개별납세는 자회사 중 일부가 결손이 발생하더라도 이를 공제할 수 없지만, 연결납세의 경우에는 연결집단에 속한 법인 중 일부에서 발생한 결손을 공제받는 효과가 있다.

6.5.2 연결납세제도의 개요

내국법인과 해당 내국법인이 완전지배하는 다른 내국법인(완전자법인)은 국세청장의 승인을 받아 연결납세방식을 적용할 수 있으며, 이 경우 내국법인이 완전지배하는 다른 내국법인이 둘 이상일 때에는 해당 내국법인 모두가 연결납세방식을 적용하여야 한다.

완전지배관계는 직접 또는 간접 보유방법으로 내국법인이 다른 내국법인의 발행주식총수의 100%를 보유하여야 하지만, 우리사주조합이나 스톡옵션을 통해 보유한 5% 이내의 주식은 예외를 인정한다.

연결집단의 각 연결사업연도 소득금액은 연결법인별 각 사업연도 소득금액에서 출발하여 연결세무조정사항을 가감하여 각 연결법인별 소득금액을 계산한 다음, 이들 연결법인별 소득금액을 합산하여 연결집단의 각 연결사업연도 소득금액을 계산한다.

연결모법인(連結母法人)은 각 연결사업연도 종료일이 속하는 달의 말일부터 4개월 이내에 해당 연결사업연도의 소득에 대한 법인세의 과세표준과 세액을 납세지 관할세무서장에게 신고하여야 하며, 연결자법인(連結子法人)은 자신이 부담해야 할 세액을 납부기한까지 연결모법인에 지급하여야 한다. 연결법인은 각 연결사업연도의 소득에 대한 법인세를 연대하여 납부할 의무가 있다.

일단 연결납세방식을 적용하면 적어도 5년간은 의무적으로 연결납세방식을 적용하여야 하는데, 이는 연결납세제도를 이용한 조세회피 행위를 방지하기 위한 것이다.

지방소득세

우리나라의 지방소득세는 2013년에 발표된 '중앙과 지방 간 기능 및 재원 조정 방안'에 따라 종전의 부가세방식에서 독립세방식으로 변경되었다. 종전의 부가세과세방식에서는 국세인 소득세와 법인세 결정세액의 10%를 납부하였기 때문에 징세 제도가 간편하고 납세자의 불편도 적었다. 그런데 소득세나 법인세의 세율이 인하되거나 중앙정부가 조세감면 정책을 변경하면 지방세수가 자동적으로 바뀌어 지방자치단체의 과세자주권을 보장해 줄 필요가 있다는 이유에서 지방소득세가 독립세로 전환되기에 이르렀다.

지방소득세의 독립세과세방식은 부가세방식에 비해서 징세비용과 납세협력비용이 많이 소요된다. 독립세라고는 하지만 과세대상과 과세표준을 소득세 및 법인세와 공유하는 체계이기 때문에 실질적으로 지방자치단체가 과세자주권을 행사할 수 있는 정책 변수는 탄력세율 적용과 세액공제·감면 정도이다. 지금까지는 실질적인 세율이 종전과 동일하고 개인지방소득세의 경우 세액공제·감면도 종전과 동일하므로 실질적으로 부가세방식일 때와 큰 차이가 없다. 만약 시·군을 포함한 수많은 지방자치단체가 실제로 이들 정책 수단을 사용하여 경쟁적으로 차별화를 시도할 경우 자칫 과도한 조세경쟁의 부작용이 발생할 수 있고, 납세자의 불편도 가중될 우려가 있다. 결국 명목상으로는 독립세라고 하지만 소득세 및 법인세와 과세표준을 공유하기 때문에 실질적으로는 여전히 이들 국세에 종속되어 운영될 가능성이 높다.

지방세공무원의 부족한 인력으로 많은 세목을 운영해야 하는 지방자치단체에서 국세에 지방소득세를 부가하는 간편한 과세방식에 만족하지 않고 굳이 복잡한 과세체계를 도입한 것은 비용·효익의 관점에서 납득하기 어렵다. 늘어난 징세비용과 납세자의 불편 등 지방소득세의 독립세 전환으로 발생한 제반 문제들을 압도할 만큼 지방자치단체의 과세자주권 확보로 인한 효익이 더 큰 것인지 다시 따져볼 일이다.

연습문제

문 1 법인세법상 이월결손금에 관한 다음 설명 중 타당하지 않은 것은?

① 세무상 결손금은 각 사업연도의 손금총액이 익금총액을 초과하는 경우 그 초과하는 금액을 말한다.

② 법인세법은 원칙적으로 결손금의 이월공제방법을 채택하고 있으며, 중소기업에 한하여 예외적으로 소급공제를 허용하고 있다.

③ 법인세법상 이월결손금은 기업회계상 이월결손금과 반드시 일치해야 한다.

④ 이월결손금은 결손금으로 그 후 사업연도에 손금으로 산입되지 않았거나 과세표준계산상 공제되지 않은 금액을 말한다.

문 2 법인세법상 과세표준에 대한 설명으로 타당하지 않은 것은?

① 과세표준은 각 사업연도소득금액에서 이월결손금, 비과세소득, 소득공제를 공제하여 계산한다.

② 비과세소득은 국가가 과세권을 포기한 소득이다.

③ 대기업은 이월결손금의 공제한도가 없지만, 중소기업은 당해연도 소득의 일정비율을 한도로 이월결손금이 공제된다.

④ 자산수증이익이나 채무면제이익으로 충당된 이월결손금은 과세표준 계산시 공제되지 않는다.

문 3 조세정책적 목적에서 일정한 요건에 해당하는 경우 소득금액에서 일정액을 공제함으로써 법인세부담을 경감시켜 주는 제도는?

① 이월결손금 이월공제제도 ② 결손금 소급공제제도

③ 비과세소득 ④ 소득공제

문 4 법인세율과 관련한 다음 설명 중 타당하지 않은 것은?

① 4단계 초과누진세율 구조이다.

② 과세표준 2억원 이하의 경우에는 9%의 낮은 세율이 적용된다.

③ 과세표준 3,000억원 초과구간에 대해서는 24%의 높은 세율이 적용된다.

④ 세율이 높아질수록 경제활력도 높아질 것이다.

문 5 제1기 사업연도(10.1~12.31)의 과세표준이 3억원이라면, 이에 대한 법인세 산출세액은 얼마인가?

① 27,000,000원　　② 37,000,000원
③ 52,000,000원　　④ 57,000,000원

문 6 세액감면과 세액공제에 관한 다음 설명 중 타당하지 않은 것은?

① 세액감면은 이월공제가 인정되지 않는다.
② 국제적 이중과세를 조정하기 위해서 외국납부세액공제제도를 두고 있으나, 납세자가 선택하면 외국납부세액을 손금산입할 수도 있다.
③ 세액공제는 대부분 5년간의 이월공제가 가능하다.
④ 외국납부세액과 관련하여 일반적으로 손금산입방법이 세액공제방법보다 더 유리할 것이다.

문 7 내국법인이 외국에서 소득을 얻는 경우 국내와 외국에서 이중으로 법인세를 부담하는 문제가 발생한다. 이를 조정하기 위한 세액공제제도는?

① 투자세액공제　　② 외국납부세액공제
③ 재해손실세액공제　　④ 연구개발비세액공제

문 8 다음 자료를 기초로 법인세 산출세액에서 공제할 수 있는 외국납부세액을 계산하면?

- 외국에 납부한 법인세 금액: 4,000,000원
- 법인세 산출세액: 10,000,000원
- 과세표준에 포함된 국외원천소득: 30,000,000원
- 과세표준: 100,000,000원

① 1,000,000원　　② 2,000,000원
③ 3,000,000원　　④ 4,000,000원

문 9 세법에서 규정하는 의무의 성실한 이행을 확보하기 위하여 그 의무를 위반한 법인에게 부과하는 것은?

① 가산금 ② 가산세
③ 벌금 ④ 과태료

문 10 법인세 관련 가산세에 대한 다음 설명 중 타당하지 않은 것은?

① 가산세의 본질은 세법에 규정된 각종 협력의무의 위반에 대하여 부과하는 행정벌이지만, 형식적으로는 일반적인 조세처럼 과세요건의 충족에 의해 성립하고 일정한 절차에 따라 확정되고 징수된다.
② 법정신고기한까지 과세표준신고를 하지 않은 경우에는 무신고가산세가 적용된다.
③ 법인세 관련 가산세는 모두 법인세법에서 규정하고 있다.
④ 납부기한까지 세금을 납부하지 않거나 적게 납부한 경우에는 납부불성실가산세가 적용된다.

문 11 무신고가산세와 과소신고가산세에 관한 다음 설명 중 타당하지 않은 것은?

① 부정행위에 대해서는 더 무거운 가산세가 적용된다.
② 무신고가산세는 산출세액과 수입금액에 일정비율을 곱하여 더 높은 금액을 가산세로 적용한다.
③ 신고불성실가산세(무신고가산세, 과소신고가산세)와 무기장가산세가 동시에 적용되는 경우에는 그 중에서 가산세액이 큰 가산세만 적용한다.
④ '법인세 과세표준 및 세액신고서'를 제출하면 필수적 첨부서류를 첨부하지 않더라도 무신고가산세가 적용되지 않는다.

문 12 무신고가산세와 과소신고가산세의 중과 요인이 되는 '부정행위'로 보기 어려운 것은?

① 이중장부의 작성
② 세법의 무지
③ 거짓 증빙, 거짓 문서의 작성과 수취
④ 장부와 기록의 파기

문 13 다음 중 가산세가 적용되는 대상이 아닌 것은?

① 원천징수의무 불이행

② 지급명세서 미제출

③ 과세전적부심사의 청구

④ 신용카드가맹점의 신용카드 거래 거부

문 14 과다한 조세감면은 조세수입의 감소는 물론 과세형평의 문제를 야기할 수 있다. 이를 방지하기 위해서 법인세를 감면받는 법인에 대하여 세법이 규정한 일정 한도의 세액을 납부하도록 하고 있다. 조세감면을 적용받은 후의 세액이 이에 미달하면 그 미달하는 세액은 감면을 하지 않으므로 산출세액에 가산하여야 한다(감면분 추가납부세액). 이는 무엇에 대한 설명인가?

① 세액감면 ② 부당행위계산부인

③ 가산세 ④ 최저한세

문 15 사업연도가 20×1년 12월 31일로 종료되는 법인은 원칙적으로 법인세 신고를 언제까지 하여야 하나?

① 20×2년 2월 10일 ② 20×2년 2월 28일

③ 20×2년 3월 31일 ④ 20×2년 4월 15일

문 16 법인세 신고 시 '법인세 과세표준 및 세액신고서'에 필수적 첨부서류를 첨부하지 않으면 무신고로 간주되므로 주의해야 한다. 다음 중 첨부하지 않을 경우 무신고로 간주되는 필수적 첨부서류가 아닌 것은?

① 재무상태표 ② 포괄손익계산서

③ 세무조정계산서 ④ 현금흐름표

문 17 법인세 납부와 관련한 다음 설명 중 타당하지 않은 것은?

① 법인세는 신고기한 내에 납부하는 것이 원칙이다.

② 납부세액이 1천만원을 초과하는 경우에는 납부기한 경과일로부터 1월(중소기업은 2월) 내에 분납할 수 있다.

③ 납부세액이 1천 8백만원이라면 9백만원까지 분납할 수 있다.

④ 납부세액이 1억원이라면 5천만원까지 분납할 수 있다.

문 18 법인세는 사업연도 종료 후 법정신고기한에 신고·납부하는 것이 원칙이지만, 세수의 조기확보 등을 위해 사업연도 중에 법인세를 징수하는 제도를 두고 있다. 이에 해당하지 않는 것은?

① 가산금 ② 중간예납
③ 원천징수 ④ 수시부과

문 19 법인세 중간예납과 관련한 다음 설명 중 가장 타당하지 않은 것은?

① 직전 사업연도에 결손을 낸 법인은 가결산방법으로 중간예납세액을 계산하여야 한다.
② 직전 사업연도의 부담세액이 10억원이었다면 5억원을 중간예납할 수 있다.
③ 직전 사업연도보다 영업실적이 많이 나빠졌다면 가결산방법으로 중간예납세액을 계산하는 것이 유리할 것이다.
④ 중간예납세액을 납부하지 않더라도 가산세는 적용되지 않는다.

문 20 연결납세제도에 관한 다음 설명 중 타당하지 않은 것은?

① 모회사와 자회사가 경제적으로 동일한 실체인 경우 해당 기업들을 하나의 과세단위로 보아 소득을 통산하여 법인세를 신고·납부할 수 있는 제도이다.
② 개별납세는 자회사 중 일부가 결손이 발생하더라도 이를 공제할 수 없지만, 연결납세의 경우에는 연결집단에 속한 법인 중 일부에서 발생한 결손을 공제받을 수 있다.
③ 연결자법인은 자신이 부담해야 할 세액을 직접 세무당국에 납부해야 한다.
④ 연결납세방식을 선택할 경우 내국법인이 완전지배하는 다른 내국법인이 둘 이상 있을 때에는 해당 내국법인 모두가 연결납세방식을 적용하여야 한다.

07장

소득세 1

7.1 소득세의 기본 개념

7.1.1 소득세의 과세원칙

소득세(所得稅; income tax)는 개인이 얻은 소득에 대하여 그 개인에게 부과하는 조세이다. 소득세의 주요 과세원칙은 다음과 같다.

1. 열거주의 과세(소득원천설)

소득세법은 과세소득을 이자소득, 배당소득, 사업소득, 근로소득, 연금소득, 기타소득, 퇴직소득, 양도소득의 여덟 가지로 열거하고 있으며, 원칙적으로 세법에 열거되지 않은 소득은 과세되지 않는다. 이 같은 소득세법의 특징은 법인세법에서 포괄주의 과세원칙(순자산증가설)을 취하고 있는 것과 대비된다. 다만 소득세법도 예외적으로 이자소득과 배당소득의 경우에는 유사한 소득으로서 금전의 사용대가와 수익분배의 성격이 있는 것은 법령에 열거되지 않은 것이라도 과세할 수 있는 유형별 포괄주의를 채택하고 있다. 이는 다양한 금융상품의 개발로 날로 늘어나는 신종소득을 사전에 빠짐없이 법조문으로 규정하기가 어렵기 때문에 과세기반을 확보하고 과세의 공평성을 높이기 위해 취한 불가피한 조치라고 생각된다. 이러한 예외사항을 고려한다면, 현행 소득세법은 순수한 소득원천설에 입각한 것이라기보다는 순자산증가설의 요소를 일부 포함하고 있다고 보아야 할 것이다.

2. 종합과세

소득세법은 소득을 그 종류에 관계없이 일정한 기간을 단위로 합산하여 과세하는 종합과세를 원칙으로 삼고 있다. 이에 대한 예외로서 퇴직소득과 양도소득은 다른 소득과 합산하지 않고 각각 별도로 과세하며(분류과세), 분리과세되는 이자·배당소득 등은 기간별로 합산하지 않고 그 소득이 지급될 때 원천징수함으로써 과세가 종결된다.

3. 개인단위 과세

종합과세에 있어서 소득을 종합하는 인적단위, 즉 과세단위를 어떻게 설정할지에 대해서는 크게 개인단위와 소비단위(부부 또는 가족단위)를 생각할 수 있다. 소득세는 누진세율이 적용되기 때문에 과세단위에 따라 세부담이 크게 달라질 수 있다. 부부나 가족은 가계의 기본단위이므로 그 구성원의 소득을 합산하여 과세하는 것이 부담능력에 따른 과세에 부합된다고 볼 수 있다. 그러나 우리나라의 소득세법은 원칙적으로 부부 또는 가족의 소득을 합산하지 않고 개인을 단위로 하여 소득세를 과세한다.

4. 누진과세와 인적공제

소득세는 개인에게 과세되는 것이므로 부담능력에 따른 과세와 소득의 재분배 기능이 중요하다. 누진과세(累進課稅)되는 소득세율의 구간폭(6~45%)이 법인세율(9~24%)에 비해서 상대적으로 넓은 이유도 여기에 있으며, 소득세법은 부양가족 등의 사정을 고려하여 소득공제와 세액공제를 해 주는 인적공제제도를 두고 있다.

5. 신고납세제도

소득세는 납세의무자의 확정신고로 과세표준과 세액이 확정되는 신고납세제도를 채택하고 있다.

6. 원천징수

소득세는 개인에게 과세하는 것이므로 납세의무자의 수가 대단히 많고, 따라서 세원탈루를 방지하고 납세편의를 도모하기 위해 원천징수제도를 폭넓게 활용하고 있다.

원천징수란 소득을 지급하는 자가 그 지급받는 자의 조세를 징수하여 정부에 납부하는 제도이며, 원천징수로 납세의무가 종결되는지의 여부에 따라 예납적 원천징수와 완납적 원천징수로 구분된다.

7.1.2 납세의무자

소득세의 납세의무자는 소득을 얻은 개인이며, 이는 거주자와 비거주자로 구분된다.

거주자는 국내에 주소를 두거나 183일 이상 거소를 둔 개인을 말하며, 국내원천소득과 국외원천소득 모두에 대하여 소득세 납세의무를 진다(무제한납세의무). 이에 비해서 비거주자(거주자가 아닌 개인)는 국내원천소득에 대해서만 소득세 납세의무를 진다(제한납세의무).

비거주자에 대한 과세방법은 국내사업장 유무에 따라 달라진다. 국내사업장이 있거나 국내에 부동산소득(양도소득 제외)이 있는 비거주자에 대해서는 국내원천소득을 종합하여 과세하고, 국내사업장이 없는 비거주자는 국내원천소득(퇴직소득, 양도소득 제외)을 소득별로 분리하여 과세한다. 또한 국내원천소득으로서 퇴직소득, 양도소득이 있는 비거주자는 거주자와 동일한 방법으로 분류과세한다.

역외 탈세 혐의 3인방

국세청이 역외(域外) 탈세 혐의로 대대적으로 조사한 3인방으로 선박왕 K씨, 구리왕 C씨, 완구왕 P씨가 꼽힌다.

이 가운데 선박왕만 이번에 징역 4년형을 선고받고 법정구속됐다. 국세청은 구리왕에 대해서는 세금 부과조차 하지 못해 부실조사란 비판을 받았고, 완구왕과의 법정 다툼에선 혐의 입증에 실패해 1심에서 패소했다.

C씨는 삼성물산에 입사한 뒤 카자흐스탄 최대 구리 채광 · 제련업체인 카작무스 위탁경영을 하면서 거부로 부상한 샐러리맨의 우상이었다. 국세청은 카작무스 지분을 사들여 2005년 런던 증권거래소에 상장시킨 뒤 자신의 지분을 팔아 1조원대의 차익을 남긴 C씨에게 탈세 혐의로 1,600억원대 세금을 부과하려 했다. 하지만 C씨는 작년 1월, 과세 전(前) 적부심을 통해 국세청과의 세금 전쟁에서 이겼다. 적부심 위원회 멤버 11명 중 국세청 직원 5명을 제외한 민간인 위원 6명이 C씨 손을 들어줬다. 런던, 홍콩 등에 사는 C씨는 한국 거주자로 볼 수 없어 한국 국세청이 세금을 추징할 수 없다는 게 적부심 결정 내용이었고, 국세청은 이를 받아들여 사건이 종료됐다.

완구왕 P씨는 현재 2심 재판이 진행 중이다. P씨는 2000년대에 봉제 인형을 미국에 수출해 큰 수익을 올려 완구업계에선 '완구왕'이란 별명을 얻었다. 국세청은 P씨가 홍콩 법인을 통해 영국령 버진아일랜드와 말레이시아 라부안 등 조세피난처에 세운 페이퍼컴퍼니(서류상 회사)에 이익을 빼돌리는 수법으로 탈세했다며 2011년 2,140억원을 추징하고 같은 해 검찰에 조세 포탈 혐의로 고발했다. 하지만 법원은 작년 2월 1심 재판에서 "미국 영주권이 있는 P씨는 한국 국세청에 납세의무가 없다"는 취지로 무죄를 선고했다.

그러나 국세청은 완구왕에 대해선 한 가닥 희망을 걸고 있다. 미국 국세청이 작년 4월말 P씨에 대해 미국 거주자가 아니라는 내용의 공문을 보내왔고, 이를 법원에 제출했기 때문이다.

거주자 문제는 소득세를 납부할 의무가 있는 국가가 어디인지를 판단하는 중요한 잣대이다. 소득세법과 시행령에는 한국에서 사는 기간이 1년 중 절반이 넘는 경우 거주자로 간주해 세금을 부과하게 돼 있다. 그러나 1년 중 절반 미만을 한국에 살더라도 생계를 같이하는 가족이 한국에 살거나 부동산 등 재산이 한국에 있어 객관적으로 볼 때 실질적인 생활 기반이 한국이면 거주자로 보아 세금을 부과할 수 있게 돼 있다.

국세청 관계자는 "미국 국세청이 P씨를 미국 거주자가 아니라고 한 것은 한국 거주자로 판단한 것"이라며 "2심 재판에서는 국세청에 긍정적인 결과가 나올 것으로 기대한다"고 말했다.

(조선일보, 2013.2.13)

7.1.3 과세기간

소득세법상 과세기간은 매년 1월 1일부터 12월 31일까지이다. 법인세의 경우 법인의 선택에 따라 임의로 사업연도를 정할 수 있지만, 개인은 소득세의 과세기간을 임의로 정할 수 없다. 소득세의 과세기간은 사업개시나 폐업에 의해서도 영향을 받지 않는다. 이와 같이 소득세의 과세기간을 획일적으로 규정한 주된 이유는 다양한 소득을 종합하기 위하여 통일적인 시간적 기초를 제공할 필요가 있기 때문이다.

7.1.4 납세지

납세지는 납세의무자가 세법에 의한 의무를 이행하고 권리를 행사하는 기준이 되는 장소이며, 이는 곧 관할세무서를 정하는 기준이 되는 장소를 의미한다.

거주자의 납세지는 주소지로 하며, 주소지가 없는 경우에는 그 거소지로 한다. 개인사업자의 납세지도 주소지로 하는 것이 원칙이지만, 사업소득이 있는 거주자가 사업장소재지를 납세지로 신청한 때에는 그 사업장소재지를 납세지로 지정할 수 있다.

비거주자의 납세지는 국내사업장의 소재지로 하며, 국내사업장이 없는 경우에는 국내원천소득이 발생하는 장소로 한다.

7.2 소득세의 계산구조

소득세의 전반적인 계산구조는 다음과 같다.

〈소득세 계산구조〉

종합소득	퇴직소득	양도소득
총수입금액	총수입금액	총수입금액
(−)필요경비	−	(−)필요경비
−	−	(−)장기보유특별공제
종합소득금액	퇴직소득금액	양도소득금액
(−)종합소득공제	(−)퇴직소득공제	(−)양도소득기본공제
종합소득과세표준	퇴직소득과세표준	양도소득과세표준
(×)기본세율	(×)기본세율	(×)양도소득세율
종합소득산출세액	퇴직소득산출세액	양도소득산출세액
(−)세액공제·감면	(−)세액공제·감면	(−)세액공제·감면
종합소득결정세액	퇴직소득결정세액	양도소득결정세액
(+)가산세	(+)가산세	(+)가산세
(−)기납부세액	(−)기납부세액	(−)기납부세액
종합소득 신고납부세액	퇴직소득 신고납부세액	양도소득 신고납부세액

소득세법에서는 소득의 종류를 여덟 가지(이자소득, 배당소득, 사업소득, 근로소득, 연금소득, 기타소득, 퇴직소득, 양도소득)로 규정하고 있다. 이 중에서 두 가지(퇴직소득, 양도소득)는 다른 소득과 합산하지 않고 별도로 과세하는 방식(분류과세)을 취하고, 나머지 여섯 가지 소득은 모두 합산하여 과세한다(종합과세). 일부 소득(분리과세되는 이자·배당소득 등)은 기간별로 합산하지 않고 그 소득을 지급할 때 소득세를 원천징수함으로써 과세가 종결된다(분리과세). 이와 같이 소득의 종류별로 그 과세방법이 달라질 수 있기 때문에 개인의 소득은 각 소득종류별로 구분하여 계산할 필요가 있다.

〈종합소득과세표준의 계산〉

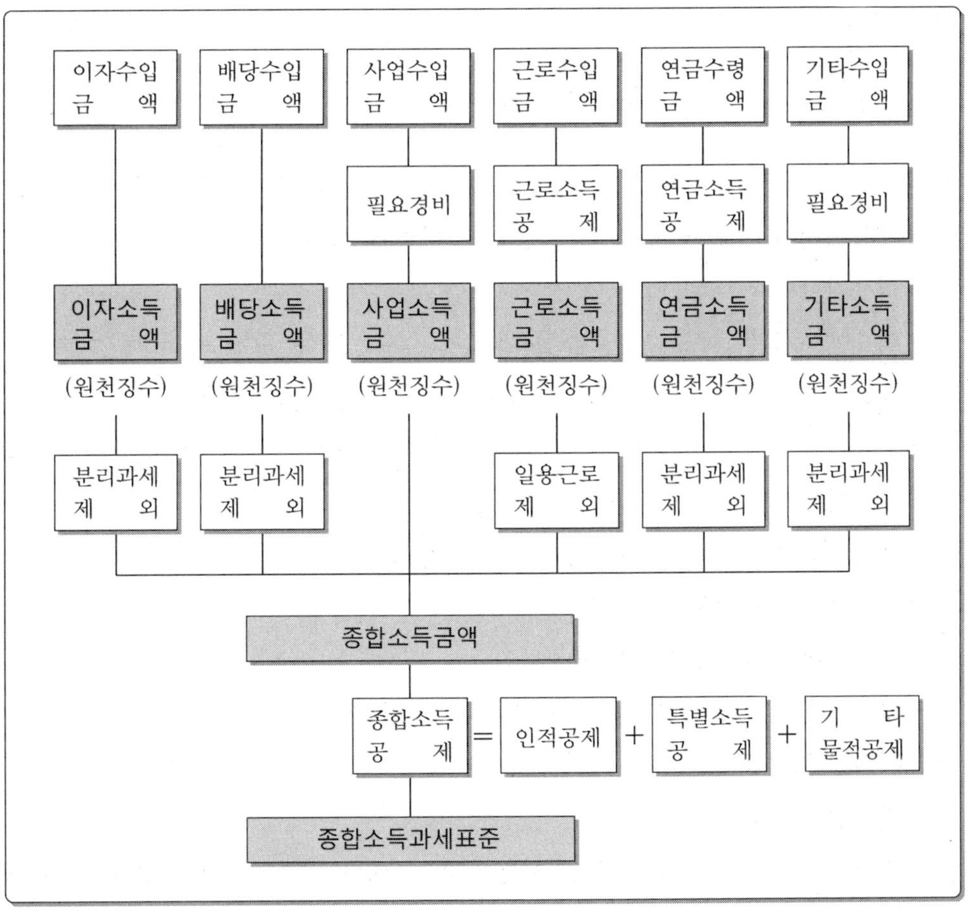

소득세법상 소득금액은 총수입금액에서 필요경비를 차감하여 계산하지만, 이자소득과 배당소득은 필요경비가 인정되지 않는다. 또한, 근로소득과 연금소득은 필요경비를 개별적으로 계산하는 대신에 근로소득공제와 연금소득공제를 통해 개괄적인 공제를 해 준다.

7.3 이자소득

7.3.1 이자소득의 범위

이자소득은 해당 과세기간에 발생한 다음의 소득을 말한다.

- 국가나 지방자치단체가 발행한 채권 또는 증권의 이자와 할인액
- 내국법인이 발행한 채권 또는 증권의 이자와 할인액
- 파생결합사채로부터의 이익
- 국내에서 받는 예금(적금 · 부금 · 예탁금 및 우편대체를 포함)의 이자
- 상호저축은행법에 따른 신용계 또는 신용부금으로 인한 이익
- 외국법인의 국내지점 또는 국내영업소에서 발행한 채권 또는 증권의 이자와 할인액
- 외국법인이 발행한 채권 또는 증권의 이자와 할인액
- 국외에서 받는 예금의 이자
- 환매조건부 채권 · 증권의 매매차익
- 보험기간이 10년 미만인 저축성보험의 보험차익
- 직장공제회 초과반환금
- 비영업대금의 이익
- 위와 유사한 소득으로서 금전 사용에 따른 대가로서의 성격이 있는 것(유형별 포괄주의)

- 위의 이자소득을 발생시키는 거래 또는 행위와 파생상품이 결합된 경우 해당 파생상품의 거래 또는 행위로부터의 이익

환매조건부 채권·증권의 매매차익이란 금융회사 등이 시장가격에 의하지 않고 환매기간에 따른 사전 약정이율에 의해 결정된 가격으로 환매수 또는 환매도하는 조건으로 매매하는 채권·증권의 매매차익을 말한다.

비영업대금(非營業貸金)의 이익이란 금전의 대여를 사업목적으로 하지 않는 자가 일시적·우발적으로 금전을 대여하고 지급받는 이자 또는 수수료 등을 말한다(사채이자). 만약 계속적·반복적으로 금전을 대여하는 경우에는 대금업에 해당하며, 그로 인해 받은 이익은 사업소득으로 분류된다.

파생상품에서 발생하는 이익의 경우 이자·배당소득에 포함되지 않아 소득세를 과세할 수 없는 사례가 나타났기 때문에, 날로 증가하는 신종 금융상품에 대한 과세근거를 명확히 하고자 이자·배당소득을 발생시키는 거래·행위와 파생상품이 결합된 경우 해당 파생상품의 거래·행위로부터의 이익을 이자·배당소득으로 규정하였다.

7.3.2 이자소득의 수입시기

소득세법에서는 이자소득의 수입시기를 다음과 같이 규정하고 있으며, 법인세법상 이자소득의 귀속시기도 소득세법상 이자소득의 수입시기를 준용한다.

구　분	수입시기
양도가능한 채권 등의 이자와 할인액	무기명의 경우: 그 지급을 받은 날
	기명의 경우: 약정에 의한 지급일
보통예금·정기예금·적금 또는 부금의 이자	실제로 이자를 지급하는 날 원본전입의 특약이 있는 이자는 원본전입일
통지예금의 이자	인출일
환매조건부 채권·증권의 매매차익	약정에 따른 해당 채권·증권의 환매수일·환매도일
저축성보험의 보험차익	보험금·환급금의 지급일
직장공제회 초과반환금	약정에 따른 공제회반환금의 지급일
비영업대금의 이익	약정에 따른 이자지급일

양도가능한 채권 등의 보유기간이자 등 상당액	채권 등의 매도일 또는 이자 등의 지급일
기타 금전 사용에 따른 대가로서의 성격이 있는 이자와 할인액	약정에 따른 상환일
이자소득을 발생시키는 거래·행위와 파생상품이 결합된 경우 해당 파생상품의 거래·행위로부터의 이익	
위의 이자소득이 발생하는 상속재산이 상속되거나 증여되는 경우	상속개시일 또는 증여일

7.4 배당소득

7.4.1 배당소득의 범위

배당소득은 해당 과세기간에 발생한 다음의 소득을 말한다.

- 내국법인으로부터 받는 이익이나 잉여금의 배당 또는 분배금
- 법인으로 보는 단체로부터 받는 배당 또는 분배금
- 의제배당(擬制配當)
- 법인세법에 의하여 배당으로 처분된 금액(인정배당)
- 집합투자기구로부터의 이익
- 외국법인으로부터 받는 이익이나 잉여금의 배당 또는 분배금
- 국제조세조정에 관한 법률의 조세피난방지 세제에 따라 특정외국법인의 배당가능 유보소득 중 내국인이 배당받은 것으로 간주된 금액
- 출자공동사업자의 배당소득
- 위와 유사한 소득으로서 수익분배의 성격이 있는 것(유형별 포괄주의)
- 위의 배당소득을 발생시키는 거래·행위와 파생상품이 결합된 경우 해당 파생상품의 거래·행위로부터의 이익

집합투자란 2인 이상에게 투자권유를 하여 모은 금전 등을 투자자로부터 일상적인 운용지시를 받지 않으면서 재산적 가치가 있는 투자대상자산을 운용하고 그 결

과를 투자자에게 배분하여 귀속시키는 것을 말한다. 집합투자를 수행하는 기구로부터 분배받는 이익은 집합투자업자가 어떤 투자대상자산에 투자·운용하여 발생한 이익인지를 따지지 않고 배당소득으로 구분한다.

세금이 낮은 조세피난처(tax haven)에 가공회사(paper company)를 설립하여 소득을 부당하게 유보하는 경우에는 이를 국내출자자에게 배당한 것으로 보아 국내에서 소득세 또는 법인세를 과세하는 제도를 두고 있다(국제조세조정에 관한 법률).

7.4.2 의제배당

의제배당(擬制配當)이란 형식상 배당이 아니더라도 사실상 회사의 이익이 주주 등에게 귀속되는 경우에 배당으로 간주하는 것을 말한다. 의제배당소득도 일반적인 배당소득과 마찬가지로 주주의 과세소득을 구성하며, 개인 주주에게는 소득세, 법인 주주에게는 법인세가 과세된다.

의제배당의 유형은 자본금 감소·해산·합병·분할로 인한 의제배당과 잉여금의 자본금 전입으로 인한 의제배당으로 구분할 수 있다.

의제배당은 법인세법과 소득세법의 규정이 동일하므로 상세한 내용은 법인세법 설명 부분(제3장 3.2.12)을 참조하기 바란다.

7.4.3 배당소득의 수입시기

주요 배당소득의 수입시기는 다음과 같다.

구 분		배당소득의 수입시기
일반배당	무기명주식의 이익이나 배당	그 지급을 받는 날
	잉여금의 처분에 의한 배당	잉여금처분결의일
의제배당	감자의 경우	감자결의일
	해산의 경우	잔여재산가액 확정일
	합병의 경우	합병등기일
	분할의 경우	분할등기일(또는 분할합병등기일)
	잉여금의 자본금 전입의 경우	자본금 전입 결정일
법인세법에 의해 처분된 배당(인정배당)		해당 사업연도의 결산확정일

7.5 금융소득에 대한 과세방법

7.5.1 원천징수

국내에서 거주자 또는 비거주자에게 이자소득 또는 배당소득을 지급하는 자는 그 거주자 또는 비거주자에 대한 소득세를 원천징수하여 그 징수일이 속하는 달의 다음 달 10일까지 정부에 납부하여야 한다.

원천징수(源泉徵收)는 원천징수로 납세의무가 종결되는지의 여부에 따라 완납적 원천징수와 예납적 원천징수로 구분된다. 완납적 원천징수는 원천징수로 별도의 확정신고절차 없이 당해 소득에 대한 납세의무가 종결되는 것으로 분리과세대상 이자·배당소득에 대한 원천징수가 이에 해당한다. 이에 비해서 예납적 원천징수는 원천징수 이후에 별도의 확정신고절차를 통하여 과세기간 동안 납세자가 얻은 총소득에 대하여 사후에 세금을 정산하는 경우의 원천징수를 말하며, 이자·배당소득 중에서 연간 2천만원을 초과하여 종합과세에 포함되는 경우가 이에 해당한다.

일반적인 이자소득과 배당소득의 원천징수세율은 14%이지만, 구체적인 소득의 종류에 따라 다양한 원천징수세율이 적용되고 있다.

원천징수와 지방소득세

일반적인 이자·배당소득의 소득세법상 원천징수세율은 14%이지만, 이들 소득을 받아본 사람이라면 실제로 원천징수되는 세금이 이보다 더 많다는 것을 경험했을 것이다. 예를 들어 연 이자율 4%를 받는 조건으로 은행에 1천만원을 정기예금하고 1년 후에 원리금을 찾는다면, 예금자가 실제로 손에 쥐는 이자는 338,400원이 된다.

이자소득=10,000,000원×4%=400,000원
소득세 원천징수=400,000원×14%=56,000원
지방소득세 원천징수=56,000원×10%=5,600원

원천징수 후 이자소득=400,000원-(56,000원+5,600원)=338,400원

이와 같이 이자·배당소득을 지급받는 경우 지방소득세(소득세액의 10%)가 부가되므로 납세자가 실제 체감하는 원천징수세율은 15.4%가 된다.

7.5.2 금융소득 종합과세

금융소득 종합과세는 금융소득(이자소득과 배당소득)을 종합소득에 합산하여 초과누진세율 구조를 가진 소득세 기본세율(6~45%)로 과세하는 제도이다.

금융소득에 대한 과세유형은 무조건 분리과세, 무조건 종합과세, 조건부 종합과세의 세 가지로 구분된다.

1. 무조건 분리과세

국내에서 지급받은 다음의 이자·배당소득은 종합소득에 합산하지 않고, 원천징수로 과세가 종결된다.

구 분	원천징수세율
분리과세를 신청한 장기채권의 이자와 할인액	30%
직장공제회 초과반환금	기본세율
비실명 이자·배당소득	40%(90%)
법원보관금의 이자소득	14%
법인격 없는 단체(1거주자로 봄)가 금융기관으로부터 받는 이자·배당소득	14%
조세특례제한법에 따라 분리과세되는 이자·배당소득	5~14%

비실명 이자·배당소득의 경우 지급하는 시기까지 지급받는 자의 실지 명의가 확인되지 않는 소득은 40%의 세율로 원천징수하고 분리과세하며, 금융실명거래 및 비밀보장에 관한 법률에 따라 90%의 세율이 적용되는 경우에는 90%의 세율로 원천징수하고 분리과세한다.

2. 무조건 종합과세

구 분	원천징수세율
국내에서 지급되는 이자·배당소득 중 원천징수되지 않은 소득	14%(25%)
국외에서 받은 원천징수대상이 아닌 이자·배당소득	해당 없음
출자공동사업자의 배당소득	25%

이들 금융소득은 소득의 크기를 불문하고 무조건 종합과세한다. 국내에서 지급되는 이자소득 중 원천징수되지 않은 소득의 예로는 비영업대금의 이익에 대해 원천징수하지 않은 경우를 들 수 있다. 만약 세법에 따라 25%의 원천징수를 하면 조건부 종합과세되지만, 원천징수하지 않을 경우에는 금액의 크기를 불문하고 무조건 종합소득에 포함시켜 과세하게 된다.

3. 조건부 종합과세

무조건 분리과세되는 금융소득 이외의 이자·배당소득 합계액이 2천만원을 초과하는 경우 종합과세하고, 2천만원 이하인 경우에는 분리과세한다. 금융소득의 합계액이 2천만원을 초과하는 소득자에 대해서만 종합과세하는 이유는 대다수 납세자의 부담을 덜어주고 행정비용을 줄이기 위한 것이다. 금융소득 종합과세 기준금액은 2012년 세법 개정으로 종전의 4천만원에서 2천만원으로 조정되었다. 금융소득 종합과세 기준금액의 초과 여부는 무조건 분리과세대상 외의 금융소득을 합산하여 판정한다.

종합과세되는 금융소득이라 해도 이를 전액 다른 종합소득과 합산하여 기본세율을 적용하는 것은 아니고, 다음과 같이 구분하여 별도의 세율을 적용한다.

- 판정대상금액이 2천만원을 초과하는 경우 종합과세되는 금융소득(조건부 종합과세소득과 원천징수되지 않은 금융소득) 중 2천만원까지는 14%의 세율을 적용하고, 2천만원 초과분에 대해서 다른 소득과 합산하여 기본세율을 적용한다(일반산출세액). 단, 이와 같이 계산한 일반산출세액이 다음의 산식으로 계산한 세액(비교산출세액)보다 적은 경우에는 비교산출세액을 적용한다.

(종합소득과세표준－금융소득금액)×기본세율＋금융소득 총수입금액
×14%(비영업대금의 이익은 25%)

- 판정대상금액이 2천만원 이하인 경우에는 원천징수되지 않은 금융소득에 대하여 14%(비영업대금의 이익은 25%)의 세율을 적용한다.

7.5.3 배당소득에 대한 이중과세의 조정

배당소득은 법인단계에서 법인세가 과세된 후의 이익을 주주에게 배당함으로써 발생하는 것이므로 배당소득에 대한 과세는 이중과세의 문제를 안고 있다. 소득세법은 이러한 이중과세를 조정하기 위해서 배당가산제도(Gross－up제도 또는 Imputation 제도)를 채택하고 있는데, 이는 주주단계에서 소득세를 과세할 때 해당 배당소득에 대해 과세된 법인세 상당액(귀속법인세)을 배당소득 총수입금액에 가산하여 소득세를 계산하고 소득세 산출세액에서 그 귀속법인세를 배당세액공제로 차감해 주는 방식이다.

배당소득금액＝배당소득 총수입금액＋배당가산금액(Gross－up금액)
배당가산금액＝가산대상 배당소득×가산율(11%)

현행 소득세법상 가산율(11%)은 법인단계의 법인세 과세 시 10%의 법인세율이 적용되었다는 가정하에 계산한 것이므로 배당소득에 대한 이중과세 문제를 완전히 해소시키지는 못한다.

배당소득에 대한 이중과세의 조정은 배당소득이 주주단계에서 종합과세되고 기본세율이 적용되는 경우에만 가능하다. 따라서 배당소득이 분리과세되는 경우에는 이중과세를 조정하지 않는다. 또한 종합과세되는 배당소득이라 하더라도 기준금액(2천만원) 안에 구성되어 일반산출세액을 계산할 때 14%의 세율(배당소득 원천징수세율)을 적용받는 배당소득은 분리과세된 경우와 동일하게 취급한다는 취지에서 이중과세 조정을 하지 않는다. 결국 이중과세조정대상 배당소득이 되기 위해서는 본래 가산대상 배당소득이 금융소득 종합과세 기준금액(2천만원) 초과분에 포함되어 기본세율을

적용받아야 한다.

7.6 사업소득

7.6.1 사업소득의 범위

사업소득(事業所得)이란 일정한 사업에서 발생하는 소득을 말하며, 사업은 영리를 목적으로 자기의 계산과 책임하에 계속적·반복적으로 행하는 활동을 의미한다. 각종 사업을 법인이 영위하면 법인세법이 적용되고, 개인이 영위하는 경우에는 소득세법상 사업소득이 적용된다.

소득세법은 사업소득이 발생하는 사업의 범위를 다음과 같이 규정하고 있다.

- 농업(작물재배업은 제외)·임업·어업, 광업, 제조업
- 전기, 가스, 증기 및 수도사업
- 하수·폐기물처리, 원료재생 및 환경복원업
- 건설업, 도매 및 소매업, 운수업, 숙박 및 음식점업
- 출판, 영상, 방송통신 및 정보서비스업
- 금융 및 보험업, 부동산업 및 임대업
- 전문, 과학 및 기술서비스업
- 사업시설관리 및 사업지원서비스업
- 교육서비스업, 보건업 및 사회복지서비스업
- 예술, 스포츠 및 여가 관련 서비스업
- 협회 및 단체, 수리 및 기타 개인서비스업
- 가구 내 고용활동
- 그 밖에 위와 유사한 사업으로서 영리를 목적으로 자기의 계산과 책임하에 계속적·반복적으로 행하는 활동

사업의 범위에 관하여 소득세법에서 특별한 규정이 있는 경우 외에는 한국표준산업분류에 따른다.

사업소득 중 논·밭 임대소득, 농가부업소득 등에 대해서는 소득세를 과세하지 않는다(비과세 사업소득).

7.6.2 사업소득금액의 계산

사업소득금액은 해당 과세기간의 총수입금액에서 이에 소요된 필요경비를 공제하여 계산할 수 있지만, 실무적으로는 법인세법에 의한 각 사업연도 소득금액계산과 마찬가지로 손익계산서상 당기순이익을 기초로 세무조정을 하여 사업소득금액을 계산한다.

> 사업소득금액 = 총수입금액 − 필요경비 = 당기순이익 + (총수입금액산입 · 필요경비불산입) − (필요경비산입 · 총수입금액불산입)

비과세소득은 총수입금액에 포함시키지 않으며, 이월결손금이 있는 경우에는 이를 공제한다.

필요경비가 총수입금액을 초과하여 결손금이 발생한 경우에는 해당 과세기간의 종합소득에 포함되는 다른 소득금액에서 공제된다(부동산임대업은 제외).

7.6.3 부동산임대업의 소득금액

사업소득의 경우 필요경비가 총수입금액을 초과하여 결손금이 발생한 경우에는 종합소득에 포함되는 다른 소득금액에서 공제되지만, 부동산임대업은 해당 과세기간의 다른 소득금액에서 공제하지 않고 이월시켜 다음 과세기간 이후에 발생하는 부동산임대업의 소득금액에서만 공제한다(단, 주택임대업은 다른 종합소득금액에서 공제 가능함). 따라서 사업소득에 부동산임대업에서 발생한 소득이 포함되어 있는 사업자는 그 소득별로 구분하여 회계처리하여야 한다.

개인이 부동산 또는 그 부동산상의 권리 등을 대여하고 보증금·전세금 등을 받은 경우 총수입금액을 계산함에 있어서는 간주임대료를 포함시켜야 한다.

부동산을 임대하고 미리 받은 임대료, 즉 선세금(先貰金)의 총수입금액은 다음과 같이 계산한다.

선세금의 총수입금액 = 선세금 × 각 과세기간의 해당 월수/계약기간의 월수

7.6.4 법인세법상 각 사업연도소득과 소득세법상 사업소득의 차이점

법인세법에 의한 각 사업연도소득은 익금총액에서 손금총액을 공제한 것이며, 소득세법에 따른 사업소득은 총수입금액에서 그에 대응하는 필요경비의 합계액을 공제한 것이다. 익금총액과 총수입금액, 손금총액과 필요경비 합계액은 매우 유사한 개념이다. 이와 같이 양자의 소득계산 구조는 매우 비슷하지만, 과세소득의 범위와 과세방법 등에서 몇 가지 차이가 있다.

첫째, 법인세법은 순자산증가설의 입장을 취하므로 불규칙적·우발적으로 발생하는 소득도 과세소득에 포함하며, 소득을 발생원천별로 구분하지 않고 모두 종합하여 소득금액을 계산한다. 이에 비해서 소득세법은 원칙적으로 소득원천설에 입각하고 있으므로 일정한 원천에서 경상적·계속적으로 발생하는 소득만을 과세소득으로 열거하고 있으며, 소득을 발생원천별로 여덟 가지로 구분하여 각각 소득금액을 계산한다. 이자수익과 배당금수익의 경우 법인세법에서는 이를 각 사업연도의 소득에 포함하지만, 소득세법에서는 사업소득이 아니라 이자소득과 배당소득으로 과세한다. 또한 유가증권처분손익과 부동산처분손익의 경우 법인세법상 익금 또는 손금에 산입되지만, 소득세법상으로는 이들 처분손익이 양도소득으로 과세될 소지는 있더라도 사업소득 계산시 총수입금액이나 필요경비에 포함되지는 않는다.

둘째, 법인은 출자자와 독립된 별개의 실체이지만, 개인사업자는 직접 사업소득의 귀속 주체가 된다. 이 같은 법인과 개인의 차이로 인해 법인세법상 각 사업연도

소득과 소득세법상 사업소득금액을 계산함에 있어서 다음과 같은 차이가 있다. 대표자에 대한 인건비의 경우 법인의 대표이사는 위임관계에 따라 근로를 제공하므로 그 대가인 급여와 상여금이 손금에 산입되지만, 개인사업의 대표자는 자신이 사업경영의 주체로서 고용관계에 있지 않기 때문에 외견상 급여를 지급받더라도 필요경비에 산입되지 않으며(출자금의 인출로 처리됨) 퇴직급여충당금의 설정대상자에서도 제외된다. 출자자 자금인출의 경우 법인의 주주는 법정요건을 충족한 이익배당만이 가능하지만, 개인사업의 경우에는 법정자본금이 없으며 개인사업자가 언제든지 출자금을 인출할 수 있다.

연습문제

문 1 소득세에 관한 다음 설명 중 타당하지 않은 것은?

① 개인의 담세능력에 따라 과세되는 조세이다.

② 납세자와 담세자가 동일하다.

③ 누진세율을 적용한다.

④ 가족단위 과세를 원칙으로 한다.

문 2 소득세의 과세원칙에 관한 다음 설명 중 타당하지 않은 것은?

① 소득세는 원칙적으로 소득원천설을 취하고 있다.

② 소득세는 열거주의 과세원칙에 따른다.

③ 이자소득과 배당소득은 유형별 포괄주의를 채택하고 있다.

④ 다양한 금융상품의 개발로 신종소득이 늘어날수록 열거주의 과세원칙이 강화될 것이다.

문 3 소득세의 과세와 관련한 다음 설명 중 가장 타당하지 않은 것은?

① 소득세는 여러 종류의 소득을 일정기간 단위로 합산하여 과세하는 종합과세를 원칙으로 한다.

② 퇴직소득과 양도소득은 다른 소득과 합산하지 않고 각각 별도로 과세한다.

③ 배당소득은 예외 없이 종합과세된다.

④ 분리과세되는 이자소득은 기간별로 합산하지 않고 그 소득이 지급될 때 원천징수로 과세가 종결된다.

문 4 소득세의 납세의무자에 관한 다음 설명 중 타당하지 않은 것은?

① 소득세의 납세의무자는 거주자와 비거주자로 구분된다.

② 거주자는 국적을 기준으로 판정한다.

③ 거주자는 국내원천소득과 국외원천소득 모두에 대하여 소득세 납세의무를 진다.

④ 비거주자는 국내원천소득에 대해서만 소득세 납세의무를 진다.

문 5 소득세의 과세기간에 관한 다음 설명 중 타당하지 않은 것은?

① 법인세의 경우 법인의 선택에 따라 임의로 사업연도를 정할 수 있는 것처럼 소득세 과세기간도 개인의 선택에 따라 임의로 정할 수 있다.

② 소득세법상 과세기간은 매년 1월 1일부터 12월 31일까지이다.

③ 소득세의 과세기간을 획일적으로 규정하는 주된 이유는 다양한 소득을 종합하기 위하여 통일적인 시간적 기초를 제공할 필요가 있기 때문이다.

④ 소득세의 과세기간은 사업개시나 폐업에 의해서도 영향을 받지 않는다.

문 6 다음 중 종합과세되는 소득에 해당하지 않는 것은?

① 이자소득, 배당소득　② 사업소득, 근로소득

③ 퇴직소득, 양도소득　④ 연금소득, 기타소득

문 7 다음 중 이자소득에 해당하지 않는 것은?

① 채권·증권의 이자와 할인액　② 의제배당

③ 비영업대금의 이익　④ 환매조건부 채권·증권의 매매차익

문 8 소득세법상 이자소득의 수입시기로 가장 맞지 않는 것은?

① 보통예금, 정기예금, 적금 또는 부금의 이자: 과세기간(1.1~12.31)에 발생한 이자(발생주의를 적용한 미수이자 포함)

② 저축성보험의 보험차익: 보험금의 지급일

③ 비영업대금의 이익: 약정에 따른 이자지급일

④ 기명식 양도가능채권의 이자와 할인액: 약정에 의한 지급일

문 9 의제배당에 관한 다음 설명 중 가장 타당하지 않은 것은?

① 의제배당은 형식상 배당이 아니더라도 회사의 이익이 주주에게 귀속되는 경우 배당으로 간주하는 것이다.

② 의제배당소득도 일반적인 배당소득과 마찬가지로 주주의 과세소득을 구성하며 개인 주주에게는 소득세, 법인 주주에게는 법인세가 과세된다.

③ 잉여금의 자본금 전입으로 인한 의제배당금액은 교부받은 주식수에 시가를 곱한 금액이다.

④ 합병으로 인한 의제배당의 경우 주주가 받는 재산가액이 늘어날수록 의제

배당금액도 많아질 것이다.

문 10 배당소득의 수입시기가 잘못 표기된 것은?

① 잉여금처분에 의한 일반배당: 잉여금처분결의일

② 합병에 의한 의제배당: 합병등기일

③ 해산에 의한 의제배당: 잔여재산가액 확정일

④ 법인세법에 의해 처분된 배당(인정배당): 사업연도 종료일

문 11 다음 중 금융소득 종합과세의 대상에 해당하는 것은?

① 이자소득, 배당소득　　② 이자소득, 사업소득

③ 배당소득, 근로소득　　④ 배당소득, 연금소득

문 12 금융소득의 과세유형과 관련한 다음 설명 중 타당하지 않은 것은?

① 분리과세를 신청한 장기채권의 이자와 할인액은 종합소득에 합산하지 않고 원천징수로 과세가 종결된다(무조건 분리과세).

② 비영업대금의 경우 세법에 따라 25%의 원천징수를 하면 금융소득 합계액 2천만원의 초과 여부에 따라 조건부 종합과세되지만, 원천징수하지 않을 경우에는 금액의 크기를 불문하고 무조건 종합과세된다.

③ 무조건 분리과세되는 금융소득 이외의 이자·배당소득 합계액이 2천만원을 초과하는 경우 종합과세하고, 2천만원 이하인 경우에는 분리과세한다.

④ 국외에서 받은 원천징수대상이 아닌 이자·배당소득은 무조건 분리과세한다.

문 13 금융소득 종합과세와 관련한 다음 설명 중 타당하지 않은 것은?

① 금융소득의 합계액이 2천만원을 초과하는 고액소득자에 대해서만 종합과세하는 이유는 대다수 납세자의 부담을 덜어주고 행정비용을 줄이기 위한 것이다.

② 금융소득 종합과세는 금융소득을 종합소득에 합산하여 초과누진세율 구조를 가진 소득세 기본세율로 과세하는 제도이다.

③ 과세기간 동안 국내에서 원천징수된 이자소득의 합계액이 1천만원이고 다른 금융소득이 없다면, 이자소득은 종합소득에 합산하지 않고 원천징수로

과세가 종결된다.

④ 금융소득 종합과세 기준금액의 초과 여부는 무조건 분리과세대상 금융소득도 합산하여 판정한다.

문 14 배당소득의 이중과세 조정에 관한 다음 설명 중 타당하지 않은 것은?

① 배당소득은 법인세가 과세된 후의 이익을 주주에게 배당함으로써 발생하는 것이므로 배당소득에 대한 과세는 이중과세의 문제를 안고 있다.

② 배당가산제도는 주주단계에서 소득세를 과세할 때 해당 배당소득에 대해 과세된 법인세 상당액(귀속법인세)을 배당소득 총수입금액에 가산하여 소득세를 계산하고, 소득세 산출세액에서 그 귀속법인세를 배당세액공제로 차감해 주는 제도이다.

③ 현행 소득세법상 가산율(11%)은 법인단계의 법인세 과세시 20%의 법인세율이 적용되었다는 가정하에 계산한 것이다.

④ 배당소득에 대한 이중과세의 조정은 배당소득이 주주단계에서 종합과세되고 기본세율이 적용되는 경우에만 가능하며, 배당소득이 분리과세되는 때에는 이중과세를 조정하지 않는다.

문 15 금융소득에 관한 다음 설명 중 타당하지 않은 것은?

① 금융소득이란 이자소득과 배당소득을 의미한다.

② 금융소득에 대해서도 필요경비가 인정되는 것이 일반적이다.

③ 금융소득에 대한 과세유형은 무조건 분리과세, 무조건 종합과세, 조건부 종합과세로 구분할 수 있다.

④ 금융소득이 적은 개인은 대부분 원천징수로 과세가 종료된다.

문 16 영리를 목적으로 자기의 계산과 책임하에 계속적·반복적으로 행하는 활동에서 발생하는 소득은?

① 근로소득　　② 금융소득

③ 사업소득　　④ 기타소득

문 17 부동산임대사업을 영위하는 나부자 씨는 20×1년 7월 1일에 상가의 임대계약을 체결하면서 임차인으로부터 1년분 임대료 12,000,000원을 미리 받았다. 또한 임대료와 함께 받은 보증금으로부터 간주임대료 4,000,000원이 발생하였다. 나부자 씨의 20×1년 사업소득 총수입금액은 얼마인가?

① 4,000,000원
② 6,000,000원
③ 10,000,000원
④ 12,000,000원

문 18 사업소득금액의 계산과 관련한 다음 설명 중 타당하지 않은 것은?

① 사업소득금액은 총수입금액에서 필요경비를 차감하여 계산하며, 실무적으로는 손익계산서상 당기순이익을 기초로 세무조정을 하여 계산할 수 있다.
② 이월결손금이 있으면 이를 공제한다.
③ 비과세소득은 총수입금액에 포함시키지 않는다.
④ 모든 사업소득은 필요경비가 총수입금액을 초과하여 결손금이 발생한 경우에도 해당 과세기간의 종합소득에 포함되는 다른 소득금액에서 공제되지 않는다.

문 19 부동산임대업의 사업소득금액과 관련한 다음 설명 중 타당하지 않은 것은?

① 상가임대업에서 결손금이 발생하면 종합소득에 포함되는 다른 소득금액에서 공제된다.
② 부동산임대업의 총수입금액을 계산할 때 간주임대료를 포함시켜야 한다.
③ 부동산을 임대하고 미리 받은 임대료(선세금)에 대해서는 각 과세기간의 해당 월수를 기준으로 안분하여 총수입금액을 계산한다.
④ 주택임대업에서 발생한 결손금은 종합소득에 포함되는 다른 소득금액에서 공제할 수 있다.

문 20 법인세법상 각 사업연도소득과 소득세법상 사업소득을 비교한 다음 설명 중 가장 잘못된 것은?

① 양자의 소득계산 시 사용하는 익금총액과 총수입금액, 손금총액과 필요경비 합계액은 매우 유사한 개념이다.

② 부동산처분이익은 법인세법상 익금에 포함되며, 소득세법상으로는 주로 사업소득에 해당할 것이다.

③ 대표자에 대한 인건비의 경우 법인세법상 각 사업연도소득의 계산 시에는 손금으로 인정되지만, 소득세법상 사업소득을 계산할 때에는 필요경비로 인정되지 않는다.

④ 이자수익과 배당금수익의 경우 법인세법에서는 이를 각 사업연도소득에 포함하지만, 소득세법에서는 사업소득이 아니라 이자소득과 배당소득으로 과세한다.

08장

소득세 2

8.1 근로소득

8.1.1 근로소득의 범위

근로소득(勤勞所得)이란 근로자가 근로계약(고용계약, 위임계약)에 따라 비독립적(종속적) 지위에서 근로를 제공하고 받는 대가를 말한다. 근로소득의 비독립성은 사업소득의 독립성과 구별되는 특징이며, 이러한 비독립적 지위에서 받은 모든 근로제공의 대가는 어떤 명칭이나 형식 여하에 불구하고 근로소득을 구성한다.

다음의 소득은 근로소득에 해당한다.

- 근로를 제공함으로써 받는 봉급, 급료, 보수, 세비, 임금, 상여, 수당과 이와 유사한 성질의 급여
- 법인의 주주총회, 사원총회 또는 이에 준하는 의결기관의 결의에 따라 상여로 받는 소득
- 법인세법에 따라 상여로 처분된 금액
- 퇴직하여 받는 소득으로서 퇴직소득에 속하지 않는 소득
- 종업원 또는 대학의 교직원이 지급받는 직무발명보상금
- 기밀비(판공비 포함), 교제비 기타 이와 유사한 명목으로 받는 것으로서 업무를 위하여 사용된 것이 분명하지 않은 급여
- 종업원이 받는 공로금, 위로금, 개업축하금, 학자금, 장학금 기타 이와 유사한 성질의 급여
- 근로수당, 가족수당, 전시수당, 물가수당, 출납수당, 직무수당 기타 이와 유사한 성질의 급여
- 보험회사, 투자매매업자, 투자중개업자 등의 종업원이 받는 집금수당과 보험가입자의 모집, 증권매매의 권유 또는 저축을 권장하여 받는 대가, 그 밖에 이와 유사한 성질의 급여
- 급식수당, 주택수당, 피복수당 기타 이와 유사한 성질의 급여

- 주택을 제공받음으로써 얻는 이익. 다만, 비출자임원과 종업원이 사택을 제공받는 경우는 제외
- 종업원이 주택의 구입·임차에 소요되는 자금을 저리 또는 무상으로 대여받음으로써 얻는 이익
- 기술수당, 보건수당, 연구수당, 그 밖에 이와 유사한 성질의 급여
- 시간외근무수당, 통근수당, 개근수당, 특별공로금 기타 이와 유사한 성질의 급여
- 여비의 명목으로 받는 연액 또는 월액의 급여
- 벽지수당, 해외근무수당 기타 이와 유사한 성질의 급여
- 종업원이 계약자이거나 종업원 또는 그 배우자 기타의 가족을 수익자로 하는 보험·신탁 또는 공제와 관련하여 사용자가 부담하는 보험료·신탁부금 또는 공제부금
- 퇴직으로 인하여 받는 소득으로서 퇴직소득에 속하지 않는 퇴직위로금, 퇴직공로금 기타 이와 유사한 성질의 급여
- 휴가비 기타 이와 유사한 성질의 급여
- 계약기간 만료 전 또는 만기에 종업원에게 귀속되는 단체환급부보장성보험의 환급금
- 법인의 임원 또는 종업원이 당해 법인 등(당해 법인 또는 당해 법인과 특수관계에 있는 법인)으로부터 부여받은 주식매수선택권을 당해 법인 등에서 근무하는 기간 중 행사함으로써 얻은 이익(주식매수선택권 행사 당시의 시가와 실제 매수가액과의 차액을 말하며, 주식에는 신주인수권을 포함)
- 공무원에게 지급되는 직급보조비

8.1.2 비과세 근로소득

소득세법상 비과세 근로소득은 비과세 퇴직소득과 함께 규정되어 있으며, 그 주된 내용은 다음과 같다.

월정액급여(月定額給與)란 매월 직급별로 받는 봉급, 급료, 보수, 임금, 수당과

그 밖의 이와 유사한 성질의 급여의 총액을 말한다. 상여 등 부정기적인 급여와 실비변상적인 성질의 급여, 근로기준법에 따른 연장근로, 야간근로 또는 휴일근로를 하여 통상임금에 더하여 받는 급여는 월정액급여에 포함되지 않는다.

<table>
<tr><th colspan="2">구 분</th><th>비과세 근로소득</th></tr>
<tr><td colspan="2" rowspan="6">실비변상적인 성질의 급여</td><td>일직료, 숙직료, 여비로서 실비변상 정도의 금액(월 20만원 이내의 자가운전보조금 포함)</td></tr>
<tr><td>특수분야 종사자(군인, 경찰)가 받는 위험수당 등</td></tr>
<tr><td>광산근로자가 받는 입갱수당 및 발파수당</td></tr>
<tr><td>월 20만원 이내의 승선수당</td></tr>
<tr><td>월 20만원 이내의 취재수당</td></tr>
<tr><td>월 20만원 이내의 벽지수당</td></tr>
<tr><td rowspan="3">생산직근로자가 받는 초과근로수당</td><td rowspan="3">월정액급여 210만원 이하로서 총급여액 30백만원 이하인 근로자</td><td>공장 등 생산직근로자의 연장근로, 야간근로, 휴일근로수당(연 240만원)</td></tr>
<tr><td>광산근로자와 일용근로자는 초과근로수당 총액</td></tr>
<tr><td>선원의 생산수당(연 240만원)</td></tr>
<tr><td colspan="2" rowspan="2">국외근로소득</td><td>국외근로소득 중 월 100만원(원양어업 선박, 외국항행 선박, 국외건설현장 등의 국외근로소득은 월 300만원)</td></tr>
<tr><td>공무원 등의 국외근무수당 중 국내근무수당을 초과하는 금액</td></tr>
<tr><td colspan="2" rowspan="2">식 사 대</td><td>근로자가 제공받는 식사(또는 기타 음식물)</td></tr>
<tr><td>근로자가 식사 등을 제공받지 않을 경우 월 20만원 이하의 식사대</td></tr>
<tr><td colspan="2" rowspan="5">기 타</td><td>근로자 본인의 학자금</td></tr>
<tr><td>국민연금법 등에 따라 받는 유족연금 등</td></tr>
<tr><td>고용보험법에 따라 받는 실업급여 등</td></tr>
<tr><td>공무원연금법 등에 따라 받는 유족보상금 등</td></tr>
<tr><td>국민건강보험법 등에 따라 사용자 등이 부담하는 부담금</td></tr>
</table>

8.1.3 근로소득금액의 계산

근로소득금액은 총급여액에서 근로소득공제를 차감하여 계산한다.

근로소득금액 = 총급여액 − 근로소득공제

총급여액은 해당 과세기간에 발생한 근로소득의 합계액을 말하며, 비과세소득은 포함하지 않는다.

근로소득공제는 근로소득의 경우 실제로 지출된 필요경비를 확인하기가 어렵기 때문에 획일적으로 일정 금액을 필요경비로 공제해 주는 제도이며, 공제한도는 2,000만원이다.

일반근로자는 해당 과세기간에 받는 총급여액에서 다음의 금액을 공제한다. 2인 이상으로부터 근로소득을 받는 사람에 대해서는 그 근로소득의 합계액을 총급여액으로 하여 계산한 근로소득공제액을 총급여액에서 공제한다.

총급여액	근로소득공제액
500만원 이하	총급여액×70%
500만원 초과 1,500만원 이하	350만원+(총급여액−500만원)×40%
1,500만원 초과 4,500만원 이하	750만원+(총급여액−1,500만원)×15%
4,500만원 초과 1억원 이하	1,200만원+(총급여액−4,500만원)×5%
1억원 초과	1,475만원+(총급여액−1억원)×2%

한편, 일용근로자의 경우에는 총급여액에서 1일 15만원을 공제한다. 일용근로자는 근로를 제공한 날 또는 시간에 따라 근로대가를 받는 사람으로서 계약에 따라 동일한 고용주에게 3개월 이상 계속하여 고용되어 있지 않은 사람을 말한다. 일반적인 근로소득은 종합소득에 합산하여 과세하지만, 일용근로자의 급여는 종합소득에 합산하지 않고 원천징수로 과세가 종결된다.

8.1.4 근로소득의 과세방법

국내에서 근로소득을 지급하는 자는 기본세율을 적용하여 계산한 소득세를 원천징수하여 그 징수일이 속하는 달의 다음 달 10일까지 정부에 납부하여야 한다. 매월분의 근로소득에 대한 원천징수는 근로소득 간이세액표에 따라 이루어지며(예납적 원천징수), 해당 과세기간의 다음 연도 2월분의 근로소득을 지급할 때 근로소득세액의 연말정산을 실시한다.

연말정산(年末精算)은 근로소득만 있다고 가정할 때의 소득세 결정세액을 계산하여 이미 원천징수한 세액을 정산하는 과정이다. 근로소득에 대한 소득세 결정세액이 이미 원천징수한 세액보다 적으면 초과 징수한 세액을 돌려주고, 반대의 경우에는 더 징수하여 납부한다. 근로소득 외에 다른 소득이 없는 근로소득자는 연말정산을 통해 모든 납세절차가 종결되므로 과세표준확정신고를 하지 않아도 된다.

일반근로자와는 달리 일용근로자는 소득지급자가 소득을 지급할 때 원천징수함으로써 모든 납세의무가 종결된다(완납적 원천징수).

〈일용근로자의 원천징수세액〉

	구분	비고
	1일 급여액	
−	근로소득공제	• 1일 15만원
=	과세표준	• 종합소득공제는 적용하지 않음
×	세율	• 6%
=	산출세액	
−	근로소득세액공제	• 산출세액의 55%(한도액 없음)
=	원천징수할세액	

납세자 짜증 돋우는 연말정산 이대로 둘 건가

신용카드 회사들이 국세청에 보낸 연말정산 자료에서 잇따라 오류가 드러나고 있다. BC·삼성·하나카드는 소비자들이 6개 고속버스 가맹점에서 사용한 대중교통 이용액을 일반 사용액으로 잘못 분류했다. 대중교통 이용액은 소득공제율이 30%로 일반 사용액의 15%보다 높아 세금을 더 돌려받을 수 있다. 대중교통 이용액 오류로 연말정산을 다시 해야 할 납세자는 270만명에 이른다. 삼성카드는 또 SK텔레콤에서 카드 포인트를 이용해 할부로 휴대전화를 구입한 고객의 카드 사용액을 누락했다. 신용카드 공제 대상인 단말기 값을 공제 대상이 아닌 통신비로 잘못 처리한 것이다. 대상자는 19만명이다.

앞서 국세청 연말정산 간소화 사이트에서도 현금영수증 사용과 관련한 오류가 있었다. 이에 따라 15~16일에 국세청 자료를 내려받은 납세자는 연말정산을 다시 해야 한다. 많은 월급쟁이가 적지 않은 세금을 토해내게 돼 스트레스를 받고 있는 상황에서 국세청과 신용카드 회사들 잘못으로 또다시 생고생을 하게 됐으니 울화가 치밀 만하다. 연말정산 시스템을 갖추지 못하고 있는 대다수 중소기업은 일일이 손으로 서류 작업을 다시 해야 하기 때문에 거의 업무가 마비될 지경이다.

이런 일이 벌어지게 된 근본원인은 연말정산 규정이 너무 복잡한 데 있다. 정치권과 정부가 선거와 경기 부양을 이유로 자잘한 공제 혜택을 남발하고, 세부 규정을 수시로 바꾸는 바람에 세법 전문가들도 헷갈릴 정도다. 결국 연말정산 작업은 갈수록 복잡해지는 반면, 정작 납세자에게 돌아가는 혜택은 미미하다. 이번 신용카드 사용액 오류의 경우도 연말정산을 다시 해 납세자들이 돌려받을 수 있는 세금은 대부분 수백~수천원에 그칠 것으로 보인다.

납세절차는 누구나 쉽게 마무리할 수 있도록 가능한 한 단순해야 한다. 비슷한 항목을 합치고 정리해 혜택을 대폭 간소화해야 한다. 그래야 신용카드 사용액 누락 같은 실수로 수백만명이 연말정산을 다시 하는 사태를 막을 수 있다. 이참에 종교·자선단체·장학기금에 대해서도 개인별 기부금 내역을 국세청에 통보하도록 의무화해야 한다. 개인별 기부금 내역을 국세청에 내지 않은 곳에는 세금 감면 혜택도 중단해야 한다. 납세자들의 수고를 덜어줄 간편한 연말정산 방안을 정부가 내놓아야 한다.

(조선일보, 2015.1.28)

8.2 연금소득

8.2.1 연금소득의 범위

연금소득(年金所得)은 해당 과세기간에 발생한 다음의 소득을 말한다.

구 분	연금소득의 범위
공적연금소득	국민연금: 국민연금법에 따라 받는 각종 연금
	공무원연금 등: 공무원연금법, 군인연금법, 사립학교교직원연금법 또는 별정우체국법에 따라 받는 각종 연금
	연계연금: 국민연금과 직역연금의 연계에 관한 법률에 따라 받는 연계노령연금, 연계퇴직연금
사적연금소득	퇴직보험연금: 근로기준법에 따른 퇴직보험의 보험금을 연금 형태로 받는 경우 그 연금 또는 이와 유사한 것으로서 퇴직자가 받는 연금
	연금저축: 조세특례제한법에 따른 연금저축에 가입하고 연금 형태로 받는 소득
	퇴직연금: 근로자퇴직급여보장법 또는 과학기술인공제회법에 따라 받는 연금

8.2.2 비과세 연금소득

다음의 연금소득에 대해서는 소득세를 과세하지 않는다.

- 국민연금법 등 공적연금 관련법에 따라 받는 유족연금, 장애연금, 장해연금, 상이연금, 연계노령유족연금 또는 연계퇴직유족연금
- 산업재해보상보험법에 따라 받는 각종 연금
- 국군포로의 송환 및 대우 등에 관한 법률에 따른 국군포로가 받는 연금

8.2.3 연금소득금액의 계산

연금소득금액은 총연금액에서 연금소득공제를 적용하여 계산한다.

연금소득금액 = 총연금액 − 연금소득공제

총연금액이란 연금소득의 합계액을 말하며, 연금소득에서 제외되는 소득과 비과세 연금소득은 포함하지 않는다.

연금소득이 있는 거주자는 해당 과세기간에 받은 총연금액에서 다음의 금액을 공제하며, 공제액이 900만원을 초과하는 경우에는 900만원을 공제한다.

총연금액	연금소득공제액
350만원 이하	총연금액
350만원 초과 700만원 이하	350만원+(총연금액−350만원)×40%
700만원 초과 1,400만원 이하	490만원+(총연금액−700만원)×20%
1,400만원 초과	630만원+(총연금액−1,400만원)×10%

8.2.4 연금소득의 과세방법

국내에서 연금소득을 지급하는 자는 그에 대한 소득세를 원천징수하여 그 징수일이 속하는 달의 다음 달 10일까지 정부에 납부하여야 한다. 공적연금소득에 대한 원천징수 시에는 연금소득 간이세액표를 적용하며, 해당 과세기간의 다음 연도 1월분 연금소득을 지급할 때 연말정산을 한다. 원천징수의무자가 사적연금소득을 지급하는 경우에는 지급금액의 3~5%를 원천징수한다.

연금소득은 종합과세하는 것이 원칙이지만 사적연금소득의 합계액이 연간 1,500만원 이하인 경우 3~5%의 낮은 세율을 적용하여 연금소득 분리과세를 적용받을 수 있고, 연간 1,500만원을 초과하여 수령할 경우에는 15% 분리과세 또는 종합소득 합산과세를 선택할 수 있다.

대체 세금은 왜 내는가

소득세는 영국에서 발명된 세금이다. 18세기 말 영국은 스페인, 오스트리아, 프랑스와 잇따른 전쟁으로 재정 형편이 말이 아니었다. 영국 정부는 마부(馬夫)가 딸린 마차를 소유한 부자, 창문 숫자가 많은 대형주택 보유자, 거실에 기둥 시계를 갖고 있는 부유층을 상대로 소득세를 매기기 시작했다.

당시 시민혁명의 불길이 유럽을 휩쓸던 시절이었다. 소득세를 도입한 대가는 만만치 않았다. 영국 정부는 예산 편성부터 지출에 이르기까지 국회의 감시를 더 철저하게 받겠다고 약속했다. 더 이상 소모적 전쟁을 하지 않겠다고 국민을 설득해야 했다. 소득세는 국가가 평화로운 나라를 만들어 국민 개개인의 생명과 재산을 지켜주겠다는 다짐을 받고서 만들어진 것이다.

영국인의 세금 철학은 소득세를 아예 원천징수당하는 우리 월급쟁이들과 다를 수밖에 없다. 그들은 국가가 수백년에 걸쳐 세금을 늘릴 때마다 재산권을 더 보호받고 표현의 자유, 결사의 자유 같은 기본권을 확장했다. 납세자가 늘면서 투표권을 가진 유권자 수도 점점 증가했다. 세금이란 정부가 재산권과 인간의 기본권을 지켜주는 대가로 국민이 지불하는 비용이라는 의식이 뿌리를 내린 것이다.

영국인에게 세금이 국민의 '권리'라면 독일인에게 납세는 '의무'이다. 이런 세금 철학이 자리 잡은 배경은 산업혁명이었다. 영국은 산업혁명의 선두 주자였고 독일은 후발 공업국이었다. 이웃 선진국을 따라잡으려면 국가와 국민이 일심동체로 뭉치지 않으면 안된다는 통치논리가 먹혀들었다.

당대의 독일 철학자 헤겔도 개인이 돈벌이하거나 소비생활을 할 수 있는 기반은 국가가 만들어준다고 강조했다. 더 잘사는 나라가 되려면 모든 국민이 세금을 내 정부를 지탱해주어야 마땅하다는 의무납세론은 그렇게 독일 국민에게 침투했다. 기본권을 보장받는 대신 지불하는 협찬금 성격의 소득세는 100년 후 국민이라면 반드시 지켜야 하는 기본 의무로 변질해 독일에서 부과되기 시작했다.

독일식 납세의무론은 일본을 거쳐 한국에 수입됐다. 우리 헌법은 38조에서 '모든 국민은 법률이 정하는 바에 의하여 납세의 의무를 진다'고 했다. 헌법 개론서들은 납세의무란 '국가의 통치활동에 필요한 경비를 충당하기 위한 의무(김철수)'라거나 '국가의 재정적 기초를 마련하기 위해 설정된 의무(성낙인)'라고 설명하고 있다. 국가와 국민이 운명 공동체라는 전제 아래 '세금=의무'라고 말하고 있는 것이다.

그러나 우리나라에서는 납세의무를 무작정 강요할 수만은 없는 일이 너무 자주 일어나고 있다. 우선 세금을 내지 않는 사람이 너무 많다. 작년에는 드디어 월급쟁이 가운데 47%, 760만명이 근로소득세를 내지 않았다. 자영업자도 40% 안팎은 사업소득세를 한 푼 내지 않는다. 소득이 워낙 형편없어 의무를 다하지 못하는 사람이 있는가 하면 의도적으로 의무를 기피하는 사람도 많다. 이유야 어떻든 근로소득자 절반이 세금을 내지 않은 나라에서 납세가 모든 국민의 기본 의무라고 학교에서 가르칠 수 있는 것일까.

의무납세론은 국가가 세금을 거두어 제대로 쓰겠다는 약속 아래 만들어진 논리다. 국민이 재정을 튼튼하게 떠받쳐주면 국가가 모두를 더 윤택한 환경에서 잘살게 해줄 것이라는 희망이 있어야 국민이 납세의무를 따른다는 말이다. 독일 제국의 초대 총리 비스마르크나 독일 지도자들은 당시 그런 꿈을 팔아 갈라진 나라를 통일했고 산업화를 앞당겼다. 국민의 납세의무에 대한 답례로 독일은 세계 최초로 국민연금과 건강보험제도를 실행했다.

하지만 우리 정치인들을 보라. 꼼꼼히 따져보지도 않고 공짜 급식, 공짜 보육에 수조원씩 세금을 듬뿍 지출했다가 결국 후퇴하거나 부실하게 만들었다. 세금 수천억원을 써야 한다는 세월호 인양도 별 고민 없이 덥석 약속하고, 매일 세금 100억원을 넣어야 하는 공무원연금 개혁도 얼렁뚱땅 넘어가려 하고 있다.

우리 정치 지도자들은 세금을 의무, 그것도 국민의 기본 의무라면서 그 의무를 착실하게 이행하는 국민을 맥 빠지게 하는 짓을 서슴없이 저지른다. 국민 눈치를 보거나 미안해하는 시늉조차 하지 않는다. 이러고도 국가를 유지하는 비용을 국민에게 청구하는 것을 보면 뻔뻔하다고 할 수밖에 없다.

세금은 빈곤층의 아픔을 달래줄 수 있는 좋은 정책 수단이다. 세금을 잘 부과하면 우리 사회의 불평등과 격차를 누그러뜨리며 정의를 실현하는 강력한 무기가 될 수도 있다. 그러나 지금처럼 정부가 세금을 탕감받는 면제자를 양산하면서 세금을 아무 데나 펑펑 뿌리는 결정을 하게 되면 납세자들은 자신이 낸 세금이 약탈당했다는 기분을 느낄 것이다. 이대로 가면 세금이란, 권리도 의무도 아닌 약탈대상이라는 한국형 세금 철학이 이 땅에 자리 잡을지 모른다.

(조선일보, 2015.5.2)

8.3 기타소득

8.3.1 기타소득의 범위

기타소득은 이자소득, 배당소득, 사업소득, 근로소득, 연금소득, 퇴직소득, 양도소득 외의 소득으로서 다음에 해당하는 것을 말한다.

- 상금, 현상금, 포상금, 보로금(報勞金) 또는 이에 준하는 금품
- 복권, 경품권, 그 밖의 추첨권에 당첨되어 받는 금품
- 사해행위 등 규제 및 처벌특례법에서 규정하는 행위(적법성 여부 불문)에 참가

하여 얻은 재산상의 이익

- 승마투표권, 체육진흥투표권 등의 구매자가 받는 환급금
- 저작자 또는 실연자(實演者), 음반제작자, 방송사업자 외의 자가 저작권 또는 저작인접권의 양도·사용 대가로 받는 금품(저작자 자신에게 귀속되는 경우에는 사업소득에 해당함)
- 영화필름 등의 양도·대여 또는 사용의 대가로 받는 금품
- 광업권, 어업권, 산업재산권, 영업권 등의 자산이나 권리를 양도·대여하고 그 대가로 받는 금품(영업권을 사업용 고정자산과 함께 양도하는 경우에는 양도소득에 해당함)
- 물품 또는 장소를 일시적으로 대여하고 사용료로서 받는 금품
- 지역권·지상권을 설정하거나 대여하고 받는 금품
- 계약의 위반 또는 해약으로 인하여 받는 위약금과 배상금
- 유실물 습득, 매장물 발견으로 인해 보상금을 받거나 새로 소유권을 취득하는 경우 그 보상금 또는 자산
- 소유자가 없는 물건의 점유로 소유권을 취득하는 자산
- 거주자·비거주자 또는 법인의 특수관계인이 그 특수관계로 인하여 받는 경제적 이익으로서 급여·배당 또는 증여로 보지 않는 금품
- 슬롯머신 등을 이용하는 행위에 참가하여 받는 당첨금품 등
- 문예창작소득(원고료, 저작권사용료인 인세 등)
- 재산권에 대한 알선수수료
- 사례금
- 소기업·소상공인 공제부금의 해지일시금
- 강연 등의 인적용역을 일시적으로 제공하고 받는 대가
- 법인세법에 따라 처분된 기타소득
- 연금저축에 가입하고 저축 납입계약기간 만료 전에 해지하여 일시금으로 받거나 만료 후 연금 외의 형태로 받는 소득
- 퇴직 전에 부여받은 주식매수선택권(stock option)을 퇴직 후에 행사하거나 고용관계 없이 주식매수선택권을 부여받아 이를 행사함으로써 얻는 이익

- 뇌물
- 알선수재 및 배임수재에 의하여 받는 금품
- 서화·골동품의 양도로 발생하는 소득
- 종교관련종사자가 종교의식을 집행하는 등 종교관련종사자로서의 활동과 관련하여 종교단체로부터 받은 소득(종교인소득)

한편 기타소득 중에서 국가유공자 등 예우에 관한 법률 등에 따라 받는 보훈급여금, 발명진흥법에 따른 직무발명으로 받는 보상금, 국가지정문화재로 지정된 서화·골동품의 양도로 발생하는 소득 등에 대해서는 소득세가 과세되지 않는다(비과세 기타소득).

종교인소득에 대하여 근로소득으로 원천징수하거나 과세표준확정신고를 한 경우에는 해당 소득을 근로소득으로 본다.

8.3.2 기타소득금액의 계산

기타소득금액은 해당 과세기간의 총수입금액에서 이에 사용된 필요경비를 공제하여 계산한다.

> 기타소득금액 = 총수입금액 − 필요경비

원칙적으로 필요경비는 적정한 증빙에 기초하여 실제 발생한 금액만을 인정하는 것이지만, 다음의 경우에는 필요경비의 증빙이 없더라도 예외적으로 총수입금액의 60~80%를 필요경비로 인정해 준다. 만약 실제 사용된 필요경비가 이보다 많을 경우에는 그 초과금액도 필요경비로 산입한다.

- 공익법인이 주무관청의 승인을 받아 시상하는 상금 및 부상과 다수가 순위 경쟁하는 대회에서 입상자가 받는 상금 및 부상
- 광업권, 어업권, 산업재산권, 영업권 등의 자산이나 권리를 양도·대여하고 그 대가로 받는 금품

- 지역권, 지상권을 설정하거나 대여하고 받는 금품
- 문예창작소득(원고료, 저작권사용료인 인세 등)
- 강연 등의 인적용역을 일시적으로 제공하고 받는 대가
- 위약금과 배상금 중 주택입주 지체상금

서화, 골동품의 양도로 발생하는 소득은 미술품 거래 활성화를 통해 문화예술을 지원하기 위하여 양도가액의 80%~90%를 필요경비로 인정해 준다.

종교인소득에 대해서는 종교관련종사자가 해당 과세기간에 받은 금액 중 다음 표에 따른 금액을 필요경비로 하며, 만약 실제 소요된 필요경비가 다음 표에 따른 금액을 초과하면 그 초과하는 금액도 필요경비에 산입한다.

종교관련종사자가 받은 금액	필요경비
2천만원 이하	받은 금액의 80%
2천만원 초과 4천만원 이하	1,600만원+2천만원 초과금액의 50%
4천만원 초과 6천만원 이하	2,600만원+4천만원 초과금액의 30%
6천만원 초과	3,200만원+6천만원 초과금액의 20%

8.3.3 기타소득의 과세방법

국내에서 거주자 또는 비거주자에게 기타소득을 지급하는 자는 다음의 세액을 원천징수하여 그 징수일이 속하는 달의 다음 달 10일까지 정부에 납부하여야 한다.

구 분	원천징수세액
복권당첨소득 등	기타소득금액×20%(3억원 초과시 3억원 초과분은 30%)
봉사료 지급금액	지급금액×5%
위 이외의 기타소득	기타소득금액×20%
뇌물, 알선수재, 배임수재	원천징수하지 않음

복권당첨소득 등은 무조건 분리과세되는 기타소득에 해당하므로 원천징수로 과세의무가 종결된다. 기타소득은 원칙적으로 종합소득과세표준에 합산하여 과세하는 것이지만, 만약 해당 과세기간의 기타소득금액이 300만원 이하인 경우에는 납세자의

선택에 따라 분리과세를 적용할 수 있다. 다만, 원천징수되지 않은 기타소득(뇌물 등)에 대해서는 선택적 분리과세를 적용할 수 없으며, 반드시 종합소득과세표준에 합산하여야 한다.

포상금 9억 5천만원 받는 양학선, 세금은 얼마를 낼까

정부 포상금에 체육연금, 각종 협회와 기업체에서 주는 격려금까지, 올림픽에서 메달을 딴 선수가 받게 되는 경제적 혜택은 적지 않다. 그리고 소득이 있는 곳엔 세금이 따라 붙기 마련이다. 올림픽 메달리스트는 세금을 얼마나 낼까.

국세청에 따르면 정부나 지방자치단체로부터 받은 포상금엔 세금이 전혀 붙지 않는다. 현재 정부는 금메달 6,000만원, 은메달 3,000만원, 동메달 1,800만원의 포상금을 준다. 또 국민체육진흥공단에서 금메달 월 100만원, 은메달 76만원, 동메달 52만 5천원씩 주는 선수연금도 있다. 정부 포상금이나 선수연금은 모두 '비과세 기타소득'으로 분류돼 면세다.

정부 이외 기관에서 주는 포상금엔 세금이 붙는다. 단 지급처가 어디냐에 따라 내야 할 세금의 종류가 달라진다.

종목별 비영리단체나 선수의 소속팀에서 주는 포상금은 세법상 '기타소득'이다. 대한체육협회가 양학선 선수에게 주는 1억원이나 소속팀 KT가 진종오 선수에게 주는 2억원이 이에 해당한다. 이땐 기타소득세 20%와 주민세 2%를 원천징수한 뒤 지급한다. 복권 당첨금과 같은 세율이다. 선수는 내년 5월 종합소득을 세무서에 신고할 때 이런 기타소득을 포함시켜야 한다. 종합소득 세율은 소득이 얼마냐에 따라 6~38%로 달라진다.

양학선 선수가 앞으로 광고모델 등을 해서 더 높은 소득을 올리면 38% 최고 세율을 적용받아 세금을 더 내야 할 수 있다. 이미 원천징수된 세금은 종합소득세를 낼 때 빼준다.

소속팀이 아닌 기업이나 개인이 포상금을 지급하기도 한다. 이때는 그 기업 또는 개인으로부터 기부받은 걸로 보고 소득세가 아닌 증여세를 물린다. 구본무 LG그룹 회장이 양학선 선수에게 지급하기로 한 5억원이나 신한금융지주의 9,000만원, SM그룹이 준다고 한 아파트(시가 약 2억원)가 모두 증여세 대상이다. 증여세율은 1억원 이하는 10%이고, 1억~5억원은 20%에서 누진공제액(1,000만원)을 뺀 금액이다. 따라서 양학선 선수가 낼 총 세금은 기타소득세 2,000만원과 주민세 200만원, 증여세 1억 2,900만원 등 총 1억 5,100만원에 달한다.

농심이 양학선 선수에게 평생 제공키로 한 너구리 라면도 엄밀히 보면 증여세 대상이다. 다만 50만원 이하이면 증여세를 물리지 않는다는 규정에 따라 면세될 가능성이 크다. 너구리 라면 1박스(30개)가 시가로 25,500원밖에 되지 않아서다.

(중앙경제, 2012.8.14)

8.4 종합소득과세표준의 계산

8.4.1 종합소득과세표준

이자소득금액, 배당소득금액, 사업소득금액, 근로소득금액, 연금소득금액, 기타소득금액을 합산하여 종합소득금액을 산출하고, 여기에서 종합소득공제를 차감하여 종합소득과세표준을 계산한다.

종합소득과세표준 = 종합소득금액 − 종합소득공제

8.4.2 결손금과 이월결손금의 공제

종합소득금액은 이자소득금액, 배당소득금액, 사업소득금액, 근로소득금액, 연금소득금액, 기타소득금액을 합산하여 산출한다.

만약 사업소득에서 결손이 발생한 경우에는 결손금을 타 소득에서 공제하며, 공제 후 남은 결손금은 다음 연도로 이월된다. 사업소득에서 발생한 결손금은 근로소득금액, 연금소득금액, 기타소득금액, 이자소득금액, 배당소득금액의 순서로 공제하며, 다만 부동산임대업(주택임대업 제외)에서 발생한 결손금은 다른 소득금액에서 공제하지 않고 다음 연도로 이월시킨다.

이월결손금은 발생연도 종료일부터 15년 이내에 끝나는 과세기간의 소득금액을 계산할 때 먼저 발생한 이월결손금부터 순차적으로 공제한다. 사업소득의 이월결손금은 사업소득금액, 근로소득금액, 연금소득금액, 기타소득금액, 이자소득금액, 배당소득금액의 순서로 공제하며, 부동산임대업(주택임대업 제외)에서 발생한 이월결손금은 부동산임대업의 소득금액에서만 공제한다.

8.4.3 종합소득공제

종합소득공제는 조세의 응능부담 원칙에 따라 납세의무자의 개인적 사정을 고려한 최저생계비를 보장하기 위하여 일정 금액을 과세소득에서 공제하는 제도이다. 종합소득공제는 크게 인적공제와 물적공제로 분류할 수 있다. 인적공제는 과세표준을 계산할 때 납세의무자의 최저생계비에 해당하는 소득을 공제하는 제도이며, 이는 부양가족의 상황에 따라 세부담에 차등을 두어 부담능력에 따른 과세를 실현하기 위한 것이다. 이에 비해서 물적공제는 과세표준을 계산할 때 납세의무자가 지출한 보험료 등의 일정 비용을 공제해 주는 제도이다.

구 분	종 류
인적공제	기본공제
	추가공제
물적공제	특별소득공제
	연금보험료공제
	주택담보노후연금 이자비용공제
	신용카드 등 사용금액에 대한 소득공제
	그 밖의 소득공제

8.4.4 인적공제

1. 기본공제

기본공제는 본인을 포함하여 생계를 함께하는 가족 1명당 연 150만원씩을 해당 과세기간의 종합소득에서 공제하는 것을 말하며, 연간 소득금액 합계가 100만원을 초과하는 공제대상자에 대해서는 기본공제가 적용되지 않는다.

구 분	공제대상자	나이 요건
본인공제	해당 거주자	제한 없음
배우자공제	거주자의 배우자	제한 없음
부양가족공제	직계존속	60세 이상
	직계비속, 입양자	20세 이하
	형제자매	20세 이하 또는 60세 이상

2. 추가공제

기본공제대상자가 다음 중 어느 하나에 해당하는 경우에는 거주자의 해당 과세기간 종합소득금액에서 기본공제 외에 아래의 구분별로 정해진 금액을 추가로 공제한다.

구 분	추가공제 요건	추가공제액
경로우대자공제	기본공제대상자가 70세 이상인 경우	1명당 100만원
장애인공제	기본공제대상자가 장애인인 경우	1명당 200만원
부녀자공제	해당 거주자(종합소득금액 3,000만원 이하)가 배우자가 없는 여성으로서 부양가족이 있는 세대주이거나 배우자가 있는 여성인 경우	50만원
한부모공제	배우자가 없는 자로서 부양자녀(20세 이하)가 있는 자 (부녀자공제와 중복적용 배제)	100만원

8.4.5 특별소득공제

특별소득공제는 보험료소득공제, 주택자금소득공제, 장기주택저당차입금이자소득공제가 있으며, 근로소득이 있는 자가 이러한 항목별공제를 적용받기 위해서는 공제신청서를 제출하여야 한다.

1. 보험료소득공제

근로소득이 있는 거주자가 국민건강보험법, 고용보험법, 노인장기요양보험법에 따라 근로자가 부담하는 보험료를 지급한 경우 그 금액을 해당 과세기간의 근로소득금액에서 공제한다.

2. 주택자금소득공제

과세기간 종료일 현재 주택을 소유하지 않은 세대로서 근로소득이 있는 거주자가 국민주택규모의 주택을 임차하기 위해서 주택임차자금 차입금의 원리금 상환액을 지급한 경우 그 금액의 일부를 근로소득금액에서 공제한다.

3. 장기주택저당차입금이자소득공제

근로소득이 있는 거주자로서 주택을 소유하지 아니하거나 1주택을 보유한 세대의 세대주가 기준시가 6억원 이하의 주택을 취득하기 위하여 그 주택에 저당권을 설정하고 차입한 장기주택저당차입금의 이자를 지급한 경우 그 금액의 일부를 근로소득금액에서 공제한다.

8.4.6 기타 물적공제

1. 연금보험료공제

종합소득이 있는 거주자가 공적연금 관련법(국민연금법, 공무원연금법, 군인연금법, 사립학교교직원연금법 등)에 따른 연금보험료(기여금 또는 개인부담금)를 납입한 경우 종합소득금액에서 공제한다.

2. 주택담보노후연금 이자비용공제

연금소득이 있는 거주자가 주택담보노후연금을 받은 경우에는 그 받은 연금에 대해서 해당 과세기간에 발생한 이자비용 상당액을 해당 과세기간 연금소득금액에서 공제한다(연 200만원 한도).

3. 신용카드 등 사용금액에 대한 소득공제

근로소득이 있는 거주자가 법인 또는 개인사업자로부터 재화나 용역을 제공받고 신용카드 등 사용금액의 연간 합계액(국외에서 사용한 금액은 제외)이 해당 과세연도의 총급여액의 25%(최저사용금액)를 초과하는 경우 신용카드 등 소득공제액을 해당 과세연도의 근로소득금액에서 공제한다.

신용카드 등 사용금액이란 다음을 포함한다.

- 신용카드를 사용하여 그 대가로 지급하는 금액
- 현금영수증에 기재된 금액
- 체크카드 등(직불카드, 선불카드 포함)을 사용하여 그 대가로 지급하는 금액

신용카드 등을 사용하더라도 사업소득과 관련된 비용, 보험료(연금보험료 등), 교육비(수업료 등), 제세공과금 등은 소득공제가 배제되며, 따라서 신용카드 등 사용금액은 이들을 제외한 금액이다.

신용카드와 세금

신용카드를 사용하면 왜 세금을 깎아주는 것일까? 이는 신용카드 사용으로 인해 사업자가 매출액을 은폐하기가 어려워져 세수가 증가하는 효과가 있기 때문이다. 예를 들어 상품대금 11만원을 현금으로 결제받은 사업자가 이를 매출액에 포함시키지 않을 경우 부가가치세 1만원을 신고하지 않을 것이고, 부가가치세를 제외한 순매출액 10만원을 누락시켜 소득세 또는 법인세도 줄여서 신고할 가능성이 높다(2005년부터 현금영수증제도가 도입되어 현금거래에 대한 세원 파악도 상당히 진전되었다). 그러나 사업자가 신용카드로 결제받은 매출액을 누락시키면 과세당국에 포착될 소지가 높기 때문에 신용카드 사용은 거래의 투명성 제고와 세원(稅源)의 양성화에 크게 기여하였다. 신용카드 사용에 대한 소득공제제도는 이 같은 배경에서 실시되었고, 이는 소비자의 세정 협조에 대한 일종의 보상이라고 볼 수 있다.

연습문제

문 1 다음 중 근로소득에 해당하지 않는 것은?

① 법인세법에 따라 상여로 처분된 금액
② 퇴직소득에 속하지 않는 퇴직위로금
③ 회사 업무를 위해 사용한 기밀비
④ 휴가비

문 2 다음 중 비과세 근로소득에 해당하지 않는 것은?

① 월 20만원의 자가운전보조금
② 월 20만원의 벽지수당
③ 근로자가 제공받는 식사
④ 특별성과급

문 3 월정액급여와 관련한 다음 설명 중 타당하지 않은 것은?

① 월정액급여란 매월 직급별로 받는 봉급, 급료, 보수, 임금, 수당과 이와 유사한 성질의 급여 총액을 말한다.
② 상여 등 부정기적인 급여와 실비변상적인 성질의 급여는 월정액급여에 포함되지 않는다.
③ 생산직근로자가 받는 초과근로수당은 월정액급여와 무관하게 모두 비과세된다.
④ 월정액급여가 180만원 이하이고 총급여액이 30백만원 이하인 선원이 받는 연 240만원 이내의 생산수당은 비과세된다.

문 4 근로소득의 경우 실제로 지출된 필요경비를 확인하기가 어렵기 때문에 획일적으로 일정 금액을 필요경비로 인정해 주는 것은?

① 근로소득공제
② 비과세 근로소득
③ 세액공제
④ 신용카드 등 사용금액에 대한 소득공제

문 5 근로소득의 과세방법에 관한 다음 설명 중 타당하지 않은 것은?

① 국내에서 근로소득을 지급하는 자는 기본세율을 적용하여 계산한 소득세를 원천징수하여 그 징수일이 속하는 달의 다음 달 10일까지 정부에 납부하여야 한다.

② 연말정산은 근로소득만 있다고 가정할 때의 소득세 결정세액을 계산하여 이미 원천징수한 세액을 정산하는 과정이다.

③ 연말정산은 해당 과세기간의 다음 연도 1월분의 근로소득을 지급할 때 실시한다.

④ 일반근로자와 달리 일용근로자는 소득지급자가 소득을 지급할 때 원천징수함으로써 모든 납세의무가 종결된다.

문 6 다음은 김성실 씨의 20×1년도 근로소득에 관한 자료이다. 김성실 씨가 세법에서 허용된 비과세소득의 적용을 모두 받았다고 가정할 때 김성실 씨의 총급여액은 얼마인가?

- 급여액: 월 2,000,000원
- 연간상여금: 6,000,000원
- 자가운전보조금: 월 400,000원
- 식사대: 월 300,000원

① 24,000,000원 ② 30,000,000원
③ 33,600,000원 ④ 36,000,00원

문 7 다음 중 비과세 연금소득에 해당하는 것은?

① 공무원연금
② 군인연금
③ 연금저축에 가입하고 지급받는 연금
④ 국민연금법에 따라 받는 유족연금

문 8 연금소득의 과세방법과 관련한 다음 설명 중 타당하지 않은 것은?

① 국내에서 연금소득을 지급하는 자는 그에 대한 소득세를 원천징수하여 그 징수일이 속하는 달의 다음 달 10일까지 정부에 납부하여야 한다.

② 공적연금소득에 대한 원천징수 시에는 연금소득 간이세액표를 적용하며, 해당 과세기간의 다음 연도 1월분 연금소득을 지급할 때에 연말정산을 한다.

③ 연금소득은 분리과세가 허용되지 않는다.

④ 원천징수의무자가 사적연금소득을 지급하는 경우에는 지급금액의 3~5%를 원천징수한다.

문 9 다음 중 기타소득에 해당하지 않는 것은?

① 주택을 제공받음으로써 얻는 이익

② 복권 당첨금

③ 강연 등의 인적용역을 일시적으로 제공하고 받는 대가

④ 서화·골동품의 양도로 발생하는 소득

문 10 다음 중 필요경비가 인정되지 않는 소득은?

① 이자소득, 배당소득

② 이자소득, 사업소득

③ 배당소득, 사업소득

④ 배당소득, 기타소득

문 11 다음의 기타소득은 필요경비의 증빙이 없더라도 예외적으로 총수입금액의 일정비율만큼 필요경비로 인정해 준다. 이에 해당되지 않는 것은?

① 원고료 등 문예창작소득

② 강연 등의 인적용역을 일시적으로 제공하고 받는 대가

③ 서화·골동품의 양도로 발생하는 소득

④ 봉사료

문 12 다음 중 종합소득금액에 합산되지 않는 소득은?

① 이자소득　　② 사업소득

③ 퇴직소득　　④ 기타소득

문 13 기타소득의 과세방법에 관한 다음 설명 중 타당하지 않은 것은?

① 봉사료는 지급금액의 5%를 원천징수한다.
② 해당 과세기간의 기타소득금액이 300만원 이하인 경우에는 납세자의 선택에 따라 분리과세를 적용할 수 있다.
③ 원천징수되지 않은 기타소득(뇌물 등)에 대해서는 선택적 분리과세를 적용할 수 없고, 반드시 종합소득과세표준에 합산하여야 한다.
④ 복권당첨소득도 종합소득과세표준에 합산하여야 한다.

문 14 종합소득과세표준과 관련한 다음 설명 중 타당하지 않은 것은?

① 종합소득과세표준은 종합소득금액에서 종합소득공제를 차감하여 계산한다.
② 부동산임대업에서 발생한 결손금도 다른 소득금액에서 공제된다.
③ 사업소득에서 발생한 결손금 중 타 소득에서 공제한 후 남은 금액은 다음 연도로 이월된다.
④ 종합소득공제는 인적공제와 물적공제로 분류된다.

문 15 종합소득공제와 관련한 다음 설명 중 타당하지 않은 것은?

① 물적공제는 부양가족의 상황에 따라 세부담에 차등을 두어 부담능력에 따른 과세를 실현하기 위한 것이다.
② 신용카드 등 사용금액에 대한 소득공제는 물적공제에 속한다.
③ 73세인 직계존속은 경로우대자공제를 받을 수 있다.
④ 배우자의 연간 소득금액 합계가 100만원을 초과하면 배우자공제를 받을 수 없다.

문 16 다음 중 인적공제에 해당하지 않는 것은?

① 배우자공제 ② 부양가족공제
③ 경로우대자공제 ④ 연금보험료공제

문 17 다음 중 기본공제가 적용되지 않는 자는?

① 45세인 본인 ② 40세인 배우자
③ 65세인 직계존속 ④ 25세인 직계비속

문 18 김유복 씨는 배우자(전업주부)와 20세 이하의 두 자녀를 두고 있다. 기본공제액은 얼마인가?

① 400만원 ② 600만원
③ 800만원 ④ 1,000만원

문 19 특별소득공제와 관련한 다음 설명 중 타당하지 않은 것은?

① 보험료소득공제는 특별소득공제에 속한다.
② 근로소득이 있는 자가 항목별공제를 적용받기 위해서는 공제신청서를 제출해야 한다.
③ 일용근로자도 특별소득공제가 적용된다.
④ 무주택자가 지급한 주택임차자금 차입금의 원리금 상환액은 특별소득공제를 받을 수 있다.

문 20 다음 제도 중 거래의 투명성 제고 및 세원 양성화와 가장 관련이 깊은 것은?

① 신용카드 등 사용금액에 대한 소득공제
② 보험료소득공제
③ 주택자금소득공제
④ 연금보험료공제

09장

소득세 3

9.1 종합소득세액의 계산
9.2 퇴직소득세
9.3 양도소득세
9.4 소득세 납세절차

9.1 종합소득세액의 계산

종합소득세액의 계산구조는 다음과 같다.

- 종합소득과세표준×기본세율＝종합소득산출세액
- 종합소득산출세액－세액감면 · 세액공제＝종합소득결정세액
- 종합소득결정세액＋가산세－기납부세액＝차감납부세액

9.1.1 기본세율

종합소득산출세액은 종합소득과세표준에 다음의 기본세율을 곱하여 계산하며, 기본세율은 초과누진세율 구조로 되어 있다.

종합소득과세표준	세 율
1,400만원 이하	과세표준의 6%
1,400만원 초과 5,000만원 이하	84만원+1,400만원 초과금액의 15%
5,000만원 초과 8,800만원 이하	624만원+5,000만원 초과금액의 24%
8,800만원 초과 1억 5,000만원 이하	1,536만원+8,800만원 초과금액의 35%
1억 5,000만원 초과 3억원 이하	3,706만원+1억 5,000만원 초과금액의 38%
3억원 초과 5억원 이하	9,406만원+3억원 초과금액의 40%
5억원 초과 10억원 이하	1억 7,406만원 + 5억원 초과금액의 42%
10억원 초과	3억 8,406만원 + 10억원 초과금액의 45%

예를 들어 종합소득과세표준이 6천만원인 사람의 종합소득산출세액은 다음과 같이 계산한다.

6,240,000원＋(60,000,000원－50,000,000원)×24%＝8,640,000원

전세계 1% 부자들 세금 적은 나라로 이동 중

페이스북의 공동 창업자인 에드와도 새버린은 최근 미국 국적을 버렸다. 그는 싱가포르에서 산다. 페이스북 지분만 30억 달러인 부자가 제 발로 싱가포르로 간 것이다. 싱가포르는 외국에서 생긴 소득에 세금을 물리지 않는다. 프랑스의 대표적 명품인 루이뷔통의 베르나르 아르노 회장 역시 벨기에 이주를 추진하고 있다. 프랑스는 현재 부자 증세(소득세율 최고 75%)를 추진 중이다.

세계의 부자들이 움직이고 있다. 기업 유치 전쟁터에 부자 유치까지 더해지는 양상이다. 기업이 오고 부자가 오면, 내수의 규모는 자연히 커진다. 큰 돈 쓸 사람이 늘고, 일자리가 생기기 때문이다.

사람과 기업을 끌어들이는 힘은 낮은 세금이다. 싱가포르가 대표적이다. 도시국가인 싱가포르로 옮겨 온 미국 부자는 지난해 100명이나 된다. 싱가포르의 법인세는 17%, 소득세 최고 세율은 20%다. 미국은 35%, 한국은 38%다. 완전 이주까지 이어지지 않더라도 낮은 세금은 해외 자본의 유입을 통해 내수시장에 활기를 준다. 2008년 금융위기 이후 세계적으로 집값이 하락했으나, 영국 런던의 고급 주택 가격은 2009년 초에 비해 40% 이상 올랐다. 신흥국 부자들이 런던의 프리미엄 부동산 시장을 공략하고 있기 때문이다. 영국은 실거주자가 아닌 외국인 투자에 대해선 주택 관련 세금을 물리지 않는다.

기업도 마찬가지다. 낮은 세금은 기업 유치의 핵심이다. 기업은 일자리를 만들고, 내수시장 규모를 키운다. 포항 수준의 인구(50만 명)를 가진 유럽의 소국 룩셈부르크에는 유명 정보기술(IT) 업체의 유럽 본부가 몰려 있다. 이베이, 스카이프, 아마존, 아이튠스 등이다. 룩셈부르크의 법인세(28.8%)는 주변의 프랑스(33.3%), 독일(29.8%)보다 낮다.

〈중앙일보, 2012.9.25〉

9.1.2 세액감면과 세액공제

세액감면(稅額減免)이란 특정한 소득에 대하여 사후적으로 세금을 면제해 주거나 경감해 주는 것을 말하며, 그 감면세액은 다음과 같이 계산한다.

감면세액＝종합소득산출세액×(감면대상소득금액/종합소득금액)×감면비율

세액공제(稅額控除)는 산출세액에서 일정액을 공제하는 제도이며, 소득세법과 조세특례제한법에서 규정하고 있다. 소득세법상의 주요 세액공제는 다음과 같다.

구 분	내 용
배당세액공제	종합소득금액에 배당소득금액이 합산되어 있는 경우 귀속법인세를 종합소득산출세액에서 공제(제7장 7.5.3 배당소득에 대한 이중과세의 조정 부분 참조)
기장세액공제	간편장부대상자가 복식부기에 따라 기장할 경우 세액공제(100만원 한도)
외국납부세액공제	거주자의 국외원천소득에 대하여 국외에서 외국소득세액을 납부한 경우 외국납부세액공제를 받거나, 외국납부세액을 필요경비에 산입할 수 있음
재해손실세액공제	천재지변 등의 재해를 입은 경우 상실된 자산가액을 한도로 세액공제
근로소득세액공제	근로소득에 대한 종합소득산출세액에서 일정 금액을 한도로 세액공제(일용근로자는 한도 없이 근로소득산출세액의 55%를 세액공제)
자녀세액공제	자녀(손자·손녀 포함)가 1명인 경우 25만원, 2명인 경우 55만원, 3명 이상인 경우 55만원과 2명을 초과하는 1명당 40만원을 합한 금액을 세액공체. 해당 과세기간에 출산·입양신고한 경우 30~70만원 세액공제
연금계좌세액공제	연금계좌 납입액(연 400만원 한도)의 12~15%를 세액공제
특별세액공제	보험료세액공제, 의료비세액공제, 교육비세액공제, 기부금세액공제

9.1.3 특별세액공제

2013년의 세법개정으로 보장성보험, 의료비, 교육비, 기부금 등에 대한 종전의 소득공제제도가 세액공제제도로 전환되었다. 이는 과세형평성을 제고하기 위한 것으로 이해되지만, 상대적으로 소득이 높은 계층일수록 종전에 비하여 세부담이 늘어나게 되었다.

1. 보험료세액공제

근로소득이 있는 거주자가 만기에 환급되는 금액이 납입보험료를 초과하지 않는 보험의 보험계약에 따라 지급하는 보험료에 대하여 12%~15%만큼 종합소득산출세액에서 공제한다. 다만 장애인전용보장성보험료와 기타(생명보험, 상해보험 등)보험료가 각각 연 100만원을 초과하는 경우에는 그 초과하는 금액은 없는 것으로 한다.

2. 의료비세액공제

근로소득이 있는 거주자가 기본공제대상자(나이와 소득의 제한 없음)를 위하여 일정 요건을 충족하는 의료비를 지급한 경우 의료비에 15%~30%를 곱한 금액만큼 종합소득산출세액에서 공제한다.

3. 교육비세액공제

근로소득이 있는 거주자가 그 거주자와 기본공제대상자를 위하여 일정 요건을 충족하는 교육비를 지급한 경우 다음 금액의 합계액에 15%를 곱한 금액만큼 종합소득산출세액에서 공제한다. 다만, 소득세 또는 증여세가 비과세되는 교육비는 공제하지 않는다.

- 기본공제대상자인 배우자, 직계비속, 형제자매, 입양자 및 위탁아동을 위하여 지급한 교육비(대학원에 지급하는 교육비는 제외하며, 대학생인 경우에는 1명당 연 900만원, 초등학교 취학 전 아동과 초·중·고등학생인 경우에는 1명당 연 300만원을 한도로 한다)
- 해당 거주자를 위하여 지급한 교육비
- 기본공제대상자인 장애인을 위하여 지급한 특수교육비

4. 기부금세액공제

거주자(사업소득만 있는 자는 제외)가 기부금을 지급한 경우 법정기부금과 지정기부금의 합계금액에서 사업소득을 계산할 때 필요경비에 산입한 기부금을 뺀 금액에 15%(해당 금액이 1천만원을 초과하는 경우 그 초과분에 대해서는 30%)를 곱한 금액을 종합소득산출세액에서 공제한다. 법정기부금이 전액 인정되는 데 비해서 지정기부금은 소득금액(종합소득금액에서 법정기부금을 차감한 금액)의 30% 한도 내에서 인정되며, 만약 종교단체에 기부한 금액이 있는 경우 지정기부금은 다음의 한도액을 적용한다.

> 소득금액×10%+min(소득금액의 20%, 종교단체 외에 기부한 금액)

보험료 등에 대한 세액공제액과 기부금세액공제액의 합계액이 그 거주자의 합산과세된 종합소득산출세액을 초과하는 경우 그 초과하는 금액은 없는 것으로 한다. 다만, 그 초과한 금액에 기부금세액공제액이 포함되어 있는 경우 해당 기부금과 한도액을 초과하여 공제받지 못한 지정기부금은 해당 과세기간의 개시일부터 10년 이내에 끝나는 각 과세기간에 이월하여 세액공제를 적용받을 수 있다.

정치자금기부금

기부금은 공익적 성격을 띤 단체에 무상으로 지출하는 금품이다. 따라서 세법에서는 공익적 성격의 비영리 민간부문을 활성화하기 위해 기부금 지출에 대하여 조세혜택을 부여하고 있다. 그런데 기부한 금액 100%만큼 세금을 깎아주는 파격적인 기부금이 있다. 조세특례제한법에서 규정하고 있는 정치자금기부금이다.

정치자금기부금에 대한 세액공제제도는 2004년에 개정된 조세특례제한법에서 거주자가 지출한 정치자금기부금에 대하여 과세연도의 소득금액에서 10만원까지 세액공제하는 규정을 도입함으로써 시작되었다. 그러나 소득세를 10만원 세액공제해주면 소득세에 10%만큼 부가되는 개인지방소득세 1만원이 세액공제되므로 10만원의 정치자금을 기부하면 11만원의 세금을 덜 내는 결과가 되어 정치자금기부금이 재테크 수단이냐는 비판이 제기되었다. 이에 2007년부터 10만원까지의 정치자금기부금에 대해 기부금액의 110분의 100을 종합소득산출세액에서 공제하도록 법을 고쳐 개인지방소득세의 세액공제를 포함하면 10만원까지의 정치자금기부금에 대해서 기부금액의 100%만큼 세금을 덜 내는 제도로 정착되었다. 정치자금을 내는 사람의 입장에서 볼 때, 이는 기부금이라기보다 정부에 납부해야 할 세금 중 일부를 정치자금으로 대신 내는 것에 불과하다.

공익성이 가장 높다고 인정받는 법정기부금의 경우 법인은 일정 한도 범위에서 기부금액을 손금으로 인정받고, 법인세 최고세율이 적용되는 구간에서 25%(법인지방소득세 포함 시 27.5%)의 조세혜택을 받는다. 개인의 법정기부금에 대해서는 사업소득자의 경우 필요경비에 산입하고 종합소득산출세액에서 15%(또는 30%)의 세액을 공제해 준다. 법인세법과 소득세법에서 법정기부금은 공익성이 가장 높은 기부금으로 분류되며, 국방헌금이나 천재지변 이재민을 위한 구호금품 등이 이에 해당된다. 정치자금기부금의 공익성을 이들 법정기부금의 공익성보다 훨씬 더 크다고 인정해 주어야 하는지 의문이다. 만약 정치자금기부금의 공익성이 기부금액의 100%를 세액공제해 주어야 할 정도로 막중한 것이라면, 이상한 세액공제제도를 운용하기보다 차라리 정당에 대한 국고보조금을 늘려주는 편이 낫지 않을까?

5. 표준세액공제

근로소득이 있는 거주자가 특별소득공제와 특별세액공제 신청을 하지 않은 경우 연 13만원을 종합소득산출세액에서 공제하고, 근로소득이 없는 거주자로서 종합소득이 있는 사람은 연 7만원(성실사업자는 12만원)을 종합소득산출세액에서 공제한다.

9.1.4 가산세

가산세(加算稅)는 세법에 규정한 의무의 성실한 이행을 확보하기 위하여 그 의무를 위반한 자에게 부과하는 행정벌이다. 소득세와 관련한 주요 가산세의 내용을 요약하면 다음과 같다.

<table>
<tr><th colspan="2">구 분</th><th colspan="2">적용대상</th><th>가산세</th></tr>
<tr><td rowspan="2">무신고
가산세</td><td>일반적인 경우</td><td colspan="2">법정신고기한까지 과세표준신고를 하지 않은 경우</td><td>Max(산출세액×20%, 수입금액×0.07%)</td></tr>
<tr><td>부정행위 등</td><td colspan="2">부정행위로 과세표준신고를 하지 않은 경우</td><td>Max[산출세액×40%(국제거래 60%), 수입금액×0.14%]</td></tr>
<tr><td rowspan="3">과소신고 ·
초과환급
신고가산세</td><td>일반적인 경우</td><td colspan="2">과세표준 · 납부세액을 적게 신고하거나 환급세액을 많이 신고한 경우</td><td>과소신고분 산출세액의 10%</td></tr>
<tr><td rowspan="2">부정행위 등</td><td rowspan="2">부정행위로 인한 신고불성실</td><td>일반과소신고가산세</td><td>일반과소신고분 산출세액의 10%</td></tr>
<tr><td>부정과소신고가산세</td><td>부정과소신고분 산출세액의 40%(국제거래 60%)와 부정과소신고 수입금액의 0.14% 중 큰 금액</td></tr>
<tr><td colspan="2">납부(환급)불성실가산세</td><td colspan="2">납부기한까지 세금을 납부하지 않거나 적게(많이) 납부한(환급받은) 경우</td><td>미납부(초과환급)세액×경과일수×0.03%</td></tr>
<tr><td colspan="2">지급명세서 제출불성실
가산세</td><td colspan="2">지급명세서를 미제출하거나 내용이 불분명한 경우</td><td>미제출 · 불명분 지급금액의 1%(지연지출은 0.5%)</td></tr>
<tr><td colspan="2">무기장가산세</td><td colspan="2">사업자(소규모 사업자 제외)가 기장하지 않거나 누락 기장한 경우</td><td>무기장 · 미달기장소득금액분 산출세액의 20%</td></tr>
<tr><td colspan="2" rowspan="2">계산서 불성실가산세</td><td colspan="2">계산서 미발급, 가공 또는 위장발급</td><td>공급가액의 2%</td></tr>
<tr><td colspan="2">계산서합계표 미제출 등</td><td>공급가액의 1%</td></tr>
<tr><td colspan="2">적격증명서류 불성실가산세</td><td colspan="2">적격증명서류 미수취 등</td><td>미수취 · 불명분 금액의 2%</td></tr>
<tr><td colspan="2">영수증수취명세서 관련
가산세</td><td colspan="2">영수증수취명세서의 미제출 등</td><td>미제출 · 불명분 지급금액의 1%</td></tr>
<tr><td colspan="2" rowspan="2">사업용계좌 관련 가산세</td><td colspan="2">사업용계좌를 사용하지 않은 경우</td><td>미사용금액의 0.2%</td></tr>
<tr><td colspan="2">사업용계좌를 신고하지 않은 경우</td><td>미신고기간 수입금액의 0.2%와 미사용 거래금액의 0.2% 중 많은 금액</td></tr>
<tr><td colspan="2">신용카드 불성실가산세</td><td colspan="2">신용카드가맹점이 신용카드 거래를 거부하거나 사실과 다르게 발급</td><td>건별 거부금액 · 불명분 금액의 5%(건별 최소 5천원)</td></tr>
<tr><td colspan="2" rowspan="2">현금영수증 불성실가산세</td><td colspan="2">현금영수증가맹점 미가입</td><td>미가입기간 수입금액의 1%</td></tr>
<tr><td colspan="2">현금영수증 미발급 등</td><td>건별 미발급 · 불명분 금액의 5%(건별 최소 5천원)</td></tr>
</table>

신고불성실가산세(무신고가산세, 과소신고가산세)를 적용할 때 부동산매매업자의 토지 등 매매차익 예정신고 또는 양도소득세 과세표준 예정신고와 관련하여 신고불성실가산세가 부과되는 부분에 대해서는 확정신고와 관련하여 신고불성실가산세를 적용하지 않는다. 또한 신고불성실가산세와 무기장가산세가 동시에 적용되는 경우에는 그 중 가산세액이 큰 가산세만 적용한다.

9.2 퇴직소득세

퇴직소득(退職所得)이란 퇴직으로 발생하는 소득과 국민연금법 또는 공무원연금법 등에 따라 지급받는 일시금(부가금·수당 등 연금이 아닌 형태로 일시에 받는 것을 포함)을 말한다. 퇴직소득은 상당한 기간 동안 서서히 발생하여 집적된 소득이 일시에 실현되는 특징이 있다. 따라서 이를 종합소득에 합산하여 누진세율로 과세할 경우 특정연도에 소득이 결집되어 부당하게 높은 세율을 적용받게 되므로 퇴직소득은 종합소득과 구분하여 별도로 분류과세(分類課稅)하고 있다.

국내에서 거주자 또는 비거주자에게 퇴직소득을 지급하는 자는 그 거주자나 비거주자에 대한 소득세를 원천징수하여 그 징수일이 속하는 달의 다음 달 10일까지 정부에 납부하여야 한다.

9.2.1 퇴직소득세의 계산구조

퇴직소득세의 계산구조는 다음과 같다.

- 퇴직소득금액 − 퇴직소득공제 = 퇴직소득과세표준
- 퇴직소득과세표준 × 세율 = 퇴직소득산출세액

9.2.2 퇴직소득금액

퇴직소득금액은 해당 과세기간에 발생한 퇴직소득의 합계액이며(비과세소득은 제외), 소득세법에 규정된 퇴직소득은 다음과 같다.

- 공적연금 관련법에 따라 받는 일시금
- 사용자 부담금을 기초로 하여 현실적인 퇴직을 원인으로 지급받는 소득

• 그 밖에 이와 유사한 소득

퇴직소득은 근로소득에 비해서 조세부담이 적기 때문에 퇴직소득을 부풀려 조세회피를 도모할 우려가 있다. 따라서 퇴직소득세에서는 '현실적인 퇴직' 여부의 판단이 매우 중요하며, 만약 현실적인 퇴직에 해당하지 않는 경우에 퇴직금을 지급하면 이는 가지급금으로 간주되어 인정이자 계산 등의 부담이 발생한다. 특히 임원은 퇴직소득 한도 규정을 적용받으며, 한도를 초과하는 금액은 퇴직소득이 아닌 근로소득으로 과세된다(2012년 발생분부터 적용).

임원 퇴직소득 한도액 = 2019년 이전 3년간 평균급여 × 1/10 × 2012년부터 2019년까지의 근속연수 × 지급배수(3배) + 퇴직전(2020년 이후) 3년간 평균급여 × 1/10 × 2020년 이후의 근속연수 × 지급배수(2배)

9.2.3 퇴직소득공제

퇴직소득공제는 근속연수공제와 환산급여공제로 구성된다.

근속연수공제는 장기근속자일수록 공제액이 더 많아지는 구조를 띠고 있다. 근속연수를 계산할 때 1년 미만의 기간이 있는 경우에는 이를 1년으로 본다.

근속연수	근속연수공제액
5년 이하	30만원 × 근속연수
5년 초과 10년 이하	150만원 + 50만원 × (근속연수 − 5년)
10년 초과 20년 이하	400만원 + 80만원 × (근속연수 − 10년)
20년 초과	1,200만원 + 120만원 × (근속연수 − 20년)

환산급여공제는 퇴직소득금액에서 근속연수공제액을 차감한 후의 금액을 근속연수로 나누고 12를 곱한 후의 금액(환산급여)에서 다음의 금액을 공제하는 것을 의미한다.

환산급여	환산급여공제액
800만원 이하	환산급여의 100%
800만원 초과 7,000만원 이하	800만원+(800만원 초과분의 60%)
7,000만원 초과 1억원 이하	4,520만원+(7,000만원 초과분의 55%)
1억원 초과 3억원 이하	6,170만원+(1억원 초과분의 45%)
3억원 초과	1억5,170만원+(3억원 초과분의 35%)

퇴직소득과세표준은 환산급여에서 상기 환산급여공제액을 차감한 금액이다. 환산급여공제는 종전에 소득수준과 무관하게 일률적으로 퇴직소득의 40%를 공제해주던 기본공제를 환산급여액이 증가할수록 공제율이 감소하는 차등공제 방식으로 전환한 것이다.

9.2.4 퇴직소득산출세액

퇴직소득은 장기간의 근무기간에 걸쳐 발생한 소득이 퇴직하는 때에 한꺼번에 실현되므로 과세표준에 누진세율 구조인 종합소득 기본세율을 그대로 적용하면 높은 세부담이 발생한다. 이러한 결집효과(bunching effect)를 완화시키기 위해서 퇴직소득은 다른 종합소득과 합산하지 않고 별도로 과세하는 분류과세 방식을 취하고 있다.

퇴직소득산출세액은 퇴직소득과세표준에 종합소득 기본세율을 적용하여 계산한다. 그런데, 퇴직소득과세표준에 기본세율을 그대로 적용하면 장기간에 걸쳐 발생한 소득에 대해서 너무 높은 누진세율로 과세하는 결과가 초래되므로 먼저 퇴직소득과세표준을 근속연수로 나누어 낮은 단계의 세율이 적용되도록 하고, 이에 다시 근속연수를 곱하는 계산방식을 사용한다(연분연승법). 그러나, 이 방식을 그대로 적용하면 퇴직소득세가 지나치게 낮게 산출되기 때문에 과세형평성이 저하되고 연금제도의 정착과 활성화에 걸림돌이 된다는 비판이 제기되었다. 이에 현행 세법에서는 연분연승법의 배수를 12로 높여 퇴직소득산출세액을 계산한다.

퇴직소득산출세액 = 퇴직소득과세표준 × 구간별 기본세율(6~45%)
× (근속연수/12)

퇴직소득과세표준은 환산급여에서 환산급여공제액을 차감한 금액이다. 환산급여를 계산할 때 12를 곱했기 때문에 기본세율 적용 시 높은 구간의 세율이 적용되어 세액이 높아지는 효과가 있다. 퇴직소득과세표준은 근속연수에 대한 연평균 금액을 의미하므로, 산출된 세액에 (근속연수/12)를 곱하여 최종적인 산출세액을 계산하는 것이다.

9.3 양도소득세

양도소득세는 양도소득에 대하여 부과하는 세금이다. 종합소득세가 과세기간인 1년 내에 발생한 소득을 과세대상으로 하는데 비해서, 양도소득세는 취득일부터 양도일까지 보유기간 동안 형성된 소득을 과세대상으로 한다. 양도소득은 개인이 해당 과세기간에 일정한 자산을 양도하여 얻는 소득으로서 실현된 자본이득(capital gain)에 속한다. 양도는 자산에 대한 등기 또는 등록과 관계없이 매도, 교환, 법인에 대한 현물출자 등으로 인하여 그 자산이 유상으로 사실상 이전되는 것을 말한다.

9.3.1 과세대상자산

양도소득세가 과세되는 자산은 다음과 같다.

구 분	과세대상자산
부 동 산	토지, 건물
부동산에 관한 권리	지상권, 전세권, 등기된 부동산임차권
	부동산을 취득할 수 있는 권리(아파트분양권 등)
기타자산	사업용 고정자산과 함께 양도하는 영업권
	특정시설물이용권(골프장회원권 등)
	부동산 과다법인의 주식
일반주식	주권상장주식 중 대주주 양도분과 장외 양도분
	비상장주식(소액주주가 협회장외시장을 통해 양도하는 중소·중견기업 주식은 제외)

일반적인 주식의 경우 상장주식은 주식시장 활성화를 위해 원칙적으로 양도소득세를 과세하지 않지만, 대주주의 소유지분이나 소유주식 시가총액이 일정기준을 넘으면 양도소득세를 과세한다.

상장주식이라 하더라도 증권시장에서의 거래에 의하지 않고 양도하는 것은 양도소득세가 과세된다.

9.3.2 비과세 양도소득

다음의 양도소득에 대해서는 양도소득세를 과세하지 않는다.

- 파산선고에 의한 처분으로 발생하는 소득
- 1세대 1주택의 양도로 발생하는 소득
- 농지의 교환 또는 분합으로 발생하는 소득

1세대 1주택인 경우에도 고가주택(주택과 부수토지의 실지거래가액 합계액이 12억원 이상)에 해당하면, 양도차익 중 일부에 대해서는 양도소득세가 과세된다.

1세대 1주택 비과세 요건

1주택을 보유한 사람은 그간 양도소득세를 걱정할 필요가 없었다. 특별하게 신경을 쓰지 않아도 비과세를 인정받는 것이 어렵지 않았기 때문이다. 그런데 내년부터 1주택을 보유한 사람도 양도소득세가 많이 나올 수 있다. 1세대 1주택 양도소득세 비과세 요건이 까다로워졌기 때문이다. 1주택을 보유한 사람은 1세대 1주택 양도소득세 비과세를 놓쳐서는 안 된다. 양도소득세의 혜택 중 1세대 1주택 비과세가 가장 큰 혜택이기 때문이다. 5년 전에 4억원에 구입한 아파트를 7억원에 매각한다고 가정해 보자. 만약 비과세가 인정된다면 양도소득세는 없을 것이다. 그런데 비과세를 인정받지 못하면 양도소득세는 9000만원 넘게 계산된다. 1주택 보유자 대부분이 직장인인 것을 고려하면 감당하기 어려운 세금이다.

1세대 1주택으로 양도소득세 비과세를 받는 요건은 다음과 같다. 첫째, 거주자라야 한다. 둘째, 세법에서 인정하는 독립세대 요건을 만족해야 한다. 셋째, 독립세대를 기준으로 매각할 당시 1채의 주택을 보유하고 있어야 한다. 넷째, 2년 이상 보유해야 한다. 다섯째, 2017년 8·2대책 이후 조정대상지역에서 구입한 주택은 보유기간 중 2년 이상 거주해야 한다. 여섯째, 고가주택이 아니어야 한다.

2021년 이후 주택을 매각한다면 1세대 1주택 양도소득세 비과세 판단을 위한 '보유'의 개념이 달라진다. 보유기간 개념은 원칙적으로 취득할 때부터 매각할 때까지의 기간이다. 2021년 1월 1일부터 다주택보유자가 주택을 순차적으로 매각하고 마지막으로 남겨진 1채의 주택을 매각할 때 비과세 판단을 위한 2년 보유기간은 직전 주택을 매각한 날 이후부터 2년을 계산한다. 즉 다주택 보유자가 주택을 매각하는 경우 마지막 1채의 주택만 남겨진 상태에서 2년 이상 보유해야 한다는 것이다. 물론 1주택을 보유한 사람이 주택을 추가적으로 구입해 일시적으로 2주택이 된 경우는 이 규정을 적용하지 않는다.

2021년 이후 '2년 이상의 보유기간'을 판단할 때 주의해야 하는 부분이 있다. 이 규정은 2021년 이후 취득한 주택부터 적용하는 것이 아니라 2021년 이후 매각하는 주택부터 적용한다는 것이다. 그래서 2021년 매각할 당시 1주택이라 하더라도 다주택자가 직전에 매각한 주택이 매각한 날부터 2년이 경과되지 않았다면 2021년 매각하는 마지막 주택도 양도소득세 비과세는 불가능해진다. 3채(A, B, C)의 주택을 보유한 홍길동 씨가 A주택은 2019년 8월에 매각하고, B주택은 2020년 1월 매각했다고 가정해보자. 홍씨가 마지막으로 남겨진 C주택을 매각하면서 1세대 1주택으로 양도소득세 비과세를 인정받으려면 매각은 언제까지 해야 할까? 두 가지 방법이 있는데 2020년 12월 31일까지 매각하거나 2022년 1월 이후 매각해야 비과세가 인정될 것이다. 2년 이상 보유기간의 개념이 2021년 이후에 매각하는 주택부터 달라지기 때문이다.

2년 이상의 보유 기간을 판단할 때 주의해야 할 요소가 하나 더 있다. '2년 이상 거주 요건'이다. 2017년 8·2대책 이후 조정대상지역에서 구입한 주택은 2년 이상 거주해야 1세대 1주택으로 양도소득세 비과세가 가능하다. 그런데 비과세 판단을 위한 거주 요건은 소득세법에서 다음과 같이 설명하고 있다. 취득할 당시 조정대상지역에 있는 주택의 경우 해당 주택의 보유 기간이 2년 이상이고, 그 보유기간 중 거주기간이 2년 이상이어야 한다고 설명하고 있다. 비과세 판단을 위한 '2년 이상 보유' 개념이 2021년부터 달라지는 만큼 '2년 이상 거주'의 개념도 달라질 가능성이 크다. 2년 이상 거주해야 하는 요건은 2년 이상 보유기간 중 거주해야 한다고 설명하고 있기 때문이다. 그래서 다주택보유자가 주택을 순차적으로 매각하고 마지막 남아 있는 주택을 매각할 때 과거에 2년 이상 거주한 실적으로는 비과세가 불가능할 수 있다. 결국 안정적으로 1세대 1주택 양도소득세 비과세를 인정받고자 한다면 마지막 1채로 남겨진 상황에서 2년 이상의 보유와 거주 실적을 같이 만들어야 할 것이다. (한국경제, 2019.7.17)

9.3.3 양도소득과세표준

양도소득과세표준은 다음의 절차를 거쳐 계산한다.

- 양도차익 = 총수입금액(양도가액) − 필요경비
- 양도소득금액 = 양도차익 − 장기보유특별공제액
- 양도소득과세표준 = 양도소득금액 − 양도소득기본공제

1. 양도가액과 취득가액의 산정

양도소득세가 과세되는 자산의 양도가액과 취득가액은 그 자산의 양도 또는 취득 당시의 실지거래가액에 따른다. 만약 장부, 매매계약서, 영수증 등의 증명서류에

의하여 그 자산의 양도 당시 또는 취득 당시의 실지거래가액을 인정 또는 확인할 수 없는 경우에는 다음의 추계방법을 순차로 적용하여 양도가액 또는 취득가액을 산정할 수 있다.

추계방법	내 용
매매사례가액	양도·취득일 전후 각 3개월 이내에 유사한 자산의 매매사례가 있는 경우 그 가액
감정가액	양도·취득일 전후 각 3개월 이내에 해당 자산에 대하여 둘 이상의 감정평가법인이 평가한 감정가액의 평균액
환산가액	양도 당시의 실지거래가액, 매매사례가액, 감정가액을 기준시가에 따라 환산한 취득가액
기준시가	소득세법의 규정에 따라 산정한 가액으로서 양도·취득 당시의 기준이 되는 가액

2. 필요경비

양도차익의 계산시 양도가액에서 차감하는 필요경비는 취득가액, 자본적 지출액, 양도비용을 포함한다.

3. 장기보유특별공제

장기보유특별공제는 보유기간이 3 년 이상인 토지와 건물에 대해서 적용한다. 이 제도는 장기간 축적된 보유이익이 양도시점에 일시에 실현됨에 따라 높은 누진세율을 적용받는 부담(결집효과)을 완화시키기 위한 것이며, 보유기간이 길수록 공제율도 높아진다.

일반 토지와 건물의 경우 6%(3년 이상 4년 미만 보유)에서 30%(15년 이상 보유)까지, 보유기간에 비례하여 연간 2%씩 증가하는 구조를 띠고 있다(예를 들어 10년 보유시 20%).

주택의 경우 '1세대 1주택'의 요건을 충족하는 주택은 원칙적으로 양도소득세가 비과세되지만, 양도가액이 12억원을 초과하는 이른바 '고가주택'은 12억원 초과분에 대해서 양도소득세가 과세된다. 개정된 현행 세법에서는 고가주택이 장기보유특별공제의 요건을 갖추더라도 '거주' 여부에 따라 공제율에 차등을 두고 있다. 주택의 보유 기간 중 100% 거주하였다면 24%(3년 이상 4년 미만 보유하고 거주)부터 80%(10년 이상 보유하고 거주)까지 공제율을 적용하지만, 만약 일부 기간이라도 주택을 보유만

하고 거주하지 않았다면 비거주한 연수에 4%를 곱한 비율만큼 차감한다. 예를 들어, 고가주택을 8년간 보유하였지만 거주한 기간이 3년이라면 44%의 공제율을 적용하는 것이다(64%−5년×4%=44%).

4. 양도소득기본공제

양도소득이 있는 거주자에 대해서는 다음의 소득별로 해당 과세기간의 양도소득금액에서 각각 연 250만원을 공제한다.

- 토지 · 건물, 부동산에 관한 권리, 기타자산의 양도소득금액(미등기양도자산의 양도소득금액은 제외)
- 주식, 출자지분의 양도소득금액
- 파생상품 등의 거래 또는 행위로 발생하는 소득

9.3.4 양도소득세율

주요 자산에 대한 양도소득세율은 다음과 같다.

구 분		양도소득세율
부동산, 부동산에 관한 권리(주택 제외)	보유기간 2년 이상(일반적인 경우)	지본세율(6~45%)
	보유기간 1년 이상 2년 미만	40%
	보유기간 1년 미만	50%
	비사업용토지	기본세율+10%
	미등기양도	70%
주식과 출자지분	중소기업의 주식 등	10%
	비중소기업의 주식 등(일반)	20%
	대주주의 주식양도(일반)	20~25%
	대주주가 1년 미만 보유한 비중소기업 주식 등	30%
파생상품 등		20%

양도소득세의 기본세율은 종합소득 기본세율과 동일하다.

9.3.5 양도소득 세액계산과 납부

양도소득에 대한 산출세액과 납부세액은 다음과 같이 계산한다.

- 양도소득산출세액＝양도소득과세표준×세율
- 양도소득결정세액＝양도소득산출세액－세액감면·공제
- 차감 납부할 세액＝양도소득결정세액＋가산세－기납부세액

양도소득세 과세대상자산을 양도한 거주자는 양도일이 속하는 달의 말일부터 2개월(주식과 출자지분의 양도시는 양도일이 속하는 분기의 말일부터 2개월) 이내에 납세지 관할세무서장에게 양도소득세과세표준을 신고하고(예정신고), 세액을 납부하여야 한다.

9.4 소득세 납세절차

9.4.1 소득세 신고절차

소득세는 매년 1월 1일부터 12월 31일까지를 1과세기간으로 하여 다음 연도 5월에 확정신고를 하여야 한다.

구 분	신고기한	내 용
중간예납	11월 30일	사업소득자가 6개월간의 소득세를 미리 납부하는 절차
예정신고	양도일이 속하는 달의 말일(주식은 분기)부터 2개월 이내	부동산(주식) 양도자가 미리 양도소득세를 납부하는 절차
확정신고	다음 연도 5월말까지	소득세법상 소득이 있는 자가 소득세를 신고·납부하는 절차

1. 중간예납

종합소득이 있는 거주자 중 사업소득자는 중간예납의무를 지며, 퇴직소득이나 양도소득은 중간예납과 관계가 없다. 중간예납기간은 1월 1일부터 6월 30일까지이며, 납세지 관할세무서장이 전년도의 중간예납세액과 확정신고납부세액 등을 감안하여 결정·고지한 중간예납세액을 11월 30일까지 납부하여야 한다.

2. 예정신고와 납부

양도소득세 과세대상자산을 양도한 거주자는 양도일이 속하는 달의 말일부터 2개월이 되는 날(주식과 출자지분의 양도시는 양도일이 속하는 분기의 말일부터 2개월 이내)까지 납세지 관할세무서장에게 자산의 양도차익을 신고하고 그에 해당하는 세액을 납부하여야 한다.

부동산 매매업자의 경우에도 토지·건물의 매매차익과 그 세액을 매매일이 속하는 달의 말일부터 2개월이 되는 날까지 납세지 관할세무서장에게 신고하고 그 세액을 납부하여야 한다. 매매차익과 산출세액의 계산 등 구체적인 내용은 양도소득세의 경우와 유사하다.

3. 확정신고와 납부

해당 과세기간의 종합소득금액, 퇴직소득금액, 양도소득금액이 있는 거주자는 각 소득의 과세표준을 해당 과세기간의 다음 연도 5월 1일부터 5월 31일까지 정부에 신고하고 세액을 납부하여야 한다. 해당 과세기간의 과세표준이 없거나 결손금이 있는 경우에도 신고하여야 한다.

근로소득이나 퇴직소득, 분리과세소득만 있는 거주자는 해당 소득에 대하여 과세표준확정신고를 하지 않아도 무방하다. 또한, 양도소득과세표준의 예정신고를 한 자는 해당 양도소득에 대한 확정신고를 하지 않아도 된다.

확정신고납부할 세액은 종합·퇴직소득세액에서 공제·감면세액과 기납부세액을 차감하여 계산한다. 기납부세액은 다음의 금액을 말한다.

• 중간예납세액

- 토지 등 매매차익예정신고 산출세액 또는 그 결정·경정한 세액
- 수시부과세액
- 원천징수세액
- 납세조합의 징수세액

납부할 세액이 1천만원을 초과하는 경우 그 초과금액(납부할 세액이 2천만원을 초과하는 경우에는 해당 세액의 50% 이하의 금액)을 납부기한이 지난 후 2개월 이내에 분할납부할 수 있다.

9.4.2 원천징수

원천징수(源泉徵收)란 원천징수의무자가 소득 또는 수입금액을 지급할 때 납세의무자가 내야 할 세금을 미리 징수하여 정부에 납부하는 제도이다. 원천징수의무자는 납세의무자에게 그 소득에 대한 원천징수세액을 차감한 잔액만을 지급하고, 그 원천징수한 세액을 정부에 납부한다. 세금을 실제로 부담하는 납세의무자는 소득을 지급받은 자이지만, 소득을 지급하는 자에게 소득자를 대신하여 세금을 신고·납부하도록 의무를 부과한 것이다. 정부의 입장에서는 탈세를 방지하고 징세비용을 최소화하면서 조세수입을 조기에 확보할 수 있는 장점이 있기 때문에 원천징수제도를 널리 활용하고 있다.

원천징수는 원천징수로써 납세의무가 종결되는지의 여부에 따라 완납적(完納的) 원천징수와 예납적(豫納的) 원천징수로 구분된다.

완납적 원천징수는 원천징수로 별도의 확정신고절차 없이 당해 소득에 대한 납세의무가 종결되는 경우의 원천징수를 말하며, 분리과세소득에 대한 원천징수가 이에 해당한다. 이에 비해서 예납적 원천징수는 원천징수 이후에 별도의 확정신고절차를 거쳐 과세기간 동안 납세의무자가 얻은 총소득에 대하여 사후에 세금을 정산해야 하는 원천징수를 말한다. 분리과세 이외의 소득에 대한 원천징수가 이에 해당하며, 대표적인 예로서 매월 급여지급시 간이세액표를 적용하여 원천징수하는 것을 들 수 있다. 근로소득만 있는 소득자라 하더라도 매월 급여지급시의 원천징수로 근로소득에 대한 납세의무가 종결되는 것이 아니라, 연말정산절차를 통해 당해 과세기간에

대한 과세표준과 세액을 산출하고 이미 원천징수한 세금을 기납부세액(旣納付稅額)으로 공제하여 그 차액을 신고·납부함으로써 근로소득에 대한 납세의무가 종결되는 것이다.

원천징수의무자는 세법에서 규정하고 있는 특정한 소득 또는 수입금액을 지급하는 때에 원천징수세율을 적용하여 계산한 세금을 납세의무자로부터 징수하여 소정 기일 내에 정부에 납부하도록 의무를 부과한 개인이나 법인이다. 원천징수의무자는 원천징수한 세금을 그 징수일이 속하는 달의 다음 달 10일까지 납세지 관할세무서에 납부하여야 한다.

소득의 지급자가 개인에게 소득 또는 수입금액을 지급할 때 적용하는 주요 원천징수의 세율을 요약하면 다음과 같다.

구 분	원천징수세율
이자소득	지급액의 14%, 비영업대금의 이익은 25%
배당소득	지급액의 14%
특정사업소득	특정사업소득수입금액(인적용역 등)의 3%(봉사료는 5%)
근로소득	간이세액표의 세율 적용(일용근로자는 6%)
연금소득	공적연금은 간이세액표 적용, 사적연금은 3~5%
기타소득	기타소득금액의 20%

9.4.3 연말정산

연말정산(年末精算)이란 근로소득을 지급하는 자가 해당 과세기간의 다음 연도 2월분의 근로소득을 지급할 때 해당 과세기간 동안의 총급여액에 대한 근로소득세액을 정확히 계산하고, 매월 급여지급시 간이세액표에 따라 이미 원천징수한 세액과 비교하여 정산하는 절차를 말한다. 연말정산은 소득자에게 근로소득만 있다고 가정할 때의 소득세 결정세액을 계산하여 이미 원천징수한 세액을 정산하는 과정이다. 즉 소득세 결정세액보다 원천징수한 세액이 더 많았다면 그 차액을 환급해 주고, 덜 징수하였다면 그 차액을 추가로 원천징수하여 납부하게 된다.

중도퇴직한 자에 대해서는 퇴직한 달의 급여를 지급할 때 정산한다.

근로소득자가 자신의 배우자 또는 부양가족에 대한 인적공제와 특별소득공제를 적용받기 위해서는 연말정산을 하기 전에 원천징수의무자에게 해당 공제사유를 표시하는 근로소득자 소득공제신고서를 제출하여야 한다.

근로소득은 종합소득과세표준에 합산되므로 근로소득 외의 다른 종합소득이 있는 경우 해당 과세기간의 다음 연도 5월 1일부터 5월 31일까지 과세표준확정신고를 하여야 한다. 그러나 근로소득 외의 다른 종합소득이 없는 경우에는 연말정산에 의해 사실상 과세가 종결된 것이나 마찬가지이므로 과세표준확정신고를 하지 않아도 된다.

연말정산 혜택, 욕심 부렸다간 '13월의 세금폭탄'

과유불급(過猶不及)이라 했다. 모든 일이 정도를 지나치면 화를 부르듯 연말정산 소득공제 혜택 또한 너무 욕심을 부렸다가는 본전도 못 찾을 수 있다. 쏠쏠한 '13월의 보너스'를 기대하는 유리지갑 직장인이라면 각종 연말정산 소득공제 항목을 꼼꼼히 챙겨 한푼이라도 많은 환급금을 받기 바란다. 하지만 실수 또는 고의로 자신이 받을 수 있는 금액보다 훨씬 많은 소득공제를 받을 경우에는 연말정산이 환급금 아닌 세금폭탄으로 되돌아 올 수 있다. 국세청은 매년 연말정산 신고가 끝난 이후 '연말정산 과다공제 분석 프로그램'을 활용, 과다공제 혐의가 있는 근로자를 가려내 연말정산 적정여부를 조사하므로 각별한 주의가 필요하다.

실제로 국세청은 지난해에만 연말정산 적정여부 점검으로 총 38,000명의 과다공제 근로자를 적발했다. 자신이 받을 수 있는 공제금액보다 더 많이 소득공제를 받았던 근로자들은 당연히 돌려 받은 연말정산 환급금을 도로 토해 내야 한다. 지난해 국세청은 기부금 부당공제자 16,000명으로부터 140억원을 추징하는 등 연말정산 과다공제 근로자들로부터 총 293억원에 달하는 소득세를 추징했다. 하지만 원래 납부해야 했던 소득세를 추징당하는 것으로 끝나지 않는다. 연말정산 과다공제 근로자에게는 최대 54.75%의 가산세까지 추징된다. 현행 세법에 따르면 연말정산 소득공제를 과다하게 받은 근로자에게는 10%의 과소신고가산세가 과세된다. 만약 근로자가 실수가 아니라 고의적으로 과다공제를 계획한 경우에는 40%의 부정과소신고가산세가 부과된다. 과소신고가산세에 더해 납부불성실가산세도 추가된다. 납부불성실가산세는 과다공제를 받아 적게 낸 소득세에 대해 납부할 때까지 매일 0.03%씩, 최대 54.75%까지 과세된다. 다만 과다공제를 받은 근로자에게도 말 그대로 '자진납세'의 기회가 주어진다. 과다공제 사실을 세무서에 먼저 신고하고 소득세를 제대로 납부할 경우 가산세 폭탄을 피할 수 있다. 연말정산에서 과다공제를 받은 근로자는 오는 5월 종합소득세 신고기간 동안 가산세 부담이 전혀 없이 올바른 소득공제 내용을 세무서에 다시 확정신고할 수 있다. 만약 6월 이후 국세청 조사를 통해 과다공제 사실이 적발될 경우에는 과다공제받은 금액만큼의 소득세와 함께 가산세까지 추징되며, 원천징수된 근로소득 전반에 대해 집중 점검을 받을 수 있다. (조세일보, 2013.1.24)

연습문제

문 1 종합소득세액의 계산구조와 관련한 다음 설명 중 잘못된 것은?

① 종합소득산출세액은 종합소득과세표준에 기본세율을 곱하여 계산한다.
② 종합소득결정세액은 종합소득산출세액에서 세액감면과 세액공제를 차감하여 계산한다.
③ 가산세가 많을수록 차감납부세액도 증가한다.
④ 기납부세액이 많을수록 차감납부세액도 증가한다.

문 2 특정한 소득에 대하여 사후적으로 세금을 면제해 주거나 경감해 주는 것을 무엇이라 하는가?

① 세액공제
② 세액감면
③ 최저한세
④ 중간예납세액

문 3 세액공제에 관한 다음 설명 중 타당하지 않은 것은?

① 종합소득금액에 이자소득금액이 합산되어 있는 경우 귀속법인세를 종합소득산출세액에서 공제한다.
② 간편장부대상자가 복식부기에 따라 기장할 경우 세액공제의 혜택이 있다.
③ 세액공제는 산출세액에서 일정액을 공제하는 제도이다
④ 거주자의 국외원천소득에 대하여 국외에서 외국소득세액을 납부한 경우 외국납부세액공제를 받거나, 외국납부세액을 필요경비에 산입할 수 있다.

문 4 다음 중 특별세액공제에 해당하지 않는 것은?

① 배당세액공제
② 보험료세액공제
③ 의료비세액공제
④ 교육비세액공제

문 5 가산세와 관련한 다음 설명 중 타당하지 않은 것은?

① 부정행위로 과세표준신고를 하지 않은 경우에는 높은 가산세율이 적용된다.

② 복식부기의무자가 사업용계좌를 사용하지 않으면 가산세가 적용된다.

③ 신고불성실가산세와 무기장가산세가 동시에 적용되는 경우에는 그 중 가산세액이 작은 가산세만 적용한다.

④ 신용카드가맹점이 신용카드 거래를 거부하거나 사실과 다르게 발급한 경우에는 가산세가 적용된다.

문 6 퇴직소득에 대한 다음 설명 중 타당하지 않은 것은?

① 퇴직소득은 퇴직으로 발생하는 소득과 국민연금법 등에 따라 지급받는 일시금을 말한다.

② 퇴직소득을 종합소득에 합산하여 누진세율로 과세할 경우 특정연도에 소득이 결집되어 부당하게 높은 세율이 적용되는 문제점이 있다.

③ 퇴직소득은 양도소득과 더불어 분리과세되는 소득이다.

④ 퇴직소득을 지급하는 자는 소득세를 원천징수하여 그 징수일이 속하는 달의 다음 달 10일까지 정부에 납부하여야 한다.

문 7 다음 중 퇴직소득의 특징으로 보기 어려운 것은?

① 장기간에 걸쳐 발생한 소득이다.

② 근로소득에 비해 조세부담이 적다.

③ 연분연승법을 적용하여 산출세액을 계산한다.

④ 임원은 퇴직소득 한도액이 없지만, 직원은 퇴직소득 한도 규정을 적용받는다.

문 8 퇴직소득에 대한 산출세액을 계산할 때 연분연승법을 적용하는 이유는 무엇인가?

① 분리과세를 하기 위함이다.

② 퇴직소득과세표준에 기본세율을 그대로 적용할 경우 장기간에 걸쳐 발생한 소득에 대해서 높은 누진세율로 과세하는 결과가 초래되기 때문이다.

③ 근로소득과 조세부담을 동일하게 만들기 위함이다.

④ 근로소득에 합산하여 과세하기 위함이다.

문 9 다음 중 자본이득에 대하여 과세하는 세금은?

① 사업소득 ② 근로소득
③ 퇴직소득 ④ 양도소득

문 10 다음 중 양도소득세가 과세되는 자산과 가장 거리가 먼 것은?

① 토지, 건물
② 비상장주식
③ 골프장회원권
④ 소액주주가 양도하는 주권상장주식

문 11 양도소득세가 비과세되는 1세대 1주택에 관한 다음 설명 중 잘못된 것은?

① 서민의 주거생활 안정을 지원하기 위한 것이다.
② 양도일 현재 국내에 1주택을 보유하고 있는 경우로서 해당 주택의 보유기간이 2년 이상이면 비과세된다.
③ 1세대 1주택이면 고가주택 여부를 불문하고 완전히 비과세된다.
④ 1주택을 소유한 1세대가 다른 주택을 취득하여 일시적으로 2주택이 되더라도 비과세되는 경우가 있다.

문 12 양도차익 계산시 양도가액(총수입금액)에서 차감되는 필요경비가 아닌 것은?

① 취득가액 ② 보유기간의 재산세
③ 양도비용 ④ 자본적 지출액

문 13 다음은 양도소득금액 계산시 적용되는 장기보유특별공제에 관한 설명이다. 가장 타당하지 않은 것은?

① 보유기간이 3년 이상인 토지에 대해서 적용한다.
② 보유기간이 길수록 공제율은 낮아진다.
③ 이 제도는 장기간 축적된 보유이익이 양도시점에 일시에 실현됨에 따라 높은 누진세율을 적용받는 부담을 완화시키기 위한 것이다.
④ 1세대 2주택 이상에 해당하는 주택에 대해서도 적용된다.

문 14 양도소득세율에 관한 다음 설명 중 타당하지 않은 것은?

① 중소기업 주식의 양도 시 10%의 세율이 적용된다.

② 미등기양도에 대해서는 70%의 세율이 적용된다.

③ 보유기간이 2년 이상인 토지를 양도하면 40%의 세율이 적용된다.

④ 보유기간이 1년 미만인 토지를 양도하면 50%의 세율이 적용된다.

문 15 양도소득에 대한 다음 설명 중 가장 타당하지 않은 것은?

① 양도란 등기 또는 등록에 관계없이 자산이 타인에게 유상 또는 무상으로 이전되는 것을 의미한다.

② 지상권, 전세권 등 부동산에 관한 권리는 양도소득세가 과세된다.

③ 부동산 과다법인의 주식은 양도소득세가 과세된다.

④ 비상장주식은 양도소득세가 과세된다.

문 16 소득세 신고절차와 관련한 다음 설명 중 타당하지 않은 것은?

① 소득세는 매년 1월 1일부터 12월 31일까지를 1과세기간으로 하여 다음 연도 5월에 확정신고를 하여야 한다.

② 법인과 달리 개인은 중간예납의무가 없다.

③ 부동산 양도자는 양도일이 속하는 달의 말일부터 2개월 이내에 예정신고를 하여야 한다.

④ 주식의 양도자는 양도일이 속하는 분기의 말일부터 2개월 이내에 예정신고를 하여야 한다.

문 17 소득세 확정신고 및 납부와 관련한 다음 설명 중 타당하지 않은 것은?

① 해당 과세기간의 종합소득금액, 퇴직소득금액, 양도소득금액이 있는 거주자는 각 소득의 과세표준을 해당 과세기간의 다음 연도 5월 1일부터 5월 31일까지 정부에 신고하고 세액을 납부하여야 한다.

② 해당 과세기간의 과세표준이 없거나 결손금이 있는 경우에도 신고하여야 한다.

③ 근로소득이나 퇴직소득, 분리과세소득만이 있는 거주자도 해당 소득에 대하여 반드시 과세표준확정신고를 하여야 한다.

④ 양도소득과세표준의 예정신고를 한 자는 해당 양도소득에 대한 확정신고를 하지 않아도 된다.

문 18 소득세 확정신고 납부할 세액 계산시 차감되는 기납부세액에 해당하지 않는 것은?

① 가산세 ② 중간예납세액

③ 원천징수세액 ④ 납세조합의 징수세액

문 19 원천징수와 관련한 다음 설명 중 타당하지 않은 것은?

① 원천징수란 원천징수의무자가 소득 또는 수입금액을 지급할 때 납세의무자가 내야 할 세금을 미리 징수하여 정부에 납부하는 제도이다.

② 원천징수는 원천징수로써 납세의무가 종결되는지의 여부에 따라 완납적 원천징수와 예납적 원천징수로 구분된다.

③ 급여지급시 간이세액표를 적용하여 원천징수하는 것은 완납적 원천징수에 속한다.

④ 원천징수한 세금은 그 징수일이 속하는 달의 다음 달 10일까지 납세지 관할세무서에 납부하여야 한다.

문 20 연말정산에 관한 다음 설명 중 타당하지 않은 것은?

① 연말정산이란 근로소득을 지급하는 자가 해당 과세기간의 다음 연도 2월분의 근로소득을 지급할 때 해당 과세기간 동안의 총급여액에 대한 근로소득세액을 정확히 계산하고, 매월 급여지급시 간이세액표에 따라 이미 원천징수한 세액과 비교하여 정산하는 절차를 말한다.

② 연말정산은 소득자에게 근로소득만 있다고 가정할 때의 소득세 결정세액을 계산하여 이미 원천징수한 세액을 정산하는 과정이다.

③ 연말정산 결과 소득세 결정세액보다 원천징수한 세액이 더 많았다면 그 차액을 추가로 원천징수하여 납부하고, 덜 징수하였다면 그 차액을 환급해 주어야 한다.

④ 근로소득 외의 다른 종합소득이 없는 경우에는 연말정산에 의해 사실상 과세가 종결된 것이나 마찬가지이므로 과세표준확정신고를 하지 않아도 된다.

10장

부가가치세 1

10.1 부가가치세의 기본 개념

10.1.1 부가가치세

부가가치세(附加價値稅; value added tax, VAT)는 생산 및 유통의 각 단계에서 창출되는 부가가치에 대하여 부과되는 조세이다. 부가가치란 사업자가 생산활동 또는 유통과정을 통해서 창출한 가치의 증가액을 말하며, 이는 일반적으로 재화 또는 용역의 매출액에서 원재료 등 외부로부터 구입한 중간생산물의 가치를 차감한 순생산액으로 정의할 수 있다. 부가가치세는 모든 거래단계에서 생성되는 부가가치에 과세하며, 그 부담의 전가(轉嫁)를 예상하는 다단계 일반소비세의 성격을 띤다. 부가가치세는 소득세, 법인세와 같이 국가가 일반경비에 충당하기 위해 부과하는 국세라는 점에서 공통점이 있으며, 법률상의 납세의무자와 실질적인 담세자가 일치하지 않는 간접세라는 점에서 직접세인 이들 조세와는 차이가 있다.

부가가치세는 소비에 대해 일률적으로 부과하기 때문에 부가가치세를 부담하는 소비자의 부담능력을 고려하지 않는다. 따라서 소득이 많고 세금 부담능력이 높은 소비자에 비해서 소득이 적고 세금 부담능력이 낮은 소비자에게 소득대비 조세부담률이 더 높게 나타나는 역진성의 문제를 안고 있다.

10.1.2 전단계세액공제법

부가가치세는 부가가치에 세율을 곱하여 산출하며, 부가가치를 계산하는 방법은 가산법과 공제법으로 구분할 수 있다. 가산법(加算法)은 일정기간 동안 사업자가 지급한 임금, 지대, 이자, 이윤 등의 부가가치 구성요소를 합하여 부가가치를 계산하는 방법이다.

공제법(控除法)은 매출액에서 외부구매 중간생산물의 가치를 공제하여 부가가치를 계산하는 방법이며, 이를 적용하여 구체적으로 부가가치세 납부세액을 계산하는 방법으로 전단계거래액공제법과 전단계세액공제법을 들 수 있다.

전단계거래액공제법은 일정기간 동안의 매출액에서 매입액을 차감하여 부가가치를 계산하고, 이에 세율을 곱하여 부가가치세 납부세액을 산정한다.

부가가치세 납부세액=(매출액−매입액)×세율

전단계세액공제법은 일정기간 동안의 매출액에 세율을 곱하여 매출세액을 구하고, 전단계까지 과세된 세액(매입세액)을 차감하여 부가가치세 납부세액을 계산하는 방법이다. 우리나라는 전단계세액공제법(前段階稅額控除法)을 사용하고 있다.

부가가치세 납부세액=매출세액−매입세액

사업자가 재화와 용역을 공급할 때는 공급받는 자에게 세금계산서를 발급하고 공급가액에 세율을 곱한 부가가치세를 공급받는 자로부터 징수한다(거래징수). 이론적으로 매출세액은 재화와 용역의 공급 시 거래징수한 세액과 일치하고 매입세액은 자신이 공급받을 때 거래징수당한 세액과 일치하게 된다. 결국 매출세액에서 매입세액을 차감하여 납부세액을 계산하는 부가가치세 제도는 사업자가 창출한 부가가치에 대해 과세하면서 최종소비자에게 조세부담을 전가시키는 효과를 가져온다.

간단한 사례를 통해 전단계세액공제법을 통한 부가가치세 과세구조를 생각해 보자.

구 분	사업자 A	사업자 B	최종소비자
매 출 액	400	1,000	
매 입 액	0	400	
부가가치	400	600	1,000
매출세액	40	100	
매입세액	0	40	
납부세액	40	60	100

사업자 A는 자신이 생산한 제품을 사업자 B에게 400원에 판매하고, 물품대(400원)와 부가가치세(40원)를 합한 금액인 440원을 받는다. 물품대 400원은 매출액(수익)으로, 부가가치세 40원은 예수부가세(부채)로 회계처리한다. 사업자 A는 매입액이 없어서 부가가치세 매입세액도 없으며, 따라서 사업자 B와의 거래로부터 징수한 부가가치세 매출세액 40원을 세무서에 납부한다. 사업자 B는 사업자 A로부터 구매한 물품(400원)에 600원의 부가가치를 붙여 1,000원의 가격으로 최종소비자에게 판매한다. 제품 값은 1,000원이지만 여기에 부가가치세 100원(10%)이 붙어 최종소비자가 사업자 B에게 지불하는 금액은 1,100원이 된다. 사업자 B는 최종소비자로부터 징수한 부가가치세 100원(매출세액)에서 자신이 사업자 A와의 거래에서 이미 지불한 부가가치세 40원(매입세액)을 뺀 60원(납부세액)을 세무서에 납부하게 된다. 사업자 B가 A로부터 물품을 구매할 때 지불한 440원 중에서 부가가치세 해당분(40원)은 매입액(비용)이 아닌 선급부가세(자산)로 회계처리한다. 외견상으로는 사업자 A와 B가 각각 자신이 창출한 부가가치의 10%(세율)만큼 부가가치세를 낸 것처럼 보이지만, 종국적으로는 사업자 A가 납부한 40원과 B가 납부한 60원을 모두 최종소비자가 부담한 결과로 귀결된다. 부가가치세가 법률상 납세의무자(사업자 A와 B)와 실질적인 담세자(최종소비자)가 일치하지 않는 간접세라는 말은 바로 이와 같은 의미이다.

10.1.3 소비형 부가가치세

국민경제 전체적 관점에서 국민소득의 구성요소 중 어떤 요소들을 부가가치세의 과세대상이 되는 부가가치로 보느냐에 따라 부가가치세제도는 국민총생산형(GNP형), 국민순생산형(NNP형), 소비형으로 구분하여 생각할 수 있다.

국민총생산은 최종재의 산출액인 재화와 용역의 총공급에서 중간재구입액을 차감한 것으로 국민총생산형(GNP형) 부가가치세제도에서는 국민총생산을 과세대상이 되는 부가가치로 본다. 이 제도에서는 투자에 대해서도 부가가치세가 과세되기 때문에 투자를 억제하는 단점이 있다.

국민순생산형(NNP형) 부가가치세제도는 국민총생산(GNP)에서 자본재의 대체투자로 사용될 감가상각비를 공제한 국민순생산(NNP)을 부가가치세의 과세대상으로 하는 제도이다.

소비형 부가가치세제도는 최종재의 산출액인 재화와 용역의 총공급에서 자본재와 중간재구입액을 공제한 총소비액을 부가가치세의 과세대상으로 한다. 이 제도는 자본재 구입 시 부담한 부가가치세를 전액 환급해주기 때문에 투자를 촉진하는 장점이 있다. 우리나라를 포함한 대부분의 국가에서 소비형 부가가치세제도를 채택하고 있다.

10.1.4 소비지국 과세원칙

무역거래에 관하여 간접세를 조정하지 않을 경우 자칫 수출국(생산지국)과 수입국(소비지국)에서 동일한 상품에 대해서 이중으로 과세할 가능성이 있다. 간접세에 대한 국제적 중복과세 문제를 해결하기 위해서 '관세 및 무역에 관한 일반 협정(GATT)'에서는 수입국에서만 간접세를 과세할 수 있도록 하는 소비지국 과세원칙을 채택하고 있다. 이 방식은 수출국에서는 간접세를 전액 공제해 주고, 수입국이 자국에서 생산된 상품과 동일하게 간접세를 부과하는 과세방법이다. 우리나라에서도 소비지국 과세원칙을 따르고 있다. 수출거래에 대해서 0의 세율을 적용하고(영세율제도) 재화의 수입을 과세거래로 규정하고 있는 것은 이러한 과세원칙에 입각한 것이다.

소비지국 과세원칙의 대안으로 수출국에서 과세권을 행사하는 생산지국 과세원칙을 생각할 수 있다. 그러나 생산지국 과세원칙을 적용하면 교역상대국의 간접세율이 다를 경우 국가간의 대외경쟁력이 왜곡되는 문제점이 발생한다. 예를 들어 간접세율이 5%인 일본과 10%인 한국이 생산지국 과세원칙을 따른다면, 무역거래에서 어떤 결과가 초래될까? 한국에서 높은 간접세(10%)를 부담하고 수출해야 하므로 간접세율이 낮은(5%) 일본으로의 수출은 어려워지는 반면에, 일본으로부터의 수입은 더욱 늘어날 것이다. 이에 비해서 소비지국 과세원칙은 교역상대국의 간접세율이 다르더라도 대외경쟁력의 중립성이 유지되는 장점이 있다. 일본으로 수출되는 제품에 대해서 그 이전단계에서 냈던 간접세를 모두 환급해 주기 때문에, 일본의 수입업자는 한국의 높은 간접세(부가가치세)의 영향을 받지 않고 제품 값에 일본의 간접세율을 적용하여 일본 제품과 동등한 입장에서 경쟁할 수 있게 되는 것이다.

10.2 납세의무자

납세의무자란 세법에 의하여 국세를 납부할 의무가 있는 자를 말하며, 이는 곧 조세채권·채무 관계에 있어서 조세채무를 부담하는 자를 의미한다. 소득세와 법인세는 납세의무자가 담세자와 동일한 직접세이다. 이에 비해서 간접세인 부가가치세의 납세의무자는 공급받는 자로부터 부가가치세를 거래징수(去來徵收)하여 납부할 의무가 있는 자를 말하고, 부가가치세의 담세자(擔稅者)는 부가가치세의 과세대상인 재화 또는 용역을 최종적으로 구매하는 최종소비자이다. 부가가치세의 납세의무자는 사업자 또는 재화를 수입하는 자이다.

10.2.1 사업자

부가가치세의 납세의무자는 각 거래단계별로 재화 또는 용역을 공급하는 사업자이다. 부가가치세의 궁극적인 부담은 최종소비자에게 전가되지만, 이는 경제적 관점에서의 담세자일 뿐 법률적으로는 아무런 의무도 부담하지 않는다. 사업자란 영리목적의 유무에 관계없이 사업상 독립적으로 재화 또는 용역을 공급하는 자를 말한다. 사업상 독립적으로 재화 또는 용역을 공급한다는 의미는 다른 사업자에게 고용 또는 종속되어 있지 않고 자기계산과 자기책임으로 사업을 영위하고(인적 독립성), 주된 사업에 부수되지 않고 대외적으로 독립하여 재화 또는 용역을 공급하는 것을 말한다(물적 독립성). 사업은 부가가치를 창출할 수 있을 정도의 사업형태를 갖추고 계속적·반복적인 의사로 재화 또는 용역을 공급하는 것이며, 단순히 일회성 거래로 재화 또는 용역을 공급하는 경우에는 사업성을 인정하기 어려울 것이다. 부가가치세에서 사업성 인정 여부는 매우 중요한 의미를 갖는다. 일단 사업이라고 인정되는 거래에 대해서는 사업자등록을 하지 않았거나 거래시 공급받은 자로부터 부가가치세를 징수하지 않았더라도 부가가치세 납세의무를 지게 된다.

10.2.2 사업자의 분류

사업자는 납세의무의 유형에 따라 과세사업자와 면세사업자로 나뉘며, 과세사업자는 일반과세자와 간이과세자로 구분된다. 과세사업자 중 일반과세자는 전단계세액공제법에 따라 매출세액에서 매입세액을 차감한 금액을 납부세액으로 하는 반면에, 간이과세자(簡易課稅者)는 매입세액을 별도로 계산하지 않고 공급대가에 업종별 부가가치율과 세율을 곱한 금액을 납부세액으로 하는 점에서 차이가 있다. 사업자는 원칙적으로 부가가치세 납세의무가 있지만, 부가가치세법에서 면세대상으로 열거하는 품목을 공급하는 사업자(면세사업자)는 납세의무를 지지 않는다. 면세사업자는 부가가치세 납부의무가 면제되므로 매출세액을 거래징수할 필요가 없고, 매입세액도 공제받을 수 없다. 면세사업자는 부가가치세법상 사업자등록, 세금계산서 발급, 과세표준신고 등의 제반 의무가 없다. 한편, 과세사업과 면세사업을 함께 영위하는 사업자는 부가가치세 납세의무가 있기 때문에 과세사업자로 분류된다.

10.2.3 재화의 수입에 대한 납세의무자

재화를 수입하는 자는 부가가치세를 납부할 의무가 있다. 재화를 수입하는 경우 국외에 있는 공급자에게 우리나라의 부가가치세를 거래징수하여 납부시킬 수는 없기 때문에 재화를 수입하는 자가 관세법에 따라 관세를 신고·납부할 때 재화의 수입에 대한 부가가치세를 함께 신고·납부하여야 한다.

10.3 과세기간

과세기간(課稅期間)이란 세법에 따라 국세의 과세표준 계산에 기초가 되는 기간을 의미한다. 부가가치세의 과세기간은 다음과 같다.

구 분	과세기간
계속사업자	(제1기) 1월 1일~6월 30일
	(제2기) 7월 1일~12월 31일
신규사업자	사업개시일~해당 과세기간 종료일
폐 업 자	해당 과세기간 개시일~폐업일

10.3.1 예정신고와 납부

부가가치세법은 과세기간마다 예정신고기한을 설정하여 사업자에게 그 예정신고기간에 대한 과세표준과 세액을 그 예정신고기간이 끝난 후 25일 이내에 신고·납부하도록 하고 있으며, 이를 예정신고납부라고 한다. 예정신고기간은 다음과 같다.

구 분	예정신고기간
계속사업자	(제1기) 1월 1일~3월 31일
	(제2기) 7월 1일~9월 30일
신규사업자	사업개시일~그 예정신고기간 종료일

한편, 개인사업자와 영세법인사업자(직전 과세기간 공급가액의 합계액이 1억5천만원 미만인 법인사업자)는 예정신고를 하지 않고 세무서장이 예정고지한 세액(직전 과세기간 납부세액의 50%)을 납부하면 된다. 이러한 부가가치세 예정고지제도는 납세협력비용(납세자의 불편)과 행정비용을 절감하기 위한 취지에서 도입되었다. 만약 징수해야 할 세액이 30만원 미만이면 예정고지 대상에서 제외된다.

10.3.2 확정신고와 납부

사업자는 각 과세기간에 대한 과세표준과 납부세액을 과세기간의 말일(폐업하는 경우에는 폐업일이 속한 달의 말일)부터 25일 이내에 각 사업장 관할세무서장에게 신고하고 세액을 납부하여야 한다. 예정신고가 이루어진 부분은 확정신고 시 신고대상에서 제외되기 때문에 확정신고 시에는 예정신고 시 이미 신고한 과세표준과 세액을 제외한 과세기간 최종 3개월분과 예정신고 시 누락된 거래의 과세표준과 세액을 신고·납부한다. 과세기간 최종 3개월이란 과세기간(6개월) 중에서 예정신고기간을 제외한 나머지 3개월(4월 1일~6월 30일, 10월 1일~12월 31일)을 의미한다.

10.3.3 부가가치세의 신고·납부기한

부가가치세의 과세기간은 6개월이지만 각 과세기간에 예정신고와 납부를 해야 하므로 결국 납세의무자인 사업자는 원칙적으로 1년에 4회 부가가치세를 신고하고 납부해야 한다.

〈부가가치세의 신고·납부기한〉

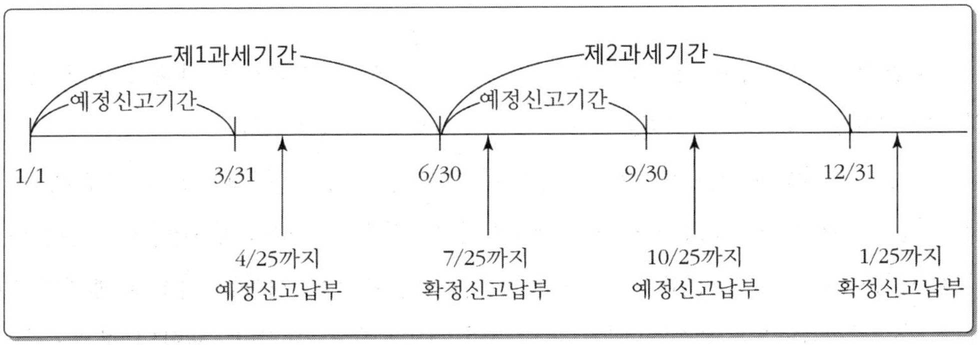

10.4 납세지

납세지(納稅地)란 납세의무를 이행함에 있어 기준이 되는 장소이며, 이는 각종 신고의무를 이행하고 세액을 납부하기 위한 관할세무서를 결정하는 의미를 가진다.

10.4.1 사업장별 과세원칙

부가가치세의 납세지는 원칙적으로 각 사업장이다. 사업자는 사업장마다 사업자 등록을 하고, 사업장별로 구분하여 세금계산서를 발급·수취하여야 한다. 또한 사업장별로 납부세액(또는 환급세액)을 계산하여 이를 각 사업장 관할세무서장에게 신고·납부하며, 경정도 각 사업장의 관할세무서장이 행한다. 이와 같이 부가가치세의 경우 각 사업장을 독립된 하나의 과세단위로 취급하는데, 이는 재화 또는 용역의 공급이 이루어지는 사업장을 중심으로 납세의무를 이행토록 하는 것이 세금 탈루 방지와 납세관리에 유리하다고 보기 때문이다.

10.4.2 사업장

사업장(事業場)이란 사업자 또는 그 사용인이 상시 주재하여 거래의 전부 또는 일부를 행하는 장소를 말하며, 그 구체적인 내용은 다음과 같다.

거래를 수행하지 않고 단순히 업무연락만을 하는 장소, 원재료 또는 중간제품의 생산만을 위한 장소, 재고자산의 보관만을 위한 장소는 사업장에 해당하지 않는다. 또한 사업자가 자기의 사업과 관련하여 생산 또는 취득한 재화를 직접 판매하기 위하여 판매시설을 갖춘 장소(직매장)는 별개의 사업장으로 보지만, 재화의 보관·관리시설만을 갖춘 장소로서 사업자가 관할세무서장에게 그 설치신고를 한 장소(하치장)는 사업장으로 보지 않는다.

구 분	사업장
광 업	광업사무소의 소재지
제 조 업	최종제품을 완성하는 장소(따로 제품의 포장만을 하거나 용기에 충전만을 하는 장소는 제외)
건설업, 운송업, 부동산매매업	사업자가 법인인 경우 그 법인의 등기부상 소재지(등기부상의 지점 소재지 포함), 사업자가 개인인 경우 그 업무를 총괄하는 장소
부동산임대업	그 부동산의 등기부상 소재지
무인자동판매기를 통해 재화·용역을 공급하는 사업	그 사업에 관한 업무를 총괄하는 장소
비거주자, 외국법인	소득세법, 법인세법에 따른 국내사업장

10.4.3 주사업장 총괄납부제도

사업장별 과세원칙에도 불구하고 한 사업자가 둘 이상의 사업장이 있는 경우 각 사업장의 납부세액 또는 환급세액을 통산하여 주된 사업장에서 납부하거나 환급받을 수 있는 제도를 두고 있으며, 이를 주사업장 총괄납부라고 부른다. 이 제도를 적용하려면 그 납부하려는 과세기간 개시 20일 전에 주된 사업장의 관할세무서장에게 신청하여야 한다. 총괄납부는 납부(또는 환급)에 국한되는 것이며, 사업장별 과세원칙을 변경시키는 것은 아니라는 점에 유의해야 한다. 총괄납부를 하더라도 사업자는 과세표준, 매출세액(또는 매입세액)을 사업자간에 통산하여 납부세액(또는 환급세액)을 계산해서는 아니 되며, 사업장별로 각각 납부세액(또는 환급세액)을 계산하여 이를 각 사업장 관할세무서장에게 신고하여야 한다. 또한 총괄납부의 경우에도 세금계산서는 각 사업장별로 발급하여야 하고, 결정·경정도 각 사업장 관할세무서장이 행한다. 주사업장은 법인의 본점(주사무소 포함) 또는 지점(분사무소 포함), 개인(일반과세자)의 주사무소로 한다.

10.4.4 사업자단위과세제도

사업장별 과세원칙만을 고수할 경우 정보기술(IT)에 기반한 전사적 통합관리시스템을 구축한 사업자에게 오히려 세무업무의 중복 및 비효율을 초래할 수 있다. 이러한 점을 감안하여 부가가치세법에서는 둘 이상의 사업장이 있는 사업자로서 사업자단위로 사업자등록을 한 사업자는 그 사업자의 본점 또는 주사무소에서 총괄하여 신고·납부할 수 있는 제도를 두고 있다.

주사업장 총괄납부제도는 주사업장에서 각 사업장의 부가가치세를 총괄납부하는 것만 가능하지만, 사업자단위과세제도는 부가가치세법상의 모든 납세의무를 사업자단위로 이행한다는 점에서 차이가 있다. 사업자단위로 사업자등록을 한 사업자는 둘 이상의 사업장이 있는 경우에도 본점(또는 주사무소)에 대해서만 사업자등록을 한다. 세금계산서의 발급·수취의무도 본점(또는 주사무소)에서 사업자단위로 이행한다. 사업자단위로 통산한 과세표준 및 납부세액(또는 환급세액)을 하나의 신고서에 기재하여 본점(또는 주사무소)의 관할세무서장에게 신고·납부하며, 결정·경정과 징수도 본점(또는 주사무소)의 관할세무서장이 행한다.

사업자단위과세를 총괄하는 사업장은 법인의 본점(주사무소 포함) 또는 개인의 주사무소로 한다. 법인의 지점은 주사업장 총괄납부의 경우에는 주된 사업장으로 할 수 있지만, 사업자단위과세를 총괄하는 사업장으로는 할 수 없다.

10.5 사업자등록

사업자등록(事業者登錄)이란 부가가치세 납세의무자인 사업자와 그에 관계된 사업내용을 관할세무서의 대장에 수록하는 것을 말한다. 사업자는 재화 또는 용역을 공급하거나 공급받을 때 거래상대방과 세금계산서를 주고 받아야 하는데, 사업자등록은 이와 같은 세금계산서제도의 근간을 이룬다.

10.5.1 사업자등록절차

사업자는 원칙적으로 각 사업장마다 사업개시일부터 20일 이내에 사업장 관할

세무서장에게 사업자등록을 하여야 한다. 사업장단위과세를 적용받는 경우에는 본점 또는 주사무소의 관할세무서장에게 등록하면 된다. 신규로 사업을 시작하려는 자에 대해서는 개업 준비기간 중에 발생하는 매입세액을 환급해 주기 위해서 사업개시일 전이라도 사업자등록을 할 수 있도록 하고 있다.

사업자등록을 신청받은 관할세무서장은 등록번호가 기재된 사업자등록증을 발급하며, 이 사업자등록번호는 과세자료를 관리하고 전산처리하는 데 매우 중요한 사항이다.

〈사업자등록증〉

사 업 자 등 록 증

(일 반 과 세 자)

등록번호:

① 상 호 : ② 성 명 :

③ 개 업 연 월 일 : 년 월 일 ④ 생 년 월 일 :

⑤ 사업장소재지 :

⑥ 사업의 종류 : 업태 종목

⑦ 발 급 사 유 :

⑧ 공 동 사 업 자 :

⑨ 주류판매신고번호 :

⑩ 사업자단위과세 적용사업자 여부 : 여( ) 부( )

년 월 일

○ ○ 세무서장 직인

세무서장은 사업자가 신청에 의해 등록을 하지 않는 경우에는 이를 조사하여 직권으로 등록을 시킬 수 있다.

10.5.2 사업자등록의 정정

사업자등록을 한 사업자에게 다음과 같은 정정사유가 발생하면 지체없이 사업자등록정정신고서를 제출하여야 한다.

- 상호를 변경하는 때
- 법인의 대표자를 변경하는 때
- 사업의 종류에 변경이 있는 때
- 사업장(사업자단위과세사업자의 경우에는 사업자단위과세적용사업장을 말함)을 이전하는 때
- 상속으로 인하여 사업자의 명의가 변경되는 때
- 공동사업자의 구성원 또는 출자지분의 변경이 있는 때
- 임대인, 임차목적물 및 면적, 보증금, 차임 또는 임대차기간의 변경이 있거나 새롭게 상가건물을 임차한 때
- 사업자단위과세사업자가 사업자단위과세적용사업장을 변경하는 때
- 사업자단위과세사업자가 종(從)된 사업장을 신설 또는 이전하는 때
- 사업자단위과세사업자가 종된 사업장의 사업을 휴업하거나 폐업하는 때
- 통신판매업자가 사이버몰의 명칭 또는 인터넷 도메인 이름을 변경하는 때

10.5.3 휴·폐업신고와 사업자등록의 말소

사업자등록을 한 사업자가 휴업(休業) 또는 폐업(閉業)하거나 사업개시 전에 등록한 자가 사실상 사업을 시작하지 않게 되는 때에는 지체없이 휴업(폐업)신고서에 사업자등록증을 첨부하여 세무서장에게 제출하여야 한다. 사업자가 부가가치세 확정신고서에 폐업연월일 및 사유를 적고 사업자등록증을 첨부하여 제출하는 경우에는 폐업신고서를 제출한 것으로 한다.

관할세무서장은 사업자가 폐업하거나 사실상 사업을 개시하지 않게 되는 때에는 지체없이 사업자등록을 말소(抹消)하여야 한다.

10.5.4 미등록시 불이익

사업자등록을 하지 않으면 다음의 불이익이 있다.

- 사업개시일로부터 20일 이내에 사업자등록 신청을 하지 않으면 미등록가산세가 적용된다(공급가액의 1%).
- 사업자등록을 하기 전의 매입세액(등록신청일부터 역산하여 20일 이내의 것은 제외)을 매출세액에서 공제받을 수 없다.
- 사업자등록을 하지 않으면 세금계산서의 발급의무도 이행할 수 없기 때문에 조세범처벌법에 의한 처벌을 받는다.

10.6 과세거래

이론적으로 부가가치세는 각 거래단계에서 창출한 부가가치에 대해서 과세하는 것이지만, 전단계세액공제법을 적용하고 있는 우리나라에서는 각 거래단계의 부가가치를 직접 포착하여 과세하지 않고 재화나 용역의 공급에 대한 매출세액에서 매입세액을 차감하여 부가가치세를 계산한다. 따라서 부가가치세법상 과세거래는 재화의 공급, 용역의 공급, 재화의 수입이다.

재화나 용역의 공급은 공급자가 사업자인 경우에만 과세거래가 되지만, 재화의 수입은 수입자의 사업자 여부에 관계없이 부가가치세를 납부해야 한다.

〈부가가치세의 과세거래〉

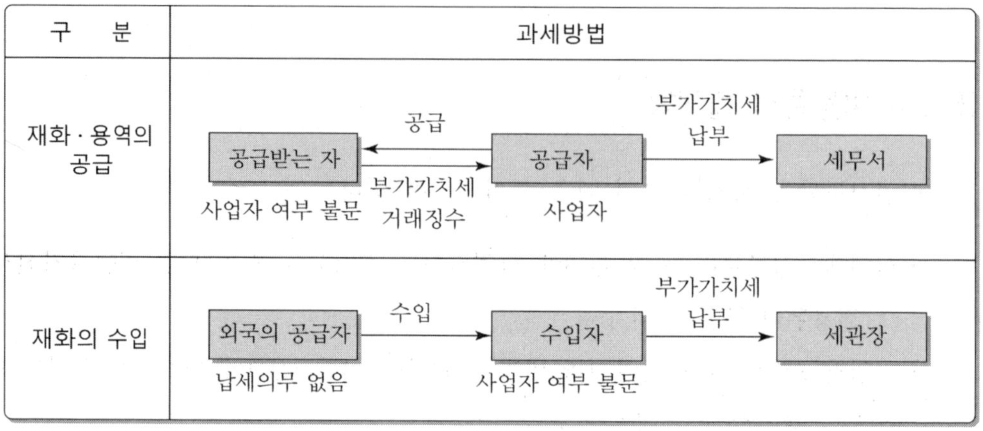

10.6.1 재화의 공급

부가가치세법상 재화의 공급은 계약상 또는 법률상의 모든 원인에 의하여 재화를 인도하거나 양도하는 것을 의미하며, 그 사례는 다음과 같다.

- 현금판매, 외상판매, 할부판매, 장기할부판매, 조건부 및 기한부판매, 위탁판매, 기타 매매계약에 의하여 재화를 인도 또는 양도하는 것(매매계약)
- 자기가 주요자재의 전부 또는 일부를 부담하고 상대방으로부터 인도받은 재화에 공작을 가하여 새로운 재화를 만드는 가공계약에 의하여 재화를 인도하는 것(가공계약)
- 재화의 인도대가로서 다른 재화를 인도받거나 용역을 제공받는 교환계약에 의하여 재화를 인도 또는 양도하는 것(교환계약)
- 경매, 수용, 현물출자, 기타 계약상 또는 법률상의 원인에 의하여 재화를 인도 또는 양도하는 것

한편, 담보의 제공(질권 · 저당권 또는 양도담보의 목적으로 동산 · 부동산 및 부동산상의 권리를 제공하는 것)과 사업의 양도(사업장별로 그 사업에 관한 모든 권리와 의무를 포

괄적으로 승계시키는 것)는 재화의 공급으로 보지 않는다.

10.6.2 용역의 공급

부가가치세법상 용역의 공급은 계약상 또는 법률상의 모든 원인에 의하여 역무를 제공하거나 재화, 시설물 또는 권리를 사용하게 하는 것을 의미한다.

용역공급의 범위와 관련하여 다음은 용역의 공급에 해당한다.

- 건설업에 있어서는 건설업자가 건설자재의 전부 또는 일부를 부담하는 경우에도 용역의 공급으로 본다.
- 상대방으로부터 인도받은 재화에 자기가 주요자재를 전혀 부담하지 않고 단순히 가공만 해 주는 것은 용역의 공급으로 본다(주요자재를 부담하고 가공해 주면 재화의 공급에 속한다).
- 산업상·상업상 또는 과학상의 지식·경험 또는 숙련에 관한 노하우를 제공하는 것은 용역의 공급으로 본다.

대가를 받지 않고 용역을 공급하는 것(용역의 무상공급)은 용역의 공급으로 보지 않는다. 용역의 무상공급을 과세대상에서 제외하는 이유는 용역이 재화에 비해서 시가를 확인하기가 어렵고 무상으로 공급하는 인적용역(人的用役)에 대해서 과세하기가 현실적으로 어렵기 때문이다. 다만 사업자가 특수관계인에게 사업용 부동산의 임대용역을 제공하는 경우에는 저가공급은 물론 무상공급에 대해서도 시가를 과세표준으로 하여 부가가치세가 과세된다.

고용관계에 따라 근로를 제공하는 것은 사업상 독립적으로 용역을 공급하는 것이 아니므로 용역공급으로 보지 않는다.

10.6.3 재화의 수입

수입된 재화는 소비지국 과세원칙에 따라 우리나라에서 부가가치세가 과세된다.

재화의 수입이란 외국으로부터 우리나라에 들어온 물품, 수출신고가 수리된 물품으로서 선적이 완료되었던 물품을 우리나라에 반입하는 것을 의미한다. 수출하는 재화는 영세율(零稅率)을 적용받아 부가가치세 부담이 완전히 제거되기 때문에 이를 다시 우리나라에 반입하는 것에 대해서 부가가치세를 과세한다. 수출신고가 수리되었지만 아직 선적되지 않은 물품을 보세구역(保稅區域)에서 반입하는 경우에는 수출재화의 공급시기(선적시점) 이전이어서 영세율이 적용되지 않아 부가가치세가 제거되지 않은 상태이기 때문에 이를 재화의 수입으로 보지 않는다.

외국물품이 우리나라에 들어오면 관세법에 의하여 일정한 통관절차를 거쳐야 보세구역으로부터 재화를 반출할 수 있다. 즉 물품을 수입하는 경우 수입신고가 수리되어야 보세구역으로부터 재화를 반출할 수 있으며, 이 때부터 내국물품과 같이 취급된다. 따라서 외국으로부터 보세구역으로 재화를 반입하는 것은 재화의 수입에 해당하지 않는다. 동일한 보세구역 내에서 재화나 용역을 공급하는 것, 보세구역 외의 장소에서 보세구역으로 재화나 용역을 공급하는 것은 재화나 용역의 공급에 해당한다. 보세구역 내에서 보세구역 외의 장소로 재화나 용역을 공급하는 것도 재화나 용역의 공급에 해당하며, 만약 그 재화가 외국에서 도착한 물품인 경우에는 그것이 동시에 재화의 수입에도 해당된다.

10.6.4 부수재화 또는 용역

주된 거래인 재화의 공급에 필수적으로 부수되는 재화나 용역의 공급은 주된 거래인 재화의 공급에 포함되고, 주된 거래인 용역의 공급에 필수적으로 부수되는 재화나 용역의 공급은 주된 거래인 용역의 공급에 포함되는 것으로 본다.

① 당해 대가가 주된 거래의 재화나 용역의 공급대가에 통상적으로 포함되어 공급되는 재화나 용역
② 거래의 관행으로 보아 통상적으로 주된 재화나 용역의 공급에 부수하여 공급되는 것으로 인정되는 재화나 용역
③ 주된 사업과 관련하여 우발적 또는 일시적으로 공급되는 재화나 용역
④ 주된 사업과 관련하여 주된 재화의 생산에 필수적으로 부수하여 생산되는 재화

상기 ①과 ②는 주된 '거래'에 부수하여 공급되는 재화나 용역을 규정하는 것으로 이들은 별도의 독립된 거래로 보지 않고 주된 거래인 재화나 용역의 공급에 흡수되는 것으로 본다. 따라서 이러한 부수 재화나 용역의 공급에 관해서는 그 공급시기를 별도로 판단할 필요가 없고 별도의 세금계산서를 발급할 필요도 없으며, 그 부수공급의 과세·면세 여부도 주된 거래에 따르면 된다.

상기 ③과 ④는 주된 '사업'에 부수하여 공급되는 재화나 용역을 규정하는 것이며, 이들은 독립된 사업으로 보지 않고 주된 사업의 일부를 구성하는 것으로 취급한다. 이 경우 그 부수공급의 과세·면세 여부는 주된 사업에 따르게 된다. 예를 들어 과세대상인 사업용 비품을 과세사업자가 매각하는 경우에는 부가가치세가 과세되고 면세사업자가 매각하면 면세된다. 만약 면세대상인 재화나 용역을 공급하는 경우에는 주된 사업이 과세이든 면세이든 관계없이 면세된다.

주된 '사업'에 부수하여 공급되는 재화나 용역은 단지 주된 사업에 부수되는 것일 뿐 어떤 특정 거래에 흡수되는 것이 아니다. 따라서 그 공급시기가 독립적으로 존재하고 세금계산서도 별도로 발급해야 하는 점에서 주된 '거래'에 부수하여 공급되는 재화·용역과는 차이가 있다.

10.6.5 재화의 간주공급

재화의 간주공급(看做供給)이란 실질적인 재화의 공급이 아님에도 불구하고 과세목적상 일정한 사건들을 재화의 공급으로 보는 것을 말한다. 간주공급의 유형으로는 자가공급, 개인적 공급, 사업상 증여, 폐업 시의 잔존재화를 들 수 있다.

1. 자가공급

자가공급(自家供給)이란 사업자가 자기의 사업과 관련하여 생산하거나 취득한 재화를 자기의 사업을 위하여 직접 사용·소비하는 것을 말하며, 이는 거래상대방에게 재화를 인도하는 것은 아니지만 다음의 경우에는 재화의 공급으로 본다.

구 분	내 용
면세사업에의 전용	과세사업을 위해 생산·취득한 재화를 부가가치세 면세사업을 위해 사용·소비하는 것(매입세액이 공제되지 않은 재화는 제외)
비영업용 소형승용자동차와 그 유지를 위한 전용	과세사업을 위해 생산·취득한 재화를 비영업용 소형승용차로 사용하거나 그 승용차의 유지를 위하여 사용·소비하는 것(매입세액이 공제되지 않은 재화는 제외)
판매목적 타 사업장 반출	둘 이상의 사업장이 있는 사업자가 자기사업과 관련하여 생산·취득한 재화를 타인에게 직접 판매할 목적으로 다른 사업장에 반출하는 것(예: 직매장 반출)

판매목적으로 타 사업장에 재화를 반출하는 경우 사업자가 총괄납부 또는 사업자단위과세의 적용을 받는 과세기간에 반출하는 것은 재화의 공급으로 보지 않는다.

2. 개인적 공급

사업자가 자기의 사업과 관련하여 생산하거나 취득한 재화를 사업과 직접 관계없이 사용·소비하는 것은 재화의 공급으로 본다. 개인적 공급(個人的 供給)은 자기나 그 사용인이 사용·소비하는 것으로서 그 대가를 받지 않거나 시가보다 낮은 대가를 받는 것을 포함한다. 근로자의 날에 회사가 만든 제품을 종업원에게 무상으로 지급하였다면, 이는 과세거래인 재화의 공급에 해당한다. 그러나, 사업자가 자기의 사업과 관련하여 실비변상적이거나 복리후생적인 목적으로 자기의 사용인에게 재화를 무상으로 공급하는 것은 과세거래로 보지 않는다(작업복, 작업모, 작업화 등).

3. 사업상 증여

사업자가 자기의 사업과 관련하여 생산하거나 취득한 재화를 자기의 고객이나 불특정다수인에게 증여하는 것은 재화의 공급으로 본다. 사업장 증여는 대가를 받지 않는 것이지만 이를 방치할 경우 부가가치세의 부담이 없는 소비가 이루어지게 되므로 소비자간 과세형평이 침해되는 것을 막기 위해 재화의 공급으로 보는 것이다.

다음의 경우에는 사업상 증여로 보지 않는다.

- 증여되는 재화의 대가가 주된 거래인 재화의 공급대가에 포함되는 것
- 사업을 위하여 대가를 받지 않고 다른 사업자에게 인도·양도하는 견본품
- 불특정다수인에게 무상으로 배포하는 광고선전용 재화

• 재난 및 안전관리기본법의 적용을 받아 특별재난지역에 공급하는 물품

4. 폐업 시의 잔존재화

사업자가 사업을 폐업하는 경우 남아 있는 재화는 자기에게 공급하는 것으로 본다. 사업자가 폐업을 하면 사업자의 지위를 상실하고 사업자등록도 말소된다. 따라서 폐업 시 남아 있던 재화를 누군가 소비하더라도 부가가치세를 과세할 수 없게 된다. 이 같은 문제점을 해소하기 위해 폐업 시 남아 있는 재화를 폐업 시점에 모두 공급된 것으로 보아 부가가치세를 과세하는 것이다. 사업개시 전에 사업자등록을 한 자가 사실상 사업을 시작하지 않게 되는 경우에도 잔존재화를 자기에게 공급하는 것으로 본다. 매입세액이 공제되지 않은 재화는 폐업 시 잔존재화의 과세에서 제외된다. 폐업 시 잔존재화로 과세된 이후에 판매가 이루어지더라도 이는 사업자로서 재화를 공급하는 것이 아니므로 부가가치세 납세의무가 없다.

연습문제

문 1 우리나라의 부가가치세에 관한 다음 설명 중 타당하지 않은 것은?

① 전단계세액공제법을 적용한다.

② 납세의무자와 담세자가 동일한 직접세이다.

③ 신고납세제도를 채택하고 있다.

④ 소비형 부가가치세에 속한다.

문 2 다음은 A 재화의 거래단계별 판매가격에 관한 자료이다. A 재화의 거래로 창출된 총 부가가치는 얼마인가?

생산자	도매업자	소매업자
4,000원	6,000원	9,000원

① 2,000원　② 4,000원

③ 6,000원　④ 9,000원

문 3 상기 [문 2]의 자료에서 소매업자가 창출한 부가가치는 얼마인가?

① 2,000원　② 3,000원

③ 5,000원　④ 9,000원

문 4 일정기간 동안의 매출액에 세율을 곱하여 매출세액을 구하고, 전단계까지 과세된 세액(매입세액)을 차감하여 부가가치세 납부세액을 계산한다. 이는 무엇에 관한 설명인가?

① 전단계거래액공제법　② 전단계세액공제법

③ 가산법　④ 영세율제도

문 5 부가가치세는 소비지국 과세원칙을 채택하고 있다. 이와 관련한 다음 설명 중 잘못된 것은?

① 수출거래에 대해서는 영세율제도를 적용한다.

② 수입되는 재화에 대해서는 부가가치세를 과세하지 않는다.

③ 생산지국 과세원칙을 적용하면 교역상대국의 간접세율이 다를 경우 국가간의 대외경쟁력이 왜곡되는 문제점이 초래된다.

④ 수출국에서는 간접세를 전액 공제해 주고, 수입국이 자국에서 생산된 상품과 동일하게 간접세를 부과한다.

문 6 부가가치세의 담세자는 누구인가?

① 최종소비자 ② 재화의 공급자

③ 용역의 공급자 ④ 재화의 수입자

문 7 부가가치세의 과세방법에 관한 다음 설명 중 타당하지 않은 것은?

① 전단계세액공제법을 적용한다.

② 납부세액은 매출세액에서 매입세액을 차감하여 계산한다.

③ 공급자는 공급받는 자로부터 매출세액을 거래징수해야 한다.

④ 부가가치세의 담세자는 공급자이다.

문 8 부가가치세의 납세의무자인 사업자에 관한 설명이다. 잘못된 것은?

① 사업자는 사업상 독립적으로 재화 또는 용역을 공급하는 자이다.

② 사업상 독립적으로 공급한다는 것은 다른 사업자에게 종속되어 있지 않고 자기계산과 책임으로 사업을 영위함을 의미한다.

③ 단순히 일회성 거래로 재화나 용역을 공급하였다면 사업성을 인정하기 어려울 것이다.

④ 사업자는 반드시 영리목적을 가져야 한다.

문 9 사업자의 분류에 관한 다음 설명 중 타당하지 않은 것은?

① 사업자는 납세의무의 유형에 따라 과세사업자와 면세사업자로 나뉜다.

② 과세사업자는 일반과세자와 간이과세자로 구분된다.

③ 간이과세자도 전단계세액공제법에 따라 매출세액에서 매입세액을 차감한 금액을 납부세액으로 한다.

④ 과세사업과 면세사업을 겸영하는 사업자는 부가가치세 납세의무가 있기 때문에 과세사업자로 분류된다.

문 10 다음은 면세사업자에 관한 설명이다. 잘못된 것은?

① 면세사업자란 부가가치세법에서 면세대상으로 열거하는 품목을 공급하는 사업자이다.

② 면세사업자는 부가가치세 납부의무가 면제되므로 매출세액을 거래징수할 필요가 없다.

③ 면세사업자는 매입세액을 공제받을 수 없다.

④ 면세사업자라도 부가가치세법상 사업자등록, 세금계산서 발급, 과세표준신고 등의 제반의무를 부담해야 한다.

문 11 부가가치세의 과세기간은 (　　)개월이지만, 각 과세기간에 예정신고와 납부를 해야 하므로 결국 납세의무자인 사업자는 원칙적으로 1년에 (　　)회 부가가치세를 신고하고 납부해야 한다. (　　)에 알맞은 것은?

① 6, 4　　② 12, 2

③ 3, 4　　④ 6, 2

문 12 사업장에 관한 다음 설명 중 잘못된 것은?

① 제조업의 경우 최종제품을 완성하는 장소가 사업장이다.

② 부동산임대업의 경우 그 부동산의 등기부상 소재지가 사업장이다.

③ 직매장은 별개의 사업장으로 본다.

④ 거래를 수행하지 않고 단순히 업무연락만을 하는 장소도 사업장에 해당한다.

문 13 사업자단위과세제도에 관한 다음 설명 중 타당하지 않은 것은?

① 주사업장 총괄납부제도는 주사업장에서 각 사업장의 부가가치세를 총괄납부하는 것만 가능하지만, 사업자단위과세제도는 부가가치세법상의 모든 납세의무를 사업자단위로 이행한다는 점에서 차이가 있다.

② 사업자단위로 사업자등록을 한 사업자는 둘 이상의 사업장이 있는 경우에도 본점(또는 주사무소)에 대해서만 사업자등록을 한다.

③ 주사업장 총괄납부의 경우와 마찬가지로 법인의 지점을 사업자단위과세를 총괄하는 사업장으로 할 수 있다.

④ 사업자단위로 통산한 과세표준 및 납부세액을 하나의 신고서에 기재하여 본점의 관할세무서장에게 신고·납부한다.

문 14 사업자등록에 관한 다음 설명 중 가장 타당하지 않은 것은?

① 사업자는 사업개시일부터 20일 이내에 사업자등록을 하여야 한다.

② 사업개시일로부터 20일 이내에 사업자등록을 하지 않으면 미등록가산세가 적용된다.

③ 사업자등록을 하기 전의 매입세액은 원칙적으로 매출세액에서 공제받을 수 없다.

④ 면세사업자도 반드시 부가가치세법상의 사업자등록을 하여야 한다.

문 15 다음 중 부가가치세 과세거래가 아닌 것은?

① 용역의 수입 ② 재화의 수입

③ 용역의 공급 ④ 재화의 공급

문 16 다음 중 부가가치세 과세대상에 해당하는 것은?

① 담보의 제공 ② 사업의 양도

③ 고용관계에 따른 근로의 제공 ④ 장기할부판매

문 17 부가가치세의 과세대상에 관한 다음 설명 중 타당하지 않은 것은?

① 부가가치세법상 과세대상은 재화 또는 용역의 공급, 재화의 수입이다.

② 재화의 수입에 부가가치세를 과세하는 것은 소비지국 과세원칙과 관계가 있다.

③ 국내에서 공급하는 재화와 용역은 사업자가 공급하는 것에 한하여 부가가치세가 과세된다.

④ 수입하는 재화의 경우에도 수입자가 사업자인 경우에 한하여 부가가치세가 과세된다.

문 18 수출입에 관한 다음 설명 중 타당하지 않은 것은?

① 수입된 재화는 소비지국 과세원칙에 따라 우리나라에서 부가가치세가 과세된다.

② 수출신고가 수리된 물품으로서 선적이 완료되었던 물품을 우리나라에 반입하는 것은 재화의 수입에 해당한다.

③ 외국으로부터 보세구역으로 재화를 반입하는 것은 재화의 수입에 해당한다.

④ 수출하는 재화는 영세율이 적용된다.

문 19 재화의 공급이 아님에도 불구하고 부가가치세 과세목적상 일정한 사건들을 재화의 공급으로 의제하는 것을 간주공급이라 한다. 다음 중 간주공급에 해당하지 않는 것은?

① 교환계약 ② 개인적 공급

③ 사업상 증여 ④ 폐업 시의 잔존재화

문 20 폐업 시의 잔존재화와 관련한 다음 설명 중 타당하지 않은 것은?

① 사업자가 사업을 폐업하는 경우 남아 있는 재화는 자기에게 공급하는 것으로 본다.

② 폐업 시 남아 있는 재화는 폐업 시점에 모두 공급한 것으로 보아 부가가치세를 과세한다.

③ 매입세액이 공제되지 않은 재화는 폐업 시 잔존재화의 과세에서 제외된다.

④ 폐업 시 잔존재화로 과세된 이후에 판매가 이루어지면 또 다시 부가가치세를 납부해야 한다.

11장

부가가치세 2

11.1 재화와 용역의 공급시기
11.2 영세율과 면세
11.3 과세표준과 매출세액
11.4 세금계산서

11.1 재화와 용역의 공급시기

재화와 용역의 공급시기(供給時期)는 재화와 용역의 공급이 어느 과세기간에 귀속되는지를 결정하는 기준이 되며, 거래상대방에게 세금계산서를 발급하는 시기를 정하는 기준이 된다.

11.1.1 재화의 공급시기

재화의 공급시기는 다음 기준에 따른다.

구 분	공급시기
재화의 이동이 필요한 경우	재화가 인도되는 때
재화의 이동이 필요하지 않은 경우	재화가 이용가능하게 되는 때
위의 기준을 적용할 수 없는 경우	재화의 공급이 확정되는 때

구체적인 거래형태별 공급시기는 다음과 같다.

구 분	재화의 공급시기
현금판매, 외상판매, 할부판매의 경우	재화가 인도되거나 이용가능하게 되는 때
상품권 등을 판매하고 그 후 해당 상품권 등이 현물과 교환되는 경우	재화가 실제로 인도되는 때
장기할부판매의 경우	대가의 각 부분을 받기로 한 때
조건부, 기한부 판매의 경우	조건이 성취되거나 기한이 경과되어 판매가 확정되는 때
완성도지급기준 또는 중간지급조건부로 재화를 공급하거나 전력 기타 공급단위를 구획할 수 없는 재화를 계속적으로 공급하는 경우	대가의 각 부분을 받기로 한 때
재화의 공급으로 보는 가공의 경우	가공된 재화를 인도하는 때
재화의 공급의제(간주공급)의 경우	재화가 사용 또는 소비되는 때(폐업시의 잔존재화는 폐업하는 때)
무인판매기를 이용한 공급의 경우	무인판매기에서 현금을 인취하는 때

기타의 경우	재화가 인도되거나 인도가능한 때
내국물품의 국외반출 및 중계무역방식의 수출	수출재화의 선적일(船積日)
보세구역 내에서 보세구역 이외의 국내에 재화를 공급하는 경우	당해 재화가 수입재화에 해당하는 때에는 수입신고수리일

장기할부판매는 재화를 공급하고 그 대가를 월부·연부 그 밖의 부불방법에 따라 받는 것 중 2회 이상으로 분할하여 대가를 받고, 해당 재화의 인도일의 다음 날부터 최종 부불금의 지급기일까지의 기간이 1년 이상인 것을 말한다.

11.1.2 용역의 공급시기

용역이 공급되는 시기는 역무가 제공되거나 재화·시설물 또는 권리가 사용되는 때로 한다.

용역의 공급시기에 관한 구체적인 기준은 다음과 같다.

구 분	용역의 공급시기
통상적인 공급의 경우	역무의 제공이 완료되는 때
완성도기준지급, 중간지급, 장기할부 또는 기타 조건부로 용역을 공급하거나 그 공급단위를 구획할 수 없는 용역을 계속적으로 공급하는 경우	그 대가의 각 부분을 받기로 한 때
위의 기준을 적용할 수 없는 경우	역무의 제공이 완료되고 그 공급가액이 확정되는 때
부동산임대용역을 공급하는 경우 전세금 또는 임대보증금에 대한 간주임대료	예정신고기간 또는 과세기간의 종료일
둘 이상의 과세기간에 걸쳐 부동산임대용역을 공급하고 그 대가를 선불 또는 후불로 받는 경우 월수에 따라 안분계산한 임대료	
둘 이상의 과세기간에 걸쳐 일정한 용역(수영장, 헬스클럽장 등의 이용)을 계속적으로 제공하고 그 대가를 선불로 받는 경우	

11.1.3 공급시기의 특례

폐업 전에 공급한 재화 또는 용역의 공급시기가 폐업일 이후에 도래하는 경우에는 그 폐업일을 해당 재화 또는 용역의 공급시기로 본다. 또한 사업자가 공급시기가 되기 전에 재화 또는 용역에 대한 대가의 전부 또는 일부를 받고, 이와 동시에 그 받은 대가에 대하여 세금계산서 또는 영수증을 발급하는 경우에는 그 발급하는 때를 각각 그 재화 또는 용역의 공급시기로 본다. 따라서 대가를 받지 않고 공급시기 전에 세금계산서를 발급하면 사실과 다른 세금계산서로 간주될 가능성이 있기 때문에 주의해야 한다. 한편 사업자가 다음의 공급시기가 되기 전에 세금계산서 또는 영수증을 발급하는 경우에는 그 발급하는 때를 해당 재화 또는 용역의 공급시기로 인정하는데, 이는 이들 거래의 경우 실제로 재화가 인도되거나 역무의 제공이 이루어져 매입세액의 부당환급 문제가 야기될 우려가 적다고 보기 때문이다.

- 장기할부판매의 공급시기
- 전력 기타 공급단위를 구획할 수 없는 재화를 계속적으로 공급하는 경우의 공급시기
- 장기할부 또는 통신 등 그 공급단위를 구획할 수 없는 용역을 계속적으로 공급하는 경우의 공급시기

11.2 영세율과 면세

부가가치세는 모든 재화와 용역의 공급에 대하여 10%의 동일한 세율로 과세하는 것이 원칙이지만, 세율 및 과세대상에 대한 예외로서 영세율제도와 면세제도를 두고 있다.

11.2.1 영세율제도

영세율제도(零稅率制度)란 일정한 재화 또는 용역의 공급에 대하여 영(0)의 세율을 적용함으로써 해당 재화나 용역의 부가가치세 부담을 완전히 제거시켜 주는 제도

이다. 영세율제도는 재화나 용역을 외국에 공급하는 수출거래에 주로 적용되며, 이를 통해 수입국의 소비자들이 우리나라의 부가가치세 부담을 지지 않게 되므로 소비지국 과세원칙을 구현할 수 있다. 부가가치세법은 수출 등과 관련이 있는 거래에도 이 제도를 적용함으로써 외화획득을 지원하고 있으며, 조세특례제한법에서 수출이나 외화획득과 무관한 일부 거래에 대해서도 이 제도를 적용하고 있다.

영세율 적용대상자는 과세사업자이어야 하며, 따라서 면세사업자는 면세를 포기하지 않는 한 영세율을 적용받을 수 없다. 간이과세자는 과세사업자에 해당하므로 영세율을 적용받을 수 있지만, 매입세액은 환급받을 수 없다.

영세율제도는 세율을 영(0)으로 하는 것일 뿐 부가가치세의 의무 자체를 면제하는 것이 아니기 때문에 사업자등록이나 세금계산서 발급 등 납세의무자로서의 제반 의무를 이행하여야 한다.

영세율이 적용되는 경우 부가가치세 예정신고서 또는 확정신고서에 영세율 적용대상임을 증명하는 서류를 첨부하여 제출하여야 한다(수출하는 재화의 경우 수출실적명세서 등).

11.2.2 영세율제도의 원리

간단한 사례를 통해 영세율제도의 원리를 생각해 보자.

구 분	사업자 A	사업자 B(수출업자)	최종소비자(수입업자)
매 출 액	400	1,000	
매 입 액	0	400	
부가가치	400	600	1,000
매출세액	40	0	
매입세액	0	40	
납부(환급)세액	40	(40)	0

사업자 A는 자신이 생산한 제품을 사업자 B에게 400원에 판매하고, 물품대(400원)와 부가가치세(40원)를 합한 금액인 440원을 받는다. 사업자 A는 사업자 B와의 거래로부터 징수한 부가가치세 매출세액 40원을 세무서에 납부한다. 수출업자인 사

업자 B는 사업자 A로부터 구매한 물품(400원)에 600원의 부가가치를 붙여 1,000원의 가격으로 외국에 수출한다. 수출하는 재화에 영(0)의 세율이 적용되므로 부가가치세 매출세액은 0이 되고 최종소비자(수입업자)가 사업자 B에게 지불하는 금액은 물품대 1,000원이 된다. 사업자 B는 최종소비자(수입업자)로부터 부가가치세를 징수하지 않았지만, 자신이 사업자 A와의 거래에서 이미 지불한 부가가치세 40원(매입세액)을 세무서에 신고하여 환급받게 된다. 결국 영세율제도는 해당 적용단계(사업자 B)에서 창출된 부가가치에 대해 과세하지 않을 뿐 아니라 그 이전단계(사업자 A)에서 창출된 부가가치에 대해 이미 과세된 것까지도 모두 취소하는 결과로 귀결된다. 이와 같이 영세율제도를 적용하면 해당 재화나 용역의 부가가치세 부담이 완전히 제거되고 거래상대방(이 예에서는 수입업자)은 부가가치세를 전혀 부담하지 않게 되므로 이론상 '완전면세'되는 효과가 있다.

11.2.3 영세율 적용대상거래

영세율을 적용받는 재화 또는 용역의 범위는 다음과 같다.

구 분	영세율 적용대상 세부내역
수출하는 재화	내국물품을 외국으로 반출하는 것
	내국신용장과 구매확인서에 의해 공급하는 재화
	공해상에서 채포된 수산물을 외국으로 반출하는 것
	중계무역수출, 위탁판매수출, 외국인도수출, 위탁가공무역수출
국외에서 제공하는 용역	국외건설공사를 내국법인으로부터 재도급받아 국외에서 건설용역을 제공하고 그 대가를 원도급자인 내국법인으로부터 받는 경우
선박·항공기의 외국항행용역	여객이나 화물을 국내에서 국외로, 국외에서 국내로, 국외에서 국외로 수송하는 것
기타 외화획득사업	국내거래이지만 그 실질이 수출 등과 동일한 것이거나 외화획득사업을 장려하기 위한 취지에서 특별히 영세율을 적용(수출재화 임가공용역, 일반 여행업자가 외국인 관광객에게 공급하는 관광알선용역 등)

11.2.4 면세제도

부가가치세는 소비에 대해 일률적으로 부과하고 부가가치세를 부담하는 소비자의 부담능력을 고려하지 않기 때문에 고소득층에 비해서 저소득층의 조세부담률이 더 높게 나타나는 역진성의 특징이 있다. 이를 완화하기 위해서 기초 생활필수품 등에 대하여 부가가치세를 면제하거나 특정물품의 소비에 대해서는 개별소비세를 부과하는 제도를 두고 있다.

면세제도(免稅制度)는 일정한 재화나 용역의 공급에 대한 부가가치세의 납세의무를 면제하는 제도이다. 면세제도는 해당 적용단계에서 창출된 부가가치에 대해서는 과세하지 않지만, 그 전단계에서 이미 부과된 부가가치세는 면세재화나 용역의 가격에 포함되어 여전히 잔존하게 되므로 부가가치세의 부담이 완전히 제거되지는 않는다. 재화나 용역의 공급 시 그 최종소비 단계에서 면세를 적용하면 면세사업자가 창출한 부가가치에 해당하는 세금만큼 최종소비자의 부담이 경감된다. 면세제도는 주로 기초 생활필수품이나 국민후생용역과 관련하여 최종소비자의 조세부담을 줄여주기 위해 운용된다.

면세사업자는 부가가치세의 납세의무가 면제되므로 사업자등록이나 세금계산서 발급 등의 의무가 없다.

11.2.5 면세제도의 원리

간단한 사례를 통해 면세제도의 원리를 생각해 보자.

사업자 A는 자신이 생산한 제품을 사업자 B에게 400원에 판매하고, 물품대(400원)와 부가가치세(40원)를 합한 금액인 440원을 받는다. 사업자 A는 사업자 B와의 거래로부터 징수한 부가가치세 매출세액 40원을 세무서에 납부한다. 사업자 B는 사업자 A로부터 구매한 물품(440원)에 600원의 부가가치를 창출하였지만 면세사업자이므로 자신이 창출한 부가가치(600원)에 해당하는 부가가치세(60원)를 면제받을 뿐, 사업자 A와의 거래에서 거래징수당한 매입세액(40원)을 공제받을 수 없다. 따라서 사업자 B는 공제받지 못한 매입세액(40원)을 물품대(1,000원)에 추가하여 1,040원의

구 분	사업자 A	사업자 B(면세사업자)	최종소비자
매 출 액	400	1,040	
매 입 액	0	440	
부가가치	400	600	1,000
매출세액	40	0	
매입세액	0	0	
납부(환급)세액	40	0	40

가격으로 최종소비자에게 판매한다. 이와 같이 면세사업자는 전단계에서 거래징수당한 부가가치세를 면세되는 재화나 용역을 공급할 때 그 가격에 포함시켜 거래상대방에게 전가시키게 되며, 그 결과 면세의 전단계에서 이미 부과된 부가가치세는 면세재화 또는 용역의 가격에 포함되어 남기 때문에 부가가치세의 부담이 완전히 제거되지는 않는다. 면세제도는 해당 적용단계에서 창출된 부가가치에 대해서는 과세하지 않지만, 그 전단계에서 창출된 부가가치에 대해 이미 과세한 부가가치세는 취소되지 않기 때문에 이론상 '부분면세'되는 효과가 있다.

11.2.6 면세의 적용대상

세법에서 정한 주요 면세대상은 다음과 같으며, 이 경우 면세되는 재화나 용역의 공급에 필수적으로 부수되는 재화나 용역의 공급도 재화나 용역의 공급에 포함되는 것으로 본다.

면세대상 중 가장 중요한 비중을 차지하는 미가공식료품의 경우 국산뿐만 아니라 수입된 외국산도 면세하지만, 식용으로 제공되지 않는 미가공 농·축·수·임산물은 국산에 대해서만 면세하고 외국산은 면세하지 않는다.

면세하는 교육용역은 주무관청의 허가 또는 인가를 받거나 주무관청에 등록 또는 신고된 학원·강습소 등에서 지식과 기술 등을 가르치는 것을 말한다.

저술가, 작곡가 등이 직업상 제공하는 인적용역은 그 성격이 근로의 제공과 유사하기 때문에 면세대상으로 하고 있다. 면세대상 인적용역은 개인이 물적시설 없이 근로자를 고용하지 않고 독립된 자격으로 용역을 공급하는 경우에 한하여 면세되는

구 분	면세대상 세부내역
기초생활필수품	미가공식료품(농·축·수·임산물 포함) 및 우리나라에서 생산되어 식용으로 제공되지 않는 미가공 농·축·수·임산물
	수돗물, 연탄과 무연탄, 여성용 생리처리 위생용품
	여객운송용역(항공기, 고속버스, 전세버스, 택시, 특수자동차, 특종선박 또는 고속철도에 의한 여객운송용역은 제외)
	주택과 이에 부수되는 토지의 임대용역
국민후생 및 문화 관련 재화·용역	의료보건용역(수의사의 용역 포함)과 혈액
	교육용역
	도서(도서대여용역 포함), 신문, 잡지, 관보, 뉴스통신. 다만, 광고는 제외
	예술창작품, 예술행사, 문화행사와 아마추어 운동경기
	도서관, 과학관, 박물관, 미술관, 동·식물원에의 입장
부가가치 생산요소	토지
	금융·보험용역
	저술가, 작곡가 등이 직업상 제공하는 인적용역
기 타	우표, 담배
	종교, 자선, 학술, 구호, 그 밖의 공익을 목적으로 하는 단체가 공급하는 재화·용역
	국가, 지방자치단체, 지방자치단체조합이 공급하는 재화·용역
	국가, 지방자치단체, 지방자치단체조합, 공익단체에 무상으로 공급하는 재화·용역

것(저술, 작곡, 배우, 가수, 건축감독, 직업운동가, 강연료 등)과 개인·법인 등 공급자의 구분 없이 면세되는 것(국선변호인의 국선변호, 학술연구용역 등)으로 구분된다.

토지는 면세되는 재화이지만, 토지의 임대용역은 원칙적으로 과세되는 용역이다. 건물을 공급하거나 임대하는 것은 원칙적으로 과세거래이지만, 국민주택을 공급하거나 주택을 임대하는 것은 면세된다. 주택임대에 부수되는 일정 면적의 토지임대에 대해서도 면세된다.

11.2.7 면세포기

일정한 면세대상 재화 또는 용역에 대해서는 사업자의 선택에 따라 면세를 포기하고 과세사업자로 적용받을 수 있는 제도가 있다. 면세를 포기하는 주된 이유는 영세율 적용대상이 되는 거래에 대해서 면세가 아니라 영세율을 적용받기 위한 것이다. 면세사업자는 매입세액을 공제받지 못하므로 당해 매입세액을 원가에 산입하여야 한다. 이에 비해서 영세율을 적용받으면 이미 납부한 매입세액을 모두 공제받아 완전면세가 가능해지므로 오히려 면세를 포기하는 것이 유리한 경우가 있는 것이다. 면세제도의 주된 취지는 최종소비자의 세부담을 경감해 주는 것이기 때문에 모든 면세사업자에게 면세포기를 인정해 주는 것은 아니며, 면세를 포기하여도 최종소비자에게 조세부담이 전가되는 영향이 적을 것으로 여겨지는 다음의 경우에 한하여 면세포기를 허용하고 있다.

- 영세율 적용대상인 재화 · 용역
- 공익단체 중 학술연구단체 또는 기술연구단체가 공급하는 재화 · 용역

면세포기는 새롭게 납세의무자가 되는 절차이므로 과세기간 중 언제든지 포기신고를 할 수 있지만, 한 번 면세포기를 하면 3년간은 다시 면세적용을 받을 수 없다.

11.2.8 영세율과 면세의 비교

영세율제도와 면세제도를 비교 · 요약하면 다음과 같다.

구 분	영세율	면 세
제도의 취지	국제적 이중과세 방지, 수출 및 외화획득 지원	최종소비자의 조세부담 경감(부가가치세의 역진성 완화)
주요 적용대상	수출 등 외화획득거래	기초생활필수품
면세 효과	완전면세	부분면세
매출세액	0의 세율을 적용하므로 거래징수할 매출세액이 없음	부가가치세의 거래징수의무가 없음
매입세액	매입세액공제 가능	매입세액공제 불가능
사업자등록 · 세금계산서발급 등 부가가치세법상 각종 의무	있음	없음

11.3 과세표준과 매출세액

과세표준(課稅標準)은 세액산출의 기초가 되는 과세대상의 가액을 말한다. 우리나라의 부가가치세는 전단계세액공제법을 적용하므로 매출세액에서 매입세액을 차감하여 납부세액을 산출하며, 따라서 부가가치세의 과세표준은 매출세액과 매입세액을 산출하는 기준금액을 의미한다.

부가가치세 확정신고서의 양식 중 '과세표준 및 매출세액'은 다음과 같이 구성되어 있다.

〈과세표준 및 매출세액〉

<table>
<tr><th colspan="4">구 분</th><th>금 액</th><th>세율</th><th>세 액</th></tr>
<tr><td rowspan="9">과세표준및매출세액</td><td rowspan="4">과세</td><td>세금계산서교부분</td><td>(1)</td><td></td><td>10/100</td><td></td></tr>
<tr><td>매입자발행세금계산서</td><td>(2)</td><td></td><td>10/100</td><td></td></tr>
<tr><td>신용카드 · 현금영수증발행분</td><td>(3)</td><td></td><td rowspan="2">10/100</td><td></td></tr>
<tr><td>기타(정규영수증외매출분)</td><td>(4)</td><td></td><td></td></tr>
<tr><td rowspan="2">영세율</td><td>세금계산서발급분</td><td>(5)</td><td></td><td>0/100</td><td></td></tr>
<tr><td>기 타</td><td>(6)</td><td></td><td>0/100</td><td></td></tr>
<tr><td colspan="2">예 정 신 고 누 락 분</td><td>(7)</td><td></td><td></td><td></td></tr>
<tr><td colspan="2">대 손 세 액 가 감</td><td>(8)</td><td></td><td></td><td></td></tr>
<tr><td colspan="2">합 계</td><td>(9)</td><td></td><td>㉮</td><td></td></tr>
</table>

11.3.1 과세표준의 범위

재화나 용역의 공급에 대한 부가가치세의 과세표준은 다음의 공급가액으로 하며, 공급가액은 부가가치세를 포함하지 않은 금액이다.

구 분	공급가액
금전으로 대가를 받는 경우	그 대가
금전 외의 대가를 받는 경우	자기가 공급한 재화 또는 용역의 시가
재화의 공급에 대하여 부당하게 낮은 대가를 받거나 대가를 받지 않는 경우	자기가 공급한 재화의 시가
용역의 공급에 대하여 부당하게 낮은 대가를 받는 경우	자기가 공급한 용역의 시가
폐업하는 경우	재고재화의 시가

사업자가 재화나 용역을 공급하고 그 대가로 받은 금액에 공급가액과 세액이 별도로 표시되어 있지 않은 경우와 포함되어 있는지 불분명한 경우에는 거래금액 또는 영수할 금액의 100/110에 해당하는 금액을 과세표준으로 한다.

금전으로 대가를 받는 경우에는 그 대가를 공급가액으로 하며, 거래상대방으로부터 받은 대금, 요금, 수수료 기타 명목여하에 불구하고 대가관계에 있는 모든 금전적 가치가 있는 것을 포함한다. 주요 거래유형별 공급가액은 다음과 같다.

- 외상판매 및 할부판매의 경우에는 공급한 재화의 총가액
- 장기할부판매의 경우에는 계약에 따라 받기로 한 대가의 각 부분
- 완성도지급기준 및 중간지급조건부로 재화·용역을 공급하거나 계속적으로 재화·용역을 공급하는 경우에는 계약에 따라 받기로 한 대가의 각 부분
- 기부채납의 경우에는 기부채납된 가액

재화나 용역의 공급 시 부당하게 낮은 대가를 받는다는 것은 사업자가 특수관계인과의 거래 시 재화와 용역의 공급가액에 대한 조세의 부담을 부당하게 감소시킬 것으로 인정될 만큼 시가보다 낮은 대가를 받는 것을 말하며, 결국 이 경우에는 부당행위계산부인(不當行爲計算否認)을 적용한다는 의미이다.

재화 또는 용역을 공급한 후의 그 공급가액에 대한 대손금·장려금과 이와 유사한 금액은 과세표준에서 공제하지 않는다. 다만, 공급받는 자의 파산 등으로 부가가치세를 거래징수하지 못하는 경우에는 그 대손세액을 매출세액에서 차감할 수 있다(대손세액공제).

11.3.2 과세표준에 포함되지 않는 것

다음 금액은 과세표준에 포함되지 않는다.

- 매출에누리, 매출환입, 매출할인
- 공급받는 자에게 도달하기 전에 파손 · 훼손 또는 멸실된 재화의 가액
- 재화나 용역의 공급과 직접 관련되지 않은 국고보조금과 공사부담금
- 계약 등에 따라 확정된 공급대가의 지급이 지연되어 받는 연체이자

11.3.3 재화의 수입에 대한 과세표준

재화의 수입에 대한 부가가치세의 과세표준은 관세의 과세가격과 관세, 개별소비세, 주세, 교육세, 농어촌특별세 및 교통 · 에너지 · 환경세를 합한 금액으로 한다. 세관장은 과세표준에 세율을 곱하여 계산한 부가가치세를 수입자로부터 징수하여야 한다.

11.3.4 간주공급의 과세표준

재화의 간주공급(看做供給)이란 실질적인 재화의 공급이 아님에도 불구하고 과세목적상 일정한 사건들을 재화의 공급으로 의제하는 것을 말한다. 간주공급의 유형으로는 자가공급, 개인적 공급, 사업상 증여, 폐업시의 잔존재화를 들 수 있으며, 이들에 대한 과세표준은 해당 재화의 시가로 한다. 자가공급 중 직매장반출의 경우에는 당해 취득가액을 과세표준으로 하며, 취득가액에 일정액을 가산하여 공급하는 경우에는 그 공급가액을 과세표준으로 한다. 재화가 감가상각자산에 해당하면 중고자산에 대한 시가를 산정하기 어렵기 때문에 다음 산식에 따라 계산한 금액을 그 재화의 시가로 본다.

감가상각자산의 구분	간주시가(과세표준)
건물 또는 구축물	해당 재화의 취득가액×(1－5%×경과된 과세기간의 수)
기타 감가상각자산	해당 재화의 취득가액×(1－25%×경과된 과세기간의 수)

'경과된 과세기간의 수'는 건물·구축물은 20, 기타 감가상각자산은 4를 한도로 하고, 과세기간 개시일 후에 감가상각자산을 취득하거나 해당 재화가 공급된 것으로 보게 되는 경우에는 그 과세기간의 개시일에 해당 재화를 취득하거나 해당 재화가 공급된 것으로 보고 경과된 과세기간의 수를 계산한다.

11.3.5 공통사용재화의 공급

과세사업자는 매출세액에서 매입세액을 공제한 금액을 납부하지만, 면세사업자는 매출세액이 없고 매입세액을 공제받지 못한다. 따라서 과세사업과 면세사업을 겸영하는 사업자가 이들 두 사업에 공통으로 사용하던 재화를 공급하는 경우 과세사업분과 면세사업분을 구분할 필요가 있다.

과세사업과 면세사업에 공통으로 사용하던 재화를 공급하는 경우 실지귀속이 불분명하면 그 과세표준은 다음과 같이 계산할 수 있다.

과세표준 = 해당 재화의 공급가액 × 과세공급가액비율

과세공급가액비율은 직전 과세기간의 총공급가액 중 과세된 공급가액이 차지하는 비율이다.

예 제

㈜자하는 과세사업과 면세사업을 겸영하고 있으며, 20×1.10.6에 취득한 공통사용재화를 20×1.12.24에 30,000,000원을 받고 매각하였다. ㈜자하의 20×1년 제1기 공급가액은 과세사업분 3억원, 면세사업분 2억원이다. ㈜자하가 20×1년 제2기 확정신고 시 포함시켜야 하는 공통사용재화 관련 매출세액을 계산하시오.

풀 이

- 과세사업분 과세표준: 30,000,000원×3억원/5억원 = 18,000,000원
- 공통사용재화 관련 매출세액: 18,000,000원×10% = 1,800,000원

11.3.6 토지와 건물의 일괄공급

토지의 공급에 대해서는 부가가치세가 면세되지만, 건물 및 기타 구축물의 공급에 대해서는 부가가치세가 과세된다. 사업자가 토지와 그 토지에 정착된 건물 등을 함께 공급하는 경우 그 건물 등의 공급가액은 실지거래가액에 따르는 것이 원칙이지만, 만약 실지거래가액 중 토지와 건물 등의 가액 구분이 불분명한 경우에는 다음의 방법으로 안분계산한다.

- 감정가액이 있는 경우에는 감정가액에 비례하여 안분계산한다.
- 감정가액이 없고 기준시가가 있는 경우에는 공급계약일 현재의 기준시가에 따라 안분계산한다.
- 감정가액이 없고 기준시가도 없는 경우에는 장부가액에 따라 안분계산한 후, 기준시가가 있는 자산에 대해서는 그 합계액을 다시 기준시가에 의해 안분계산한다.

예 제

과세사업자인 ㈜자하는 토지, 건물, 구축물을 20억원에 일괄 공급하였다. 이들 자산의 감정가액은 없으며, 기준시가와 장부가액은 다음과 같다. ㈜자하가 이들 자산의 매각으로 과세표준에 포함시켜야 하는 금액을 계산하시오.

구 분	토 지	건 물	구축물
기준시가	300,000,000원	300,000,000원	없음
장부가액	400,000,000원	480,000,000원	120,000,000원

풀 이

- 감정가액이 없고 구축물의 기준시가가 없기 때문에 먼저 이들 자산의 장부가액에 따라 안분계산하고, 기준시가가 있는 토지와 건물에 대하여 그 합계액을 기준시가 비율로 다시 안분계산한다.

• 1차 안분계산

구 분	장부가액	1차 배분금액
토 지	400,000,000원	800,000,000원
건 물	480,000,000원	960,000,000원
구 축 물	120,000,000원	240,000,000원
계	1,000,000,000원	2,000,000,000원

• 2차 안분계산: 토지와 건물의 1차 배분금액 합계액(1,760,000,000원)을 토지와 건물의 기준시가 비율(50% : 50%)로 안분계산하면 토지와 건물의 2차 배분금액은 각각 880,000,000원이 된다.
• 과세표준: 880,000,000원(건물) + 240,000,000원(구축물) = 1,120,000,000원

11.3.7 간주임대료

사업자가 부동산임대용역을 공급하고 전세금 또는 임대보증금을 받는 경우에는 금전 이외의 대가를 받는 것으로 보아 전세금 등을 운용하여 발생하리라고 예상되는 이자상당액을 임대료로 간주하여 과세표준에 산입한다. 간주임대료는 전세금 등에 국세청장이 시중은행의 1년 만기 정기예금이자율을 고려하여 정하는 이자율을 곱하여 계산한다. 만약 사업자가 부동산을 임차하여 다시 임대용역을 제공하는 경우에는 임차 시 지불한 전세금 등을 차감한 금액을 기준으로 간주임대료를 계산한다.

예 제

나부자 씨는 20×1년부터 3년 계약으로 보증금 1억원, 월 임대료(관리비 포함) 1,000,000원을 받는 조건으로 상가를 임대 중이다(부동산임대업). 20×2년의 국세청장 고시 1년 만기 정기예금이자율이 4%라고 가정하고, 나부자 씨의 20×2년 제2기 예정신고기간의 부가가치세 과세표준을 계산하시오.

풀 이

• 임대료: 1,000,000원×3개월 = 3,000,000원
• 간주임대료: 100,000,000원×4%×92/365 = 1,008,210원
• 과세표준: 3,000,000원 + 1,008,210원 = 4,008,210원

11.3.8 겸용주택 임대용역

겸용주택(兼用住宅)에 부가가치세가 과세되는 사업용 건물과 면세되는 주택이 함께 설치되어 있는 경우에는 다음과 같이 과세와 면세 여부를 결정한다.

- 주택면적이 주택 이외의 건물면적보다 큰 경우에는 건물 전부를 주택으로 보아 면세한다.
- 주택면적이 주택 이외의 건물면적보다 작은 경우에는 건물 중 주택부분만을 주택으로 보아 면세한다.

11.3.9 대손세액공제

사업자가 과세재화·용역을 공급한 후 공급받은 자의 파산 등의 사유로 부가가치세를 거래징수하지 못하는 경우에는 그 대손세액을 매출세액에서 차감할 수 있고, 이 경우 공급받은 자는 그 세액을 매입세액에서 차감한다(대손처분받은 세액). 이는 매출채권 등이 대손처리되는 경우 공급자는 거래징수를 하지도 못한 부가가치세를 납부해야 하는 반면에 공급받는 자는 거래징수 당하지도 않은 부가가치세를 매입세액으로 공제받는 불합리한 결과를 방지하기 위한 제도이다.

대손세액(貸損稅額)은 그 대손이 확정된 날이 속하는 과세기간의 매출세액에서 차감할 수 있으며, 그 금액은 다음과 같이 계산한다.

$$대손세액 = 대손금액 \times 10/110$$

해당 사업자가 대손금액을 회수한 경우에는 회수한 대손금에 관련된 대손세액을 회수한 날이 속하는 과세기간의 매출세액에 가산하며, 대손세액을 변제한 사업자는 매입세액으로 공제받지 못했던 대손세액을 다시 매입세액으로 공제받을 수 있다(변제대손세액).

11.4 세금계산서

세금계산서(稅金計算書; tax invoice)는 사업자가 재화 또는 용역을 공급할 때 부가가치세를 거래징수하고 이를 증명하기 위하여 공급받는 자에게 발급하는 세금영수증이다. 세금계산서는 부가가치세는 물론 소득세와 법인세의 과세자료로도 활용되며, 상거래의 내용을 나타내는 가장 중요한 증빙이기도 하다. 사업자는 재화나 용역을 공급할 때 세금계산서를 발급함으로써 공급받는 자에게 부가가치세를 전가시키며, 공급받는 자는 매입처별 세금계산서합계표를 세무서에 제출하여 거래징수당한 부가가치세를 매입세액으로 공제받는다.

넓은 의미에서 세금계산서의 범주에 속하는 서류들은 다음과 같다.

〈세금계산서의 종류〉

- 정규 세금계산서
  - 세금계산서 ························ • 사업자가 공급받는 자에게 발급
    - ① 전자세금계산서
    - ② 종이세금계산서
  - 수입 세금계산서 ························ • 세관장이 수입자에게 발급
- 영 수 증
  - 신용카드 매출전표 ··· • 주로 소비자상대업종을 영위하는 사업자가 발급
  - 현금영수증 ··· • 주로 소비자상대업종을 영위하는 사업자가 발급
  - (일반적인) 영수증 ························ • 영세사업자 등이 발급

11.4.1 세금계산서의 발급

세금계산서는 일반과세자로 등록한 사업자가 과세대상이 되는 재화 또는 용역을 공급하는 경우 발급하는 것이며, 미등록사업자나 간이과세자는 세금계산서를 발급할 수 없다.

세금계산서는 공급하는 사업자가 공급자 보관용(매출세금계산서)과 공급받는 자 보관용(매입세금계산서)으로 2매를 작성하여 1매를 발급한다. 공급자는 발급한 세금계산서를 요약한 매출처별 세금계산서합계표를 세무서에 제출하고, 공급받는 자는 발급받은 세금계산서를 요약한 매입처별 세금계산서합계표를 정부에 제출하여 매입세액공제를 받는다.

세금계산서의 기재항목에는 필요적 기재사항과 임의적 기재사항이 있다. 임의적 기재사항은 잘못 기재하더라도 세금계산서의 효력에는 영향을 미치지 않지만, 필요적 기재사항을 잘못 기재하면 적법한 세금계산서로 인정받지 못해 가산세 등의 불이익이 발생할 수 있으므로 주의해야 한다.

〈세금계산서의 양식〉

세금계산서(공급받는 자 보관용)

책 번 호	권	호	
일 련 번 호	□□	-	□□□□

공급자	등록번호	- -			공급받는자	등록번호	- -		
	상호(법인명)		성명(대표자)			상 호(법인명)		성명(대표자)	
	사업장 주소					사업장 주소			
	업 태		종 목			업 태		종 목	

작성			공급가액												세액										비고
연	월	일	공란수	백	십	억	천	백	십	만	천	백	십	일	십	억	천	백	십	만	천	백	십	일	

월	일	품 목	규 격	수 량	단 가	공 급 가 액	세 액	비 고

합 계 금 액	현 금	수 표	어 음	외상미수금	이 금액을 영수/청구 함

〈필요적 기재사항〉

- 공급하는 사업자의 등록번호와 성명 또는 명칭

- 공급받는 자의 등록번호
- 공급가액과 부가가치세액
- 작성연월일

〈임의적 기재사항〉

- 공급하는 자의 주소
- 공급받는 자의 상호, 성명, 주소
- 공급하는 자와 공급받는 자의 업태와 종목
- 공급품목
- 단가와 수량
- 인도연월일
- 거래의 종류

사업자가 세금계산서를 발급한 후 그 기재사항에 관하여 착오나 정정 등의 사유가 발생한 경우에는 세금계산서를 수정하여 발급할 수 있다. 수정세금계산서는 당초에 세금계산서를 발급한 경우에만 적용되는 것이므로 거래시기에 면세로 판단하여 계산서를 발급하였다면 수정세금계산서를 발급할 수 없다.

11.4.2 영수증

영수증이란 공급받는 자의 등록번호와 부가가치세액을 따로 기재하지 않은 약식 계산서를 말한다. 영수증에는 부가가치세가 포함된 가격(공급대가)을 기재하는 것이지만, 일반과세자로서 영수증 발급대상 사업자가 신용카드기 또는 직불카드기 등 기계적 장치(금전등록기는 제외)에 의하여 영수증을 발급하는 때에는 영수증에 공급가액과 세액을 별도로 구분하여 기재하여야 한다.

영수증은 주로 사업자가 아닌 다수의 소비자를 상대로 하는 비교적 소액거래에 사용되며, 다음은 모두 영수증에 해당하는 예이다.

- 금전등록기계산서
- 신용카드매출전표

- 여객운송업자가 발급하는 승차권, 승선권, 항공권
- 전기사업법에 의한 전기사업자 또는 가스사업법에 의한 가스사업자가 가계소비자에게 발급하는 전력 또는 가스요금의 영수증
- 기타 위와 유사한 영수증

영수증의 발급시기는 세금계산서의 경우와 동일하며, 2매(공급자용, 공급받는 자용)를 작성하여 1매(공급받는 자용)를 거래상대방에게 발급한다. 발급하거나 발급받은 영수증은 세금계산서와는 달리 그 합계표를 세무서에 제출할 필요가 없으며, 제출하더라도 원칙적으로 매입세액공제를 받을 수 없다. 다만, 사업자가 일반과세자(영수증 발급대상사업 중 세금계산서 발급이 허용된 업종에 한함)로부터 재화나 용역을 공급받고 부가가치세액이 별도로 구분 가능한 신용카드매출전표와 현금영수증을 발급받은 경우에는 매입세액공제를 받을 수 있다.

영수증은 주로 간이과세자가 발급하는 것이지만, 다음의 사업을 영위하는 일반과세자는 영수증을 발급한다.

- 소매업, 음식점업, 숙박업
- 목욕 · 이발 · 이용업
- 여객운송업
- 입장권을 발행하여 영위하는 사업
- 변호사, 공인회계사 등 전문적 인적용역을 공급하는 사업(사업자에게 공급하는 것은 제외)
- 도정업, 양복점업 등 주로 사업자가 아닌 소비자에게 재화나 용역을 공급하는 사업

11.4.3 세금계산서의 발급시기

세금계산서는 재화나 용역의 공급시기에 발급하는 것이 원칙이지만, 일반적인 공급시기가 도래하기 전에 대가의 전부 또는 일부를 받고 그에 대한 세금계산서를 발급한 경우에는 그 발급하는 때를 공급시기로 본다. 또한 다음 중 어느 하나에 해

당하는 경우에는 재화나 용역의 공급일이 속하는 달의 다음 달 10일까지 세금계산서를 발급할 수 있다.

- 거래처별 1역월의 공급가액을 합계하여 당해 월의 말일자를 작성연월일로 하여 세금계산서를 발급하는 경우
- 거래처별 1역월 이내에서 거래관행상 정하여진 기간의 공급가액을 합계하여 그 기간의 종료일자를 작성연월일로 하여 세금계산서를 발급하는 경우
- 관계 증빙서류 등에 의하여 실제 거래사실이 확인되는 경우로서 당해 거래일자를 작성연월일로 하여 세금계산서를 발급하는 경우

한편, 수입재화에 대해서는 세관장이 부가가치세를 징수하는 때에 세금계산서에 관한 규정을 준용하여 수입자에게 세금계산서를 발급한다.

11.4.4 세금계산서 발급의무의 면제

재화나 용역의 공급에 대해서는 원칙적으로 모두 세금계산서를 발급해야 하지만, 세금계산서를 발급하기 어렵거나 불필요하여 세금계산서 발급의무가 면제되는 경우가 있다. 사업자가 다음의 재화나 용역을 공급하는 경우에는 세금계산서의 발급의무가 면제된다.

- 택시운송, 노점, 행상, 무인자동판매기를 이용한 재화의 공급
- 소매업 또는 목욕·이발·미용업을 영위하는 자가 공급하는 재화나 용역
- 자가공급(판매목적의 타 사업장 반출은 제외), 개인적공급, 사업상 증여, 폐업시 잔존재화
- 영세율 적용대상 중 수출하는 재화(내국신용장 또는 구매확인서에 의해 공급하는 재화는 제외), 국외에서 제공하는 용역, 선박 또는 항공기의 외국항행용역
- 국내사업장이 없는 비거주자 또는 외국법인에게 공급하는 재화나 용역
- 부동산임대용역 중 간주임대료에 해당하는 부분

11.4.5 전자세금계산서

법인사업자와 전자세금계산서 의무발급 개인사업자는 전자세금계산서를 발급하여야 한다. 전자세금계산서는 사업자가 종이세금계산서 대신에 온라인으로 세금계산서를 주고받아 시간적·경제적 부담을 덜어주고 매입·매출 등 장부관리와 세금계산서 보관에 편리하다.

또한 공인인증시스템을 거쳐 발급되므로 허위·가공의 세금계산서를 차단하는 조세포탈 방지효과도 있다. 국세청은 일정 규모 이상의 사업자에게 전자세금계산서 발급을 의무화하고 발급의무 사업자가 아니더라도 전자세금계산서를 발급할 수 있도록 하고 있다.

전자세금계산서 발급명세를 국세청에 전송하면 매출·매입처별세금계산서합계표를 제출하지 않아도 되며, 5년간 세금계산서를 보존해야 하는 의무도 면제된다.

11.4.6 매입자발행세금계산서

부가가치세 납세의무자로 등록한 사업자로서 세금계산서 발급의무가 있는 사업자가 재화 또는 용역을 공급하고 세금계산서 발급시기에 세금계산서를 발급하지 않은 경우 그 재화 또는 용역을 공급받은 자는 관할세무서장의 확인을 받아 세금계산서를 발행할 수 있다. 이러한 매입자발행세금계산서에 기재된 부가가치세액은 매출세액에서 공제할 수 있는 매입세액으로 본다.

이 제도의 취지는 세금계산서 발급의무가 있는 사업자가 세금계산서 발급을 거부한 경우 매입자가 매입세액공제를 받을 수 있도록 하고, 한편으로는 세금계산서 발급을 거부한 공급자에게 가산세 등의 불이익을 주어 과세질서를 확립하기 위한 것이다.

11.4.7 세금계산서합계표의 제출

사업자가 세금계산서를 발급하였거나 발급받은 때에는 매출처별세금계산서합계표와 매입처별세금계산서합계표를 해당 예정신고 또는 확정신고와 함께 제출하여야 한다. 예정신고를 하는 대신 정부가 결정·고지하여 징수하는 경우에는 해당 과세기간에 대한 확정신고와 함께 제출하여야 하며, 만약 예정신고를 하는 사업자가 각 예정신고와 함께 매출·매입처별세금계산서합계표를 제출하지 못하는 경우에는 해당 예정신고기간이 속하는 과세기간의 확정신고와 함께 이를 제출할 수 있다.

세금계산서를 발급한 세관장은 사업자의 경우를 준용하여 매출처별세금계산서합계표를 사업장 관할세무서장에게 제출하여야 한다.

세금계산서를 발급받은 국가, 지방자치단체, 지방자치단체조합, 면세사업자(소득세, 법인세의 납세의무가 있는 자에 한함) 등은 부가가치세의 납세의무가 없는 경우에도 매입처별세금계산서합계표를 해당 과세기간이 끝난 후 25일 이내에 사업장 관할세무서장에게 제출하여야 한다.

6천억대 가짜 세금계산서 발행 자료상 무더기 적발

제련업자와 공모해 허위 계산서를 발행해주고 세금을 부당하게 환급받은 속칭 '자료상'이 무더기 적발됐다. 서울서부지검은 6천억원대의 허위 세금계산서를 주고받고 이를 통해 세금 수백억을 부당하게 환급받은 혐의(특정범죄 가중처벌 등에 관한 법률 위반)로 자료상 4개 조직과 제련업자 등 18명을 적발, 이 가운데 정모씨 등 11명을 구속 기소했다고 8일 밝혔다.

자료상이란 유령업체를 설립한 뒤 다른 사업자에게 재화나 용역을 공급한 것처럼 가짜 세금계산서를 만들어주고 그 대가를 받는 업자들을 말한다.

검찰에 따르면 이들은 2011년 9월부터 지난해 7월까지 각각 자료상을 차려놓고 밀수 등 불법으로 사들인 골드바, 폐공, 합금 등을 유통하려는 제련업자들과 공모해 허위 세금계산서를 발행하는 수법으로 부가가치세 수백억원을 부당하게 환급받은 혐의를 받고 있다.

골드바 자료상 정씨 등 7명은 무자료 골드바를 유통하기 위해 밀수 금괴를 '금스크랩'(금이 일부 함유된 합금)으로 생산한 것처럼 서류를 조작, 시중에 판매한 뒤 세무서에 허위 세금계산서를 제출해 320억원에 이르는 부가가치세를 환급받았다. 또 세무조사에서 적발되지 않기 위해 계량 증명서와 인터넷뱅킹 자료 등을 항상 준비해두고 적발될 경우 처벌을 면하기 위해 일명 '바지사장'을 내세워 은밀히 거래를 해온 것으로 조사됐다.

검찰은 자료상과 제련업자들이 환급받은 부가가치세액 320억원을 환수하고자 이들의 아파트와 은행 예금, 주식 등에 대한 추징보전 명령을 법원에 청구했다.

검찰은 이번 수사과정에서 조세심판원에게 청탁을 해주겠다는 명목으로 제련업자들로부터 4억원을 수수한 혐의(변호사법 위반)로 전직 세무공무원 출신인 세무사 김모씨 등 2명을 적발, 1명을 구속했다. 검찰은 추가로 발행한 허위세금계산서에 대한 수사를 확대하는 한편 잠적한 자료상 총책 정모씨 등 3명의 행방을 쫓고 있다.

(연합뉴스, 2014.1.8)

연습문제

문 1 재화의 공급시기와 관련한 다음 설명 중 타당하지 않은 것은?

① 외상판매: 대가를 지급받는 때

② 할부판매: 재화가 인도되거나 이용가능하게 되는 때

③ 장기할부판매: 대가의 각 부분을 받기로 한 때

④ 수출: 선적일

문 2 부가가치세법상 공급시기에 관한 다음 설명 중 타당하지 않은 것은?

① 공급시기란 재화나 용역의 공급에 관한 귀속시기를 의미한다.

② 재화의 이동이 필요한 경우에는 재화가 인도되는 때이다.

③ 공급단위를 구획할 수 없는 용역을 계속적으로 공급하는 경우에는 그 대가의 각 부분을 받기로 한 때이다.

④ 공급시기가 되기 전에 재화에 대한 대가를 받고 세금계산서를 발급하는 경우에는 재화를 인도하는 때를 공급시기로 본다.

문 3 일정한 재화 또는 용역의 공급에 대하여 0의 세율을 적용함으로써 해당 재화나 용역의 부가가치세 부담을 완전히 제거시켜 주는 제도는?

① 영세율제도

② 면세제도

③ 간이과세제도

④ 의제매입세액공제제도

문 4 영세율제도에 관한 다음 설명 중 타당하지 않은 것은?

① 소비지국 과세원칙과 관련이 있다.

② 수출거래에 주로 적용된다.

③ 면세사업자도 영세율을 적용받을 수 있다.

④ 영세율 적용대상자도 사업자등록이나 세금계산서 발급 등 납세의무자로서의 의무를 진다.

문 5 다음 중 영세율을 적용받는 재화 또는 용역으로 보기 어려운 것은?

① 수출하는 재화

② 기초생활필수품

③ 국외에서 제공하는 용역

④ 선박·항공기의 외국항행용역

문 6 일정한 재화나 용역의 공급에 대하여 부가가치세의 납세의무를 면제하는 제도는?

① 면세제도 ② 영세율제도

③ 비과세제도 ④ 세액감면제도

문 7 면세제도에 관한 다음 설명 중 타당하지 않은 것은?

① 면세제도는 해당 적용단계에서 창출된 부가가치에 대해서는 과세하지 않지만, 그 전단계에서 이미 부과된 부가가치세는 제거되지 않는다.

② 최종소비 단계에서 면세를 적용하면 면세사업자가 창출한 부가가치에 해당하는 세금만큼 최종소비자의 부담이 경감된다.

③ 미가공식료품은 면세대상 재화이다.

④ 면세사업자도 사업자등록이나 세금계산서 발급 등의 의무를 부담한다.

문 8 다음 중 면세대상이 아닌 것은?

① 미가공 농·축·수·임산물

② 의료보건용역, 교육용역

③ 간주임대료

④ 토지, 금융·보험용역

문 9 면세포기제도에 관한 다음 설명 중 타당하지 않은 것은?

① 면세를 포기하는 주된 이유는 영세율 적용대상이 되는 거래에 대해서 면세가 아니라 영세율을 적용받기 위한 것이다.

② 면세포기제도는 모든 면세사업자가 선택할 수 있다.

③ 영세율 적용대상인 재화·용역을 공급하는 면세사업자는 면세포기가 허용된다.

④ 면세포기를 하면 3년간은 다시 면세적용을 받을 수 없다.

문 10 다음은 영세율과 면세를 비교설명한 것이다. 타당하지 않은 것은?

① 영세율은 완전면세인 반면에 면세제도는 부분적인 면세효과가 있다.

② 영세율은 매입세액공제가 가능하지만, 면세제도는 매입세액공제가 불가능하다.

③ 사업자등록, 세금계산서 발급 등의 의무가 없다는 점에서 동일하다.

④ 영세율은 주로 수출 등 외화획득거래에 적용되고, 면세는 기초생활필수품이 주된 대상이다.

문 11 다음 중 부가가치세의 과세표준으로 타당하지 않은 것은?

① 폐업하는 경우에는 과세표준이 0이 된다.

② 금전으로 대가를 받는 경우의 과세표준은 그 대가이다.

③ 금전 외의 대가를 받는 경우는 자기가 공급한 재화나 용역의 시가가 과세표준이 된다.

④ 재화의 공급에 대하여 부당하게 낮은 대가를 받거나 대가를 받지 않는 경우에는 자기가 공급한 재화의 시가가 과세표준이 된다.

문 12 사업자가 재화나 용역을 공급하고 그 대가로 받은 금액에 공급가액과 세액이 별도로 표시되어 있지 않은 경우와 포함되어 있는지 불분명한 경우의 과세표준은 얼마인가?

① 거래금액 또는 영수할 금액이 과세표준이 된다.

② 거래금액 또는 영수할 금액의 10/110이 과세표준이다.

③ 거래금액 또는 영수할 금액의 100/110이 과세표준이다.

④ 과세표준이 없는 것으로 본다.

문 13 다음 중 부가가치세 과세표준에 포함되는 것은?

① 매출에누리, 매출환입, 매출할인

② 공급받는 자에게 도달하기 전에 파손된 재화의 가액

③ 계약 등에 따라 확정된 공급대가의 지급이 지연되어 받는 연체이자

④ 외상판매대금

문 14 재화의 수입에 대한 부가가치세 과세표준 계산 시 포함되지 않는 것은?

① 관세의 과세가격 ② 관세

③ 법인세 ④ 개별소비세

문 15 간주공급의 과세표준과 관련한 다음 설명 중 가장 타당하지 않은 것은?

① 간주공급의 과세표준은 원칙적으로 해당 재화의 시가를 적용한다.

② 취득 후 10년이 넘은 건물의 간주공급시 과세표준은 0이 된다.

③ 간주공급이란 실질적인 재화의 공급이 아님에도 불구하고 과세목적상 일정한 사건들을 재화의 공급으로 의제하는 것이다.

④ 자가공급 중 직매장반출의 경우 시가가 과세표준이 된다.

문 16 토지와 건물의 일괄공급시 부가가치세 과세표준에 관한 설명이다. 잘못된 것은?

① 토지의 공급에 대해서는 부가가치세가 면세된다.

② 건물의 공급에 대해서는 부가가치세가 과세된다.

③ 토지에 정착된 건물을 함께 공급하는 경우 토지와 건물의 가액 구분이 불분명하면 공급가액 전체를 건물의 가액으로 본다.

④ 토지와 건물의 일괄공급 시 토지와 건물의 가액 구분이 불분명할 경우 감정가액이 있다면 감정가액에 비례하여 안분계산하면 된다.

문 17 대손세액공제에 관한 다음 설명 중 타당하지 않은 것은?

① 사업자가 과세재화·용역을 공급한 후 공급받은 자의 파산 등의 사유로 부가가치세를 거래징수하지 못하는 경우 그 대손세액을 매출세액에서 차감할 수 있고, 이 경우 공급받은 자는 그 세액을 매입세액에서 차감한다.

② 대손세액은 그 대손이 확정된 날이 속하는 과세기간의 매출세액에서 차감할 수 있다.

③ 대손세액은 대손금액의 10/110에 해당하는 금액이다.

④ 해당 사업자가 대손금액을 회수하더라도 그와 관련한 대손세액을 매출세액에 가산할 필요는 없다.

문 18 다음 중 세금계산서의 필요적 기재사항이 아닌 것은?

① 공급하는 사업자의 등록번호와 성명

② 공급받는 자의 등록번호

③ 공급가액과 부가가치세액

④ 공급받는 자의 상호, 성명, 주소

문 19 다음 중 영수증에 해당하지 않는 것은?

① 금전등록기계산서

② 세금계산서

③ 신용카드매출전표

④ 여객운송업자가 발급하는 승차권, 승선권, 항공권

문 20 다음 중 세금계산서 발급의무가 면제되지 않는 것은?

① 택시운송, 노점, 행상, 무인자동판매기를 이용한 재화의 공급

② 소매업 또는 목욕·이발·미용업을 영위하는 자가 공급하는 재화와 용역

③ 영세율 적용대상 중 수출하는 재화

④ 일반과세자로 등록한 사업자의 과세대상 재화와 용역의 공급

12장

부가가치세 3

12.1 매입세액공제

재화·용역을 공급받을 때 거래징수당한 매입세액, 재화를 수입할 때 징수당한 매입세액은 납부세액 계산시 공제된다. 매입세액은 전단계까지 부과된 부가가치세의 합계액이며, 매입세액공제를 통해서 전단계까지 이미 과세된 부가가치에 대한 중복과세가 방지된다. 이와 같이 전단계세액공제법을 적용하고 있는 우리나라의 부가가치세제도에서 매입세액공제는 매우 중요한 요소이다.

12.1.1 매입세액의 계산

매입세액(買入稅額)은 매입처별 세금계산서합계표상의 매입세액에 기타공제매입세액을 가산하고 공제받지 못할 매입세액을 차감하여 계산한다.

부가가치세 확정신고서의 양식 중 '매입세액'은 다음과 같이 구성되어 있다.

〈매입세액〉

<table>
<tr><th colspan="4">구 분</th><th>금 액</th><th>세율</th><th>세 액</th></tr>
<tr><td rowspan="8">매입세액</td><td rowspan="2">세금계산서수취분</td><td>일 반 매 입</td><td>(10)</td><td></td><td></td><td></td></tr>
<tr><td>고 정 자 산 매 입</td><td>(11)</td><td></td><td></td><td></td></tr>
<tr><td colspan="2">예 정 신 고 누 락 분</td><td>(12)</td><td></td><td></td><td></td></tr>
<tr><td colspan="2">매 입 자 발 행 세 금 계 산 서</td><td>(13)</td><td></td><td></td><td></td></tr>
<tr><td colspan="2">기 타 공 제 매 입 세 액</td><td>(14)</td><td></td><td></td><td></td></tr>
<tr><td colspan="2">합 계
(10)+(11)+(12)+(13)+(14))</td><td>(15)</td><td></td><td></td><td></td></tr>
<tr><td colspan="2">공 제 받 지 못 할 매 입 세 액</td><td>(16)</td><td></td><td></td><td></td></tr>
<tr><td colspan="2">차 감 계 (15)−(16)</td><td>(17)</td><td></td><td>㉯</td><td></td></tr>
</table>

매입처별 세금계산서합계표상의 매입세액 이외에 납부세액 계산시 공제받을 수 있는 기타 공제매입세액은 다음과 같다.

- 신용카드분 매출전표 등 수령명세서 제출분
- 의제매입세액
- 과세사업전환매입세액
- 재고매입세액
- 변제대손세액(辨濟貸損稅額)(11.3.9 대손세액공제 참조)

납부세액 계산시 공제받을 수 없는 매입세액은 다음과 같다.

- 매입세액불공제분
- 공통매입세액 면세사업분
- 대손처분받은 세액(11.3.9 대손세액공제 참조)

12.1.2 의제매입세액공제

부가가치세 과세사업자가 면세농산물 등(농·축·수·임산물)을 원재료로 하여 제조·가공한 재화 또는 창출한 용역의 공급에 대하여 과세되는 경우에는 그 면세농산물 등의 가액에 일정률(2/102~9/109)의 공제율을 곱한 금액을 매입세액으로 의제하여 공제해 주는데, 이를 의제매입세액공제(擬制買入稅額控除)라 한다.

연속된 거래단계에서 중간에 면세가 적용되면, 부가가치세의 환수효과와 누적효과가 발생한다. 이로 인해 면세의 효과가 없어지고 소비자의 세부담이 가중되기 때문에 이를 완화시키기 위해서 의제매입세액공제를 해 주는 것이다.

의제매입세액공제를 받은 면세농산물 등을 그대로 양도하거나 면세사업 등에 사용하는 경우에는 그 공제한 의제매입세액을 추징한다.

면세농산물 등을 원재료로 하여 제조·가공한 재화 또는 창출한 용역의 공급에 대하여 과세되는 경우에 한해서 의제매입세액공제를 해 주는 이유는 그 제조·가공한 재화 또는 창출한 용역의 공급이 다시 면세되는 경우에는 부가가치세의 환수효과와 누적효과가 발생하지 않기 때문이다.

이와 같이 의제매입세액공제제도의 주된 취지는 사업자의 세부담을 경감시키려는 것이 아니라 면세로 인한 부가가치세의 환수효과와 누적효과를 완화시키기 위한 것이다.

환수효과와 누적효과

중간거래단계에 면세가 적용될 때 나타나는 환수효과와 누적효과에 대해 분석해보자.

구 분	과세사업자 A	면세사업자 B	과세사업자 C	합계
매출액	400	640	1,040	2,080
매입액	0	440	640	1,080
부가가치	400	200	400	1,000
매출세액	40	0	104	144
매입세액	0	0	0	0
납부세액	40	0	104	144

면세사업자 B는 과세사업자 A에게 지급한 매입세액(40원)을 공제받지 못하므로 이를 원가로 처리하고(매입액에 가산), 과세사업자 C에게 이를 전가시킨다. 면세사업자 B는 세금계산서를 발급하지 않으므로 과세사업자 C는 최종소비자로부터 징수한 매출세액(104원)에서 매입세액을 공제받지 못한다. 결국 최종소비자는 1,144원(과세사업자 C의 매출액에 매출세액을 합한 금액)에 상품을 구매하게 되며, 이 중에서 전체적인 부가가치세 부담은 144원이다.

만약 면세사업자 B가 과세사업자라면 어떻게 될까? 정상적인 매입세액 공제를 받을 수 있기 때문에 사업자들은 매입세액을 원가에 가산해서 판매가격에 전가시키지 않을 것이고, 따라서 최종소비자는 1,100원(매출액 1,000원과 매출세액 100원의 합)에 상품을 구매할 수 있게 된다. 이와 같이 중간거래단계에 면세가 적용되는 경우에는 면세가 없었을 때보다 오히려 부가가치세 부담이 44원만큼 더 높게 나타나는데, 이를 '누적효과'라고 부른다.

면세제도가 그 취지대로 작동한다면 최종소비자는 과세사업자 A와 C의 부가가치(400원+400원=800원)에 대해서만 부가가치세(80원)를 부담해야 할 것이다. 그러나 중간거래단계에 면세가 적용되어 면세사업자 B의 부가가치(200원)에 대해서

> 과세를 포기했던 부가가치세(20원)가 과세사업자 C의 매출세액에 포함되어 국고로 환수되는 결과가 초래되는데, 이를 '환수효과'라 한다.

12.1.3 과세사업전환매입세액

과세사업전환매입세액이란 당초 면세사업에 사용되어 매입세액이 공제되지 않은 감가상각자산을 과세사업용으로 전환하여 사용하는 경우 당초 공제받지 못한 매입세액 중 일부를 매입세액으로 공제해주는 것을 말한다.

12.1.4 재고매입세액

재고매입세액은 간이과세자가 일반과세자로 과세유형이 전환되는 경우 그 전환일 현재 해당 사업장에서 보유하고 있는 재고품과 감가상각자산에 대하여 그 가액에 포함되어 있다고 추정되는 부가가치세 상당액을 매입세액으로 하여 일반과세자로 전환된 후에 납부해야 할 세액에서 공제하는 것이다.

12.1.5 매입세액불공제

자기의 사업을 위하여 사용되었거나 사용될 재화·용역의 공급 또는 재화의 수입에 대한 부가가치세 매입세액은 부가가치세 납부세액 계산시 원칙적으로 공제가능한 매입세액이다. 그런데 일정한 매입세액은 실제로 거래징수당한 경우에도 매출세액에서 공제할 수 없으며, 그 내용은 다음과 같다.

1. 매입처별 세금계산서합계표의 미제출 또는 부실 · 허위기재 매입세액

매입처별 세금계산서합계표를 제출하지 않은 경우의 매입세액 또는 제출한 매입처별 세금계산서합계표의 기재사항 중 거래처별 등록번호 또는 공급가액의 전부 또는 일부가 적히지 않았거나 사실과 다르게 적힌 경우 그 기재사항이 적히지 않은 부분 또는 사실과 다르게 적힌 부분의 매입세액은 매출세액에서 공제되지 않는다.

2. 세금계산서 미수취 또는 부실 · 허위기재 매입세액

세금계산서를 발급받지 않은 경우, 발급받은 세금계산서에 필요적 기재사항의 전부 또는 일부가 적히지 않았거나 사실과 다르게 적힌 경우의 매입세액은 매출세액에서 공제되지 않는다.

3. 사업과 직접 관련이 없는 지출에 대한 매입세액

소득세법과 법인세법에서는 업무와 관련이 없는 지출을 비용으로 인정하지 않는 규정을 두고 있다. 부가가치세법에서도 이러한 취지를 반영하여 사업과 직접 관련이 없는 지출에 대한 매입세액을 매출세액에서 공제해 주지 않는다.

4. 비영업용 소형승용차의 구입과 유지 및 임차비용에 관한 매입세액

비영업용 소형승용차(정원 8인승 이하)도 사업을 위해 사용될 수 있겠지만 임직원의 개인적 목적으로 사용되는 경우가 많아 이를 구별하기가 어렵기 때문에 부가가치세법에서는 비영업용 소형승용차와 관련된 매입세액을 매출세액에서 공제해 주지 않는다. 한편 부가가치세법에 따라 공제되지 않는 이들 매입세액은 법인의 소득계산시 손금에 산입하며, 만약 이들 지출이 자산의 취득원가나 자본적 지출에 해당하면 일단 자산으로 계상한 후 감가상각과정을 통해 손금으로 처리한다.

5. 기업업무추진비 및 이와 유사한 비용의 지출에 관련된 매입세액

기업업무추진비 등도 사업과의 관련성이 있는 경우가 많겠지만, 소형승용차와 비슷한 취지에서 이에 대한 매입세액을 공제해 주지 않는다. 부가가치세법에 따라 공제되지 않는 기업업무추진비 등 비용관련 매입세액은 법인의 소득계산시 손금에 산입한다.

6. 면세사업에 관련된 매입세액

부가가치세가 면제되는 면세사업에 관련된 매입세액은 매출세액에서 공제하지 않는다.

7. 토지관련 매입세액

토지는 면세재화에 해당하므로 토지의 자본적 지출에 관련된 매입세액도 매출세액에서 공제되지 않는다.

8. 사업자등록 전 매입세액

사업자등록을 하기 전의 매입세액은 공제되지 않는다. 다만, 등록신청일부터 역산하여 20일 이내의 것은 매입세액공제를 받을 수 있다.

12.1.6 공통매입세액의 안분계산

과세사업과 면세사업을 함께 영위하는 사업자의 경우 과세사업 관련 매입세액은 공제되지만 면세사업 관련 매입세액은 공제되지 않는다. 따라서 이들 두 사업에 공통으로 사용되는 재화나 용역에 대해서는 매입세액이 공제되지 않는 면세사업 관련 매입세액을 계산하여야 한다. 실지귀속에 따라 이를 계산하는 것이 원칙이지만, 귀속이 불분명한 경우에는 공통매입세액을 안분하는 방법으로 면세사업 관련 매입세액을 계산한다.

면세사업 관련 매입세액=공통매입세액×당해 과세기간의 면세공급가액/당해 과세기간의 총공급가액

예정신고기간의 공통매입세액은 예정신고기간 동안의 총공급가액에 대한 면세공급가액의 비율로 안분계산하고 확정신고를 하는 때에 정산한다.

12.2 신고와 납부

부가가치세의 과세기간은 6개월이지만, 조세수입의 평준화를 위해 과세기간을 3개월 단위로 구분하여 예정신고를 한 후 다시 6개월을 정산하여 확정신고하는 방식

을 채택하고 있다.

12.2.1 예정신고와 납부

법인사업자는 각 과세기간 중 예정신고기간(제1기분: 1월 1일부터 3월 31일까지, 제2기분: 7월 1일부터 9월 30일까지)이 끝난 후 25일 이내에 각 예정신고기간에 대한 과세표준과 납부세액 또는 환급세액을 사업장 관할세무서장에게 신고하고, 해당 예정신고기간의 납부세액을 납부하여야 한다(신고납부). 한편 영세사업자가 매 3개월마다 부가가치세를 신고하는 데 소요되는 납세협력 부담을 덜어주기 위해 소규모 법인사업자(직전 과세기간 공급가액의 합계액이 1억 5천만원 미만)와 개인사업자에 대해서는 예정신고 대신 직전기 납부세액의 50%를 정부가 고지하여 징수하는 예정고지납부제도를 운영하고 있다(고지납부). 예정고지된 세액은 다음 확정신고 시 이미 납부한 세액으로 차감된다.

12.2.2 확정신고와 납부

사업자는 각 과세기간에 대한 과세표준과 납부세액 또는 환급세액을 그 과세기간이 끝난 후 25일(폐업하는 경우에는 폐업일이 속하는 달의 다음 달 25일) 이내에 사업장 관할세무서장에게 신고하고, 해당 과세기간에 대한 납부세액을 납부하여야 한다. 다만 예정신고 및 조기환급신고를 할 때 이미 신고한 내용은 확정신고의 대상에서 제외하며, 예정신고한 환급세액은 확정신고시의 납부세액에서 공제한다. 이미 예정신고한 내용이 확정신고의 대상에서 제외되므로 결국 확정신고의 대상은 원칙적으로 과세기간 최종 3개월분이고, 예외적으로 예정신고 누락분도 확정신고의 대상이 된다.

확정신고 시에는 부가가치세 확정신고서와 함께 영세율 첨부서류, 매출·매입처별 세금계산서합계표(전자세금계산서를 발급하고 국세청장에게 세금계산서 발급명세를 전송한 경우에는 제출하지 않아도 됨), 신용카드매출전표 등 수령명세서 등을 제출하여야 하나, 예정신고 및 조기환급신고를 할 때 이미 제출한 것은 제외한다.

〈부가가치세 확정신고서〉

신고내용						
구분				금액	세율	세액
과세표준및매출세액	과세	세금계산서교부분	(1)		10/100	
		매입자발행세금계산서	(2)		10/100	
		신용카드·현금영수증발행분	(3)		10/100	
		기타(정규영수증외매출분)	(4)			
	영세율	세금계산서발급분	(5)		0/100	
		기타	(6)		0/100	
	예정신고누락분		(7)			
	대손세액가감		(8)			
	합계		(9)		㉮	
매입세액	세금계산서수취분	일반매입	(10)			
		고정자산매입	(11)			
	예정신고누락분		(12)			
	매입자발행세금계산서		(13)			
	기타공제매입세액		(14)			
	합계(10)+(11)+(12)+(13)+(14)		(15)			
	공제받지못할매입세액		(16)			
	차감계 (15)−(16)		(17)		㉯	
납부(환급)세액(매출세액㉮−매입세액㉯)					㉰	

12.2.3 대리납부

국외사업자로부터 '용역 또는 무체물'(이하 용역이라 함)을 공급받는 자는 그 대가를 지급하는 때에 부가가치세를 징수하여 납부하여야 한다. 이러한 대리납부제도(代理納付制度)는 소비지국 과세원칙에 따라 국외사업자와 국내사업자 사이에 용역을 공급하는 데 있어 과세형평을 유지하기 위한 것이다.

국외사업자란 국내사업장이 없거나 국내사업장이 있더라도 국내사업장과 실질

〈대리납부〉

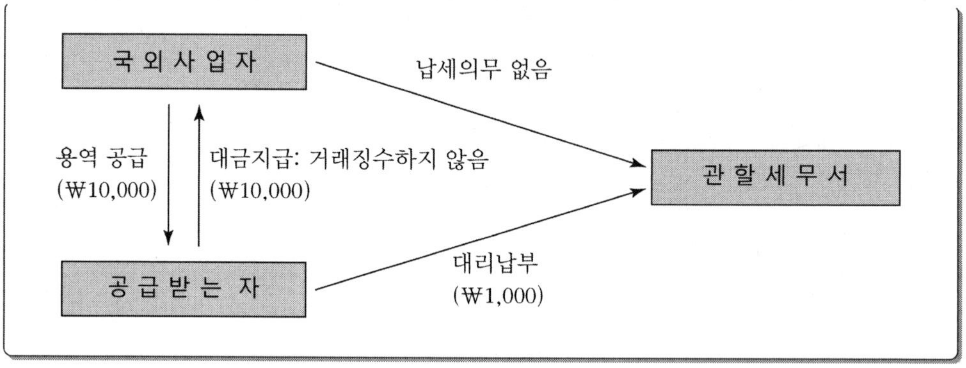

적으로 관련되지 않거나 국내사업장에 귀속되지 않는 용역을 공급하는 비거주자 또는 외국법인을 지칭한다. 무체물(無體物)의 경우 재화의 수입으로 관세와 함께 부가가치세를 신고·납부하는 경우에는 대리납부 대상에서 제외된다.

국외사업자가 국내에서 용역을 공급하는 것은 그 공급자가 부가가치세법에 따른 사업자가 아니므로 과세거래에 해당하지 않지만, 이를 과세하지 않을 경우 국내사업자가 국내에서 공급하는 용역에 비해서 부가가치세만큼 가격경쟁에서 유리해지므로 소비지국 과세원칙에 입각하여 대리납부의 방식으로 부가가치세를 과세하는 것이다. 국외사업자는 부가가치세법상 납세의무자가 아니므로 공급받는 자로부터 부가가치세를 거래징수할 수 없기 때문에 공급받는 자는 공급받은 용역에 해당하는 부가가치세를 국외사업자가 아닌 관할세무서에 직접 납부하는 것이다. 한편 용역을 공급받는 사업자가 공급받은 그 용역을 과세사업에 제공하는 경우에는 대리납부의무를 지지 않도록 하고 있는데, 이는 대리납부한 세액이 공급받은 사업자의 매입세액으로 공제되어 결국 국외사업자로부터 용역을 공급받은 자가 대리납부세액을 부담한 효과가 없어지기 때문이다.

12.2.4 결정과 경정

부가가치세는 신고납세제도에 의한 조세이므로 해당 과세기간이 경과하여 발생된 납세의무에 대하여 납세의무자가 스스로 과세표준과 세액을 계산하여 신고함으로써 그 납세의무가 확정된다. 그러나 납세의무자가 부가가치세 과세표준을 신고하지 않아 납세의무가 확정되지 않은 부분에 대해서는 정부가 조사하여 결정하는 처분(결정)을 하고, 납세의무자가 과세표준을 신고함으로써 납세의무가 확정된 부분에 대하여 그 신고내용의 오류 또는 탈루 등을 조사하여 이를 고쳐 결정하는 처분(경정)을 내린다. 또한 경정에 의해 확정된 납세의무를 다시 변경·확정하는 처분(재경정)을 내리거나, 과세기간 경과 전에 조세를 부과하는 처분(수시부과)을 하기도 한다.

사업장 관할세무서장, 사업장 관할지방국세청장 또는 국세청장은 사업자가 다음의 어느 하나에 해당하는 경우 그 과세기간에 대한 부가가치세의 과세표준과 납부세액 또는 환급세액을 조사하여 결정 또는 경정한다.

- 확정신고를 하지 않은 경우
- 확정신고한 내용에 오류 또는 탈루가 있는 경우
- 확정신고를 할 때 매출처별 세금계산서합계표 또는 매입처별 세금계산서합계표를 제출하지 않거나, 제출한 매출처별 세금계산서합계표 또는 매입처별 세금계산서합계표의 기재사항의 전부 또는 일부가 적혀 있지 않거나 사실과 다르게 적혀 있는 경우
- 그 밖의 사유로 부가가치세를 포탈할 우려가 있는 경우

부가가치세를 포탈할 우려가 있는 사유로는 다음을 들 수 있다.

- 사업장의 이동이 빈번한 때
- 사업장의 이동이 빈번하다고 인정되는 지역에 사업장이 있는 때
- 휴업 또는 폐업상태에 있는 때
- 신용카드가맹점 또는 현금영수증가맹점 가입대상으로 지정받은 사업자가 정당한 사유 없이 신용카드가맹점 또는 현금영수증가맹점으로 가입하지 않은 경우로서 사업규모나 영업상황으로 보아 신고내용이 불성실하다고 판단되는 때
- 영세율 등 조기환급신고의 내용에 오류 또는 탈루가 있는 때

12.2.5 환　　급

부가가치세 매입세액이 매출세액을 초과하는 경우에는 환급세액이 발생하게 되며, 관할세무서장은 각 과세기간별로 해당 과세기간에 대한 환급세액을 그 확정신고기한 경과 후 30일 이내에 사업자에게 환급한다. 예정신고기간에 대한 환급세액은 원칙적으로 이를 환급하지 않고, 확정신고 시 납부할 세액에서 정산한다.

한편, 사업자가 영세율을 적용받거나 사업설비를 신설·취득·확장 또는 증축하는 경우에는 환급세액을 조기에 환급해 주는 제도가 있다. 이와 같은 조기환급제도의 취지는 세제지원을 통해 수출과 투자를 촉진하고, 거액의 환급세액이 발생하는 경우 부가가치세를 신속히 환급해 줌으로써 사업자의 자금부담을 덜어 주기 위한 것이다.

철스크랩 부가세 매입자 납부제도

내년부터 철스크랩 거래시 부과되는 부가가치세를 매입자가 납부하는 제도가 도입된다. 한국철강협회는 기획재정부에 의해 발의된 조세특례제한법 일부 개정안이 국회에서 통과돼 내년 10월 1일부터 부가세 매입자 납부제도가 도입된다고 17일 밝혔다.

철스크랩이란 흔히 고철로 불리는 낡고 오래된 쇳조각을 의미한다. 그동안 철스크랩은 수집상, 소상, 중상, 대상을 거쳐 전기로 제강사에 판매됐는데 각 단계마다 부가가치세가 부과됐다. 이때 부가세는 매입자가 매출자에게 대금에 부가세를 더해 지급하고 매출자는 매입자로부터 받은 부가세를 모아 분기별로 국세청에 납부하는 방식으로 운영했다. 그러나 철스크랩 판매자가 세금을 납부하지 않고 도주하거나 사업장을 폐쇄해 매입자가 이미 부가세를 냈는데도 불구하고 다시 수억원의 세금을 납부하는 피해가 자주 발생했다.

실제 작년 기준 국내 철스크랩 시장은 총 11조 2,000억원의 매출이 발생하는데 이들로부터 납부된 세금 규모를 따져보면 2008년부터 2012년까지 약 1조원 가량의 부가세가 탈루됐다는 정황도 포착된 바 있다. 또 철강자원협회에 따르면 작년 경기도에서만 일방적으로 사업장을 폐쇄하고 사라진 업체는 180여 곳으로 여기서 발생한 거래 금액은 8,300억원, 부가세 피해액은 820억원에 달한 것으로 조사됐다.

한국철강협회는 이같은 문제를 개선하기 위해 2년에 걸쳐 준비해 산업통상자원부 협의를 거쳐 기획재정부 등에 건의, 철스크랩 부가세 매입자 납부제도 시행을 이끌어 냈다. 철스크랩 부가세 매입자 납부제도는 철스크랩 거래시 구매대금을 은행에 납부하고 은행에서 부가가치세를 제외한 거래대금을 지급하는 방식으로 이뤄진다.

제도 시행에 따라 안정적인 대금 납부와 부가세 탈루를 방지하는 효과를 낼 것으로 보인다. 또 철스크랩을 매입한 사업자가 매입세액공제를 받지 못할 위험을 해소할 것으로 기대하고 있다.

철강협회는 향후 철스크랩 거래의 투명화와 더불어 부가세 누락방지를 통해 1,000억원 이상의 세수 증가에 기여할 것으로 기대하고 있다.

한편 부가세 매입자 납부제도는 지난 2008년 금지금을 시작으로 2014년 구리스크랩에 대해 부가세 매입자 납부제도를 도입했으며, 2015년 7월부터는 금스크랩에도 적용을 확대했다. 이번 개정을 통해 매입자 납부특례 대상은 금지금과 고금, 구리스크랩, 금스크랩과 철스크랩을 포함해 모두 5종으로 늘어났다.

(건설경제, 2015.12.17)

12.3 가산세

가산세(加算稅)란 세법에 규정하는 의무의 성실한 이행을 확보하기 위하여 세법에 따라 산출한 세액에 가산하여 징수하는 금액으로서 행정벌의 성격을 띤다. 부가가치세와 관련한 가산세는 국세기본법과 부가가치세법에서 규정하고 있으며, 주요 내용을 요약하면 다음과 같다.

<table>
<tr><th colspan="2">구 분</th><th colspan="2">적용대상</th><th>가산세</th></tr>
<tr><td rowspan="2">무신고가산세</td><td>일반적인 경우</td><td colspan="2">법정신고기한까지 과세표준신고를 하지 않은 경우</td><td>납부세액×20%+영세율과세표준×0.5%</td></tr>
<tr><td>부정행위 등</td><td colspan="2">부정행위로 과세표준신고를 하지 않은 경우</td><td>납부세액×40%(국제거래 60%)+영세율과세표준×0.5%</td></tr>
<tr><td rowspan="3">과소신고·초과환급신고 가산세</td><td>일반적인 경우</td><td colspan="2">과세표준·납부세액을 적게 신고하거나 환급세액을 많이 신고한 경우</td><td>(과소신고납부세액+초과신고환급세액)×10%+영세율과세표준×0.5%</td></tr>
<tr><td rowspan="2">부정행위 등</td><td rowspan="2">부정행위로 인한 신고불성실</td><td>일반과소신고 가산세</td><td>(일반과소신고납부세액+일반초과신고환급세액)×10%+영세율과세표준×0.5%</td></tr>
<tr><td>부정과소신고 가산세</td><td>(부정과소신고납부세액+부정초과신고환급세액)×40%(국제거래 60%)+영세율과세표준×0.5%</td></tr>
<tr><td colspan="2">납부(환급)불성실가산세</td><td colspan="2">납부기한까지 세금을 납부하지 않거나 적게(많이) 납부한(환급받은) 경우</td><td>미납부(초과환급)세액×경과일수×0.03%</td></tr>
<tr><td colspan="2">미등록·허위등록가산세</td><td colspan="2">사업자등록을 하지 않거나 허위등록</td><td>공급가액의 1%</td></tr>
<tr><td colspan="2" rowspan="3">세금계산서발급불성실가산세</td><td colspan="2">세금계산서 지연발급, 불명분</td><td>공급가액의 1%</td></tr>
<tr><td colspan="2">세금계산서 미발급, 허위발급</td><td>공급가액의 2%</td></tr>
<tr><td colspan="2">가공 세금계산서 발급</td><td>공급가액의 3%</td></tr>
<tr><td colspan="2" rowspan="2">매출처별세금계산서합계표 제출불성실가산세</td><td colspan="2">합계표 미제출, 불명분</td><td>공급가액의 0.5%</td></tr>
<tr><td colspan="2">합계표 지연제출</td><td>공급가액의 0.3%</td></tr>
<tr><td colspan="2" rowspan="3">세금계산서 수취관련 가산세</td><td colspan="2">세금계산서 지연수취, 경정시 제출 등</td><td>공급가액의 1%</td></tr>
<tr><td colspan="2">세금계산서 허위수취</td><td>공급가액의 2%</td></tr>
<tr><td colspan="2">가공 세금계산서 수취</td><td>공급가액의 3%</td></tr>
<tr><td colspan="2">거짓 세금계산서 가산세</td><td colspan="2">비사업자의 거짓 세금계산서 발급</td><td>공급가액의 3%</td></tr>
</table>

신고불성실가산세(무신고가산세, 과소신고가산세)와 납부(환급)불성실가산세를 적용할 때 예정신고·납부와 관련하여 가산세가 부과되는 부분에 대해서는 확정신고·납부와 관련한 가산세가 부과되지 않는다.

300억 현금받고 비밀 전산실 차려 탈세한 치과병원장

국세청은 2008년부터 3년간 치료비 304억원을 현금으로 받고도 현금영수증을 발행하지 않은 서울 강남의 유명 치과병원장에게 현금영수증 미발행에 대한 과태료 152억원을 부과했다. 치과의사, 변호사, 학원 등은 30만원 이상을 현금으로 거래할 땐 반드시 현금영수증을 발행해야 한다. 이를 어기면 현금영수증 미발행액의 50%를 과태료로 물어내야 한다. 국세청은 이 병원장이 수입 304억원 중 195억원을 국세청에 신고하지 않은 데 대해서도 세금 80억원을 따로 추징했다. 이 병원장은 환자들에게 현금으로 치료비를 내고 현금영수증을 받지 않으면 15%를 깎아주겠다며 현금 결제를 유도했고, 병원 부근 다른 건물에 비밀 사무실과 전산실을 차려놓고 전산 전문가를 고용해 매출액을 조작했다.

국세청은 올 상반기 병원장, 나이트클럽 사업주, 변호사, 학원장 등 고소득 자영업자 339명에 대한 세무조사를 실시해 세금 2,229억원을 추징했다. 이 중 현금영수증을 발행하지 않은 148명에겐 과태료 287억원을 부과했다. 미국 수학능력시험(SAT) 전문 어학원 원장은 과목당 월 수강료 150~400만원을 받아 직원이나 배우자 명의 계좌로 관리하면서 소득 48억원을 숨겼다가 15억원을 추징당했다.

국세청 조사 결과 전문직은 전체 소득 가운데 국세청에 신고하지 않는 비율이 평균 31.8%였다. 의료업의 미신고 비율은 28.2%이고 유흥업은 32%였다. 100원을 벌면 30원 안팎을 숨기고 이 소득에 대해선 세금을 한 푼도 내지 않는다는 말이다. 전문직 고소득자의 탈세에 대해선 끝까지 추적해 엄하게 처벌함으로써 탈세하면 패가망신한다는 것을 분명히 보여줘야 한다. (조선일보, 2012.9.28)

12.4 간이과세

12.4.1 간이과세제도

사업자는 원칙적으로 거래시마다 부가가치세를 거래징수하고 이를 장부에 기장하며, 각 과세기간별로 매출세액에서 매입세액을 차감하여 납부세액을 계산하여야 한다. 그러나 영세사업자는 세무능력이 부족하여 실제의 매입세액을 공제하는 방식 대신 보다 간편한 방식으로 납부세액을 계산하도록 할 필요가 있어 간이과세제도(簡易課稅制度)를 두고 있다.

직전연도 공급대가(부가가치세를 포함한 가액)의 합계액이 8,000만원에 미달하는 개인사업자는 실제의 매입세액을 공제하는 대신 업종별 부가가치율을 적용하는 간이과세자가 될 수 있다. 간이과세자는 일반과세자와 달리 원칙적으로 세금계산서를 발급하지 않고 영수증을 발급한다.

그런데 세법개정으로 간이과세자의 연간 공급대가 기준이 종전의 4,800만원에서 8,000만원으로 상향조정되었지만, 종전 기준으로 일반과세자에 해당하는 간이과세자(공급대가: 4,800만원~8,000만원)는 세금계산서를 발급하도록 하였다. 현행 부가가치세제도가 세금계산서의 발급을 전제로 운용되고 있는데 간이과세자는 세금계산서 발급의무가 없기 때문에 간이과세제도가 거래의 투명성을 떨어뜨리고 세원 확보에 지장을 초래한다는 비판을 받아왔다. 공급대가 4,800만원 이상인 간이과세자에게 세금계산서 발급의무를 부여한 것은 이러한 간이과세제도의 문제점을 완화시키기 위한 취지로 이해된다.

간이과세자의 납세협력비용을 줄여주기 위해서 간이과세자의 과세기간은 1월 1일~12월 31일(1년)로 하고, 간이과세자가 직전 과세기간에 대한 차감 납부세액의 50%를 7월 25일까지 납부하는 예정고지제도를 두고 있다.

간이과세자는 간이과세를 포기함으로써 일반과세자가 될 수 있다.

간이과세자의 해당 과세기간에 대한 공급대가가 4,800만원 미만인 경우에는 그 과세기간에 대한 납부세액의 납부의무를 면제한다.

12.4.2 간이과세의 배제

간이과세 기준금액에 해당하는 경우에도 사업자가 간이과세가 적용되지 않는 다른 사업장을 보유하고 있거나 사업자가 다음의 사업을 영위하는 경우에는 간이과세를 적용할 수 없다.

- 광업, 제조업(과자점업 등 일부 제외), 도매업, 부동산매매업
- 개별소비세법에서 정하는 과세유흥장소 영위업
- 특정 부동산임대업
- 변호사업, 변리사업, 공인회계사업, 세무사업, 건축사업, 약사, 한약사, 수의사, 공인노무사 등
- 소득세법상 복식부기의무자
- 직전연도 공급대가 합계액이 4,800만원 이상인 과세유흥장소 및 부동산임대업 사업자

12.4.3 간이과세자의 납부세액 계산

간이과세자의 납부세액은 공급대가에 업종별 부가가치율(5%~50%)과 세율을 곱하여 계산한다.

> 납부세액 = 공급대가(부가가치세 포함) × 해당 업종의 부가가치율 × 세율(10%)

일반과세자는 실제의 부가가치율에 따라 납부세액이 결정되지만, 간이과세자는 실제의 부가가치율 대신에 부가가치세법 시행령에 규정된 업종별 부가가치율을 획일적으로 적용한다. 따라서 간이과세의 경우 실제의 매입자료가 납부세액의 계산에 영향을 주지 않고, 이는 간이과세자가 매입세금계산서를 받지 않으려는 거래관행으로 이어져서 정상적인 부가가치세의 흐름을 왜곡시키는 문제점이 있다.

12.4.4 간이과세자의 세액공제

1. 매입세금계산서 등에 대한 세액공제

간이과세자가 다른 사업자로부터 세금계산서 등(세금계산서 또는 법소정 신용카드매출전표 포함)을 발급받아 그에 대한 매입처별세금계산서합계표 또는 신용카드매출전표 등 수령명세서를 사업장 관할세무서장에게 제출하는 경우 매입액(공급대가)의

0.5%를 각 과세기간에 대한 납부세액에서 공제한다.

간이과세자의 매입세금계산서 등에 대한 세액공제제도는 부가가치세의 과세논리와는 무관하며, 단지 간이과세자가 매입세금계산서를 성실하게 발급받도록 유도함으로써 간이과세로 인해 부가가치세의 과세 체계가 왜곡되는 부작용을 완화시키기 위한 정책적 유인수단이다.

2. 의제매입세액공제

음식점업과 제조업을 영위하는 간이과세자가 면세농산물 등을 공급받아 원재료로 사용하는 경우에는 면세농산물 등의 가액에 일정률을 곱한 금액을 납부세액에서 공제할 수 있다.

12.4.5 일반과세와 간이과세의 비교

구 분	일반과세	간이과세
적용대상자	모든 사업자(간이과세자 제외)	공급대가 8,000만원 미만의 개인사업자
과세기간	6개월	1년
배제업종	없음	도매업, 부동산매매업 등 배제업종 있음
포기제도	없음	간이과세 포기 가능
세금계산서 발급	원칙적으로 세금계산서 발급	영수증만을 발급(세금계산서 발급 불가)
납부세액 계산구조	공급가액×10%−매입세액	공급대가×부가가치율×세율(10%)
의제매입세액공제	업종제한 없이 가능	음식점업·제조업만 가능

연습문제

문 1 부가가치세의 매입세액공제와 관련한 다음 설명 중 타당하지 않은 것은?

① 매입세액은 전단계까지 부과된 부가가치세의 합계액이다.

② 매입세액은 매입처별세금계산서합계표상의 매입세액에 기타공제매입세액을 가산하고 공제받지 못할 매입세액을 차감하여 계산한다.

③ 매입세액공제를 통해 전단계까지 이미 과세된 부가가치에 대한 중복과세가 방지된다.

④ 재화·용역을 공급받을 때 거래징수당한 매입세액은 공제받을 수 있지만, 재화를 수입할 때 징수당한 매입세액은 납부세액 계산 시 공제되지 않는다.

문 2 다음 중 부가가치세 납부세액 계산 시 공제받을 수 없는 항목은?

① 신용카드분 매출전표 등 수령명세서 제출분

② 의제매입세액

③ 비영업용 소형승용차의 구입과 유지에 관한 매입세액

④ 재고매입세액

문 3 다음 중 납부세액 계산 시 공제받을 수 있는 매입세액은?

① 매입세액불공제분

② 공통매입세액 면세사업분

③ 대손처분받은 세액

④ 변제대손세액

문 4 다음 중 매입세액을 공제받을 수 있는 항목은?

① 매입처별세금계산서합계표의 미제출 또는 부실·허위기재 매입세액

② 매입자발행세금계산서에 기재된 매입세액

③ 사업과 직접 관련이 없는 지출에 대한 매입세액

④ 면세사업에 관련된 매입세액

문 5 부가가치세 과세사업자가 면세농산물을 원재료로 하여 제조·가공한 재화 또는 창출한 용역의 공급에 대하여 과세되는 경우 그 면세농산물 가액의 일부를 매입세액으로 공제해 주는 제도는?

① 의제매입세액공제 ② 면세제도

③ 영세율제도 ④ 간이과세제도

문 6 의제매입세액공제와 관련한 다음 설명 중 타당하지 않은 것은?

① 연속된 거래단계에서 중간에 면세가 적용되면, 면세단계에서 과세를 포기한 부가가치세가 다시 국고에 환수되어 면세의 효과가 없어지는 환수효과가 발생한다.

② 연속된 거래단계에서 중간에 면세가 적용되면, 면세의 전단계에서 이미 부가가치세가 과세된 부분에 대해 중복적으로 다시 과세되는 누적효과가 발생한다.

③ 의제매입세액공제를 받은 면세농산물을 그대로 양도하거나 면세사업에 사용하는 경우에는 공제한 의제매입세액을 추징한다.

④ 의제매입세액공제로 인해 소비자의 세부담은 가중된다.

문 7 과세사업과 면세사업을 함께 영위하는 사업자의 매입세액에 관한 설명이다. 가장 타당하지 않은 것은?

① 과세사업 관련 매입세액은 공제되지만, 면세사업 관련 매입세액은 공제되지 않는다.

② 면세사업보다 과세사업의 비중이 더 크다면 이들 사업의 공통매입세액이 모두 공제된다.

③ 과세사업과 면세사업에 공통되는 매입세액 중 그 귀속이 불분명한 경우에는 공급가액의 비율로 안분하여 매입세액이 공제되지 않는 면세사업 관련 매입세액을 계산한다.

④ 겸용주택 임대용역의 경우 겸용주택에 부가가치세가 과세되는 사업용 건물과 면세되는 주택이 함께 설치되어 있더라도 주택의 면적이 사업용 건물의 면적보다 큰 경우에는 건물 전부를 주택으로 보아 면세한다.

문 8 부가가치세의 신고와 관련한 다음 설명 중 타당하지 않은 것은?

① 부가가치세의 과세기간은 6개월이다.

② 부가가치세는 원칙적으로 1년에 2회 신고한다.

③ 제1기분 예정신고기간은 1월 1일부터 3월 31일까지이다.

④ 제1기분 확정신고기한은 7월 25일이다.

문 9 부가가치세 예정신고와 관련한 다음 설명 중 타당하지 않은 것은?

① 제2기분 예정신고기간은 7월 1일부터 9월 30일까지이다.

② 예정신고는 과세표준과 납부세액(또는 환급세액)을 관할세무서에 미리 알려주는 것일 뿐, 실제 납부는 확정신고 때 하더라도 아무 불이익이 없다.

③ 제1기분 예정신고기한은 4월 25일이다.

④ 개인사업자의 경우 예정신고 대신 직전기 납부세액의 50%를 정부가 고지하여 징수하는 예정고지납부제도가 있다.

문 10 다음은 부가가치세의 확정신고 및 납부에 관한 설명이다. 타당하지 않은 것은?

① 예정신고할 때 신고한 내용은 확정신고의 대상에서 제외한다.

② 예정신고한 환급세액은 확정신고시의 납부세액에서 공제한다.

③ 폐업하는 경우에는 폐업일이 속하는 달의 다음 달 25일까지 확정신고를 하여야 한다.

④ 예정신고 누락분은 확정신고에 포함시킬 수 없다.

문 11 다음 중 부가가치세 확정신고시 제출할 필요가 없는 서류는?

① 세금계산서 사본 ② 부가가치세 확정신고서

③ 영세율 첨부서류 ④ 매출·매입처별 세금계산서합계표

문 12 국외사업자로부터 용역 또는 무체물을 공급받는 자가 그 대가를 지급할 때 부가가치세를 징수하여 납부하는 제도는?

① 예정신고제도 ② 대리납부제도

③ 확정신고제도 ④ 간이과세제도

문 13 국외사업자로부터 용역을 공급받은 사업자가 그 용역을 과세사업에 제공할 경우 부가가치세 대리납부의무를 부담시키지 않는 주된 이유는?

① 대리납부한 세액이 공급받는 사업자의 매입세액으로 공제되어 국외사업자로부터 용역을 공급받은 자가 대리납부세액을 부담한 효과가 없어지기 때문이다.

② 소비지국 과세원칙에 위배되기 때문이다.

③ 국외사업자는 부가가치세법상 납세의무자가 아니기 때문이다.

④ 국외사업자와 국내사업자 사이에 과세형평을 유지하기 위함이다.

문 14 다음은 부가가치세의 결정과 경정에 관한 설명이다. 타당하지 않은 것은?

① 부가가치세는 신고납세제도에 의한 조세이므로 해당 과세기간이 경과하여 발생된 납세의무에 대하여 납세의무자가 스스로 과세표준과 세액을 계산하여 신고함으로써 납세의무가 확정된다.

② 납세의무자가 과세표준을 신고하지 않아 납세의무가 확정되지 않은 부분에 대해서는 정부가 조사하여 결정하는 처분을 내린다.

③ 경정이란 납세의무자가 과세표준을 신고함으로써 납세의무가 확정된 부분에 대하여 정부가 그 신고내용의 오류 또는 탈루 등을 조사하여 이를 고쳐 결정하는 처분을 말한다.

④ 경정에 의해 확정된 납세의무를 다시 변경하는 처분은 위법한 것이다.

문 15 다음 중 부가가치세의 결정 또는 경정 사유에 해당하지 않는 것은?

① 과세사업자가 확정신고를 하지 않은 경우

② 과세사업자가 확정신고한 내용에 오류 또는 탈루가 있는 경우

③ 면세사업자가 세금계산서를 발행하지 않았을 때

④ 확정신고 시 제출한 매입처별 세금계산서합계표에 허위거래가 포함되어 있을 때

문 16 부가가치세의 환급과 관련한 다음 설명 중 타당하지 않은 것은?

① 부가가치세 매입세액이 매출세액을 초과하면 환급세액이 발생한다.

② 환급세액은 확정신고기한 경과 후 30일 이내에 환급받을 수 있다.

③ 예정신고기간에 대한 환급세액은 원칙적으로 이를 환급하지 않고, 확정신고시 납부할 세액에서 정산한다.
④ 일반적으로 수출비중이 높은 사업자일수록, 그리고 설비투자가 많은 과세기간일수록 환급세액은 적을 것이다.

문 17 부가가치세 과세표준을 적게 만들어 환급세액을 많이 신고한 경우에 적용되는 가산세는?

① 과소신고가산세 ② 무신고가산세
③ 미등록가산세 ④ 대리납부불성실가산세

문 18 부가가치세에 적용되는 다음의 가산세 중 경과일수에 비례하여 가산세 금액이 늘어나는 항목은?

① 무신고가산세 ② 과소신고가산세
③ 납부불성실가산세 ④ 세금계산서발급불성실가산세

문 19 간이과세제도에 관한 다음 설명 중 타당하지 않은 것은?

① 세무능력이 부족한 영세사업자를 위한 제도이다.
② 각 과세기간별로 매출세액에서 매입세액을 차감하여 납부세액을 계산하여야 한다.
③ 직전 연도의 공급대가 합계액이 8,000만원에 미달하는 개인사업자가 그 대상이다.
④ 간이과세자의 과세기간은 1년이다.

문 20 다음 중 간이과세자의 납부세액은?

① 공급대가×부가가치율×세율(10%)
② 공급가액×세율(10%)－매입세액
③ 공급가액×세율(10%)
④ 매출세액－매입세액

연습문제 해답

[제 1 장]

문 1 ④ 재산세는 지방세이다.

문 2 ③

문 3 ④ 부가가치세는 독립된 세원에 대하여 부과하는 독립세이다.

문 4 ① 실질과세는 국세부과의 원칙이다.

문 5 ④ 국세기본법은 내국세에 관한 법률에만 우선하여 적용되며, 지방세법이나 관세법에 대해서는 우선하지 못한다.

문 6 ②

문 7 ①

문 8 ④ 기간이 아니라 기한이다.

문 9 ④

문 10 ①

문 11 ④ 이는 국세부과의 원칙이다.

문 12 ③ 부가가치세는 과세기간이 끝나는 때 납세의무가 성립한다.

문 13 ②

문 14 ②

문 15 ④ 국세징수권의 소멸시효는 국가가 국세징수권을 일정 기간 행사하지 않는 경우 그 국세징수권을 소멸시키는 제도이다.

문 16 ③ 경정청구는 그 자체만으로는 납세의무를 감액변동시키는 확정력을 갖지 못하고, 과세관청에게 일정 기간 내에 청구의 취지에 따른 결정 또는 경정을 하여야 할 법적 의무를 지우는 것이다.

문 17 ① 기한후신고를 하더라도 해당 국세의 납세의무를 확정시키는 효력은 없다.

문 18 ②

문 19 ①

문 20 ③

[제 2 장]

문 1 ③ 법인세는 신고납부제도를 채택하고 있다.

문 2 ② 순자산증가설은 포괄주의 과세방식을 따른다.

문 3 ①

문 4 ④ 사업연도는 회계기간과 일치시켜야 한다.

문 5 ② 내국법인의 법인세 납세지는 본점이나 주사무소 소재지이다.

문 6 ④ 비영리내국법인은 수익사업에서 발생한 소득에 대해서만 납세의무를 지며, 청산소득은 비과세된다.

문 7 ③ 법인세회계의 가장 중요한 정보이용자는 정부(과세당국)이다.

문 8 ② 부당행위계산부인은 조세회피를 방지하기 위한 제도이다.

문 9 ④ 손금불산입은 기업회계상 비용으로 계상하였지만, 법인세법상 손금에 해당하지 않는 항목을 말한다.

문 10 ①

문 11 ④ 세법에서 허용한 한도액보다 법인이 장부상 비용으로 계상한 금액이 더 클 경우 그 초과액은 손금으로 인정받지 못한다.

문 12 ②

문 13 ④ 소득의 귀속자를 파악하여 그 귀속자에게 소득세를 징수하는 것은 익금산입 또는 손금불산입으로 세무조정한 항목 중 법인 외부로 유출된 것이다.

문 14 ① 출자자에 대한 가지급금 인정이자는 소득 귀속자(주주, 출자자)에게 배당소득으로 과세한다.

문 15 ② 소극적 유보 또는 △유보가 발생하면 기업회계상 순자산보다 세무회계상 순자산이 더 작아진다.

문 16 ①

문 17 ④

문 18 ② 감가상각비한도초과액은 유보로 소득처분되어 사내에 남는다.

문 19 ①

문 20 ③ 각 사업연도소득금액＝300,000,000원＋60,000,000원－40,000,000원＝320,000,000원, 과세표준＝320,000,000원－30,000,000원＝290,000,000원

[제 3 장]

문 1 ④ 무상주는 교부한 재원에 따라 과세여부가 달라진다.

문 2 ③ 부가가치세 매출세액은 정부에 납부해야 할 세금이며, 이는 부채에 해당한다.

문 3 ④ 기업회계상 교부받은 무상주는 수익으로 계상하지 않고, 단지 주식의 취득단가를 수정할 뿐이다.

문 4 ① 간주임대료는 익금에 해당하는 항목이다.

문 5 ④ 분할차익도 자본거래에서 발생한 순자산증가액이므로 법인세법상 익금불산입한다.

문 6 ③

문 7 ④ 차입금이자는 원칙적으로 손금에 해당하지만, 법인세법상 손금불산입되는 경우가 있다.

문 8 ② 사용인에게 지급하는 퇴직금은 모두 손금으로 인정된다.

문 9 ① 저가법에 의한 재고자산평가손실 등 법인세법에서 규정한 특정사유에 해당하는 경우에는 손금으로 인정된다.

문 10 ③ 사용인의 인건비에 대해서는 거의 규제가 없는 반면에, 임원의 경우에는 상여금과 퇴직금 지급시 일정한 규제를 두고 있다.

문 11 ④ 손금산입하는 세무조정이 필요하다.

문 12 ③ 법인이 임의로 계상한 평가손실은 손금으로 인정되지 않는다.

문 13 ①

문 14 ③

문 15 ② 장기도급공사의 손익은 작업진행률을 적용하여 계산한다.

문 16 ④ 대금청산일, 소유권이전등기일, 인도일 또는 사용수익일 중 가장 빠른 날을 적용한다.

문 17 ④ 기업회계상 재고자산가액이 법인세법상 저가법으로 평가한 재고자산가액과 동일하므로 세무조정이 필요 없다.

문 18 ② 당기에는 손금산입하고 차기에는 익금산입하는 세무조정이 필요하다.

문 19 ② 제6기에는 기업회계상 수익으로 계상된 단기매매증권평가이익 500,000원을 익금불산입(△유보)으로 세무조정하고(법인세법상 유가증권은 원가법으로 평가), 제7기에는 동 유가증권이 처분되었으므로 제6기에 익금불산입했던 금액을 익금산입(유보)하는 세무조정을 하여야 한다.

문 20 ④ 총평균법과 당초 신고한 방법으로 평가한 금액 중 큰 금액을 적용한다.

[제 4 장]

문 1 ② 감가상각을 하지 않으면 시인부족액이 생기므로 그 한도에서 상각부인액을 손금으로 추인한다.

문 2 ④ 감가상각의제와 즉시상각의제는 상이한 개념이다.

문 3 ③ 정률법을 적용하면 정액법에 비해서 취득 초기의 감가상각비가 많이 계상된다.

문 4 ④ 이는 수익적 지출에 해당한다.

문 5 ③ 감가상각은 고정자산의 취득원가를 내용연수 동안 비용으로 배분하는 회계절차이다.

문 6 ① 기준내용연수의 상하 25% 범위 내에서 선택하여 사용할 수 있다(신고내용연수).

문 7 ① 건축물은 정액법만 인정된다.

문 8 ④ 수익적 지출에 대해서는 즉시상각의제가 적용될 여지가 없다.

문 9 ① 감가상각비한도액 5,000,000원(25,000,000원/5)을 초과하는 감가상각비 2,000,000원(7,000,000원－5,000,000원)을 손금불산입하고, 유보로 소득처분한다.

문 10 ④ 전기의 감가상각부인누계액(5,000,000원) 중 당기의 시인부족액(2,000,000원)만큼 손금에 산입되고, 나머지(3,000,000원) 금액은 이월된다.

문 11 ③ 법인세법상 기업업무추진비는 일정한도까지만 손금으로 인정된다.

문 12 ④ 특수관계인간 거래에 대한 기업업무추진비를 규제하기 위해서 더 낮은 비율(10%)이 적용된다.

문 13 ④

문 14 ① 기부금은 현금주의를 적용하므로 사업연도말 현재 미지급한 기부금은 손금으로 인정받을 수 없다.

문 15 ③

문 16 ② 기업회계는 자본화 대상 자산과 차입금에서 법인세법과 차이가 있으며, 따라서 이들 차이를 조정하는 세무조정이 필요하다.

문 17 ③ 즉시상각의제는 당기에 건설이 완료된 감가상각자산에 해당하는 세무조정이다. 사업용 토지는 비상각자산이므로 취득한 연도의 이자비용을 손금불산입하고, 추후 처분하는 연도에 이를 손금산입한다.

문 18 ①

문 19 ① 손금불산입되는 지급이자가 늘어날수록 지급이자의 법인세절감효과가 감소하므로 타인자본비용은 높아진다.

문 20 ③

[제 5 장]

문 1 ④

문 2 ③

문 3 ④ 해당 임직원에게는 인정이자 상당액에 대한 소득세가 과세된다.

문 4 ③ 확정급여형보다 확정기여형이 간편하다.

문 5 ④ 세법상 한도액보다 회사의 비용계상액이 더 많으면 손금불산입한다.

문 6 ② 법인세법의 대손요건은 기업회계보다 더 엄격하다.

문 7 ④ 대손충당금한도초과액은 다음 사업연도에 손금산입(△유보)으로 반대조정하여 소멸한다.

문 8 ④

문 9 ② 대손충당금은 결산조정사항이다.

문 10 ④

문 11 ② 일시상각충당금과 압축기장충당금의 손금산입은 기업회계상 비용으로 인정받을 수 없는 항목이기 때문에 신고조정도 허용하고 있다.

문 12 ①

문 13 ④

문 14 ③

문 15 ④ 적법한 계약에 의한 거래에 대해서도 부당행위계산부인이 적용될 수 있다.

문 16 ① 법인이 특수관계인에게 업무무관가지급금을 지급한 경우 지급이자 손금불산입과 가지급금인정이자 세무조정이 필요하고, 이러한 채권은 대손충당금 설정대상에서 제외된다.

문 17 ① 대표이사에게 초과지급한 금액 10억원을 손금불산입하고, 대표이사에 대한 상여로 소득처분하여 소득세를 징수한다. 또한 기업회계상 토지가 10억원만큼 과대계상된 셈이므로 이를 손금산입(△유보) 처리하여 세무상 토지가액을 20억원으로 만든다(손금산입된 금액은 추후 토지 매각 시 손금불산입 조정으로 소멸한다).

문 18 ④ 건물의 매각금액이 13억원이므로 시가와의 차액 7억원을 익금산입하고, 대주주에 대한 배당으로 소득처분하여 소득세를 징수한다.

문 19 ② 인정이자가 계산되는 법인세법상 가지급금은 명칭여부에 관계없이 법인의 업무에 직접적인 관련이 없는 자금을 대여하는 것이다.

문 20 ④ 이는 비교가능 제3자가격방법에 대한 설명이다.

[제 6 장]

문 1 ③ 기업회계와 세무회계의 차이 때문에 불일치하는 경우가 많다.

문 2 ③

문 3 ④

문 4 ④

문 5 ③ (3억원×12/3)×세율×3/12＝52,000,000원

문 6 ④ 일반적으로 세액공제방법이 손금산입방법보다 더 유리하다.

문 7 ②

문 8 ③ 10,000,000원×(30,000,000원/100,00,000원)＝3,000,000원

문 9 ②

문 10 ③ 가산세 중 신고 및 납부의무와 관련한 것은 다른 세목(소득세, 부가가치세 등)에도 공통적으로 적용되기 때문에 국세기본법에서 통일적으로 규정하고 있다.

문 11 ④ 과세표준신고를 할 때 필수적 첨부서류를 첨부하지 않으면 무신고로 본다.

문 12 ②

문 13 ③ 이는 납세자의 정당한 권리이다.

문 14 ④

문 15 ③ 사업연도종료일로부터 3개월 이내에 법인세 신고를 하여야 한다.

문 16 ④

문 17 ③ 납부세액이 2천만원 이하이므로 1천만원을 초과하는 금액(8백만원)을 분납할 수 있다.

문 18 ①

문 19 ④ 미납한 중간예납세액에 대해서도 납부불성실가산세가 적용된다.

문 20 ③ 연결자법인은 자신이 부담해야 할 세액을 납부기한까지 연결모법인에게 지급하여야 한다.

[제7장]

문 1 ④ 소득세는 개인단위 과세를 원칙으로 한다.

문 2 ④ 신종소득이 늘어날수록 포괄주의 요소가 강화된다.

문 3 ③ 분리과세되는 배당소득은 기간별로 합산하지 않고 그 소득이 지급될 때 원천징수로 과세가 종결된다.

문 4 ② 거주자는 국내에 주소를 두거나 1년 이상 거소를 둔 개인을 말한다.

문 5 ① 소득세의 과세기간은 개인이 임의로 정할 수 없다.

문 6 ③ 퇴직소득과 양도소득은 분류과세된다.

문 7 ② 의제배당은 배당소득이다.

문 8 ① 실제로 이자를 지급하는 날(원본전입의 특약이 있는 이자는 원본전입일)

문 9 ③ 교부받은 주식수에 액면가액을 곱한 금액이다.

문 10 ④ 해당 사업연도의 결산확정일

문 11 ①

문 12 ④ 국외에서 받은 원천징수대상이 아닌 이자·배당소득은 무조건 종합과세한다.

문 13 ④ 무조건 분리과세되는 금융소득은 제외하고 판정한다.

문 14 ③ 10%의 법인세율이 적용되었다는 가정하에 계산한 것이다.

문 15 ② 일반적으로 금융소득에 대해서는 필요경비가 인정되지 않는다.

문 16 ③

문 17 ③ 12,000,000원×6/12+4,000,000원=10,000,000원

문 18 ④ 사업소득은 필요경비가 총수입금액을 초과하여 결손금이 발생한 경우 해당 과세기간의 종합소득에 포함되는 다른 소득금액에서 공제된다(부동산임대업은 제외).

문 19 ① 부동산임대업에서 결손금이 발생하더라도 종합소득에 포함되는 다른 소득금액에서 공제되지 않는다.

문 20 ② 부동산처분이익은 소득세법상 사업소득보다는 주로 양도소득에 해당할 것이다.

[제8장]

문 1 ③ 회사 업무를 위해 사용한 것이 분명한 기밀비는 근로소득에 해당하지 않는다.

문 2 ④

문 3 ③ 월정액급여 210만원을 초과하는 생산직근로자가 받는 초과근로수당은 과세대상이다.

문 4 ①

문 5 ③ 연말정산은 다음 연도 2월분의 근로소득을 지급할 때 실시한다.

문 6 ③ 2,000,000원×12+6,000,000+(400,000−200,000)×12+(300,000−200,000)×12
=33,600,000원

문 7 ④

문 8 ③ 연금소득은 종합과세하는 것이 원칙이지만, 사적연금소득의 합계액이 연간 1,200만원 이하인 경우에는 납세의무자의 선택에 따라 그 연금소득을 종합소득과세표준에 합산시키지 않고 분리과세를 적용받을 수 있다.

문 9 ① 주택을 제공받음으로써 얻는 이익은 근로소득에 해당한다.

문 10 ① 이자소득과 배당소득은 필요경비가 인정되지 않는다.

문 11 ④

문 12 ③

문 13 ④ 복권당첨소득은 무조건 분리과세되는 기타소득에 해당하므로 원천징수로 과세의무가 종결된다.

문 14 ② 부동산임대업에서 발생한 결손금은 다른 소득금액에서 공제되지 않는다(주택임대업 제외).

문 15 ① 이는 인적공제에 대한 설명이다.

문 16 ④ 연금보험료공제는 물적공제이다.

문 17 ④ 본인공제와 배우자공제는 나이 제한이 없으며, 직계비속은 20세 이하의 경우에만 부양가족공제가 가능하다.

문 18 ② 기본공제는 본인을 포함하여 생계를 함께하는 가족 1명당 연 150만원씩을 공제한다.

문 19 ③ 일용근로자는 특별소득공제가 적용되지 않는다.

문 20 ①

[제 9 장]

문 1 ④ 기납부세액이 많을수록 차감납부세액은 감소한다.

문 2 ②

문 3 ① 이자소득금액이 아니고 배당소득금액이다.

문 4 ①

문 5 ③ 가산세액이 큰 가산세를 적용한다.

문 6 ③ 퇴직소득은 분류과세되는 소득이다.

문 7 ④

문 8 ②

문 9 ④

문 10 ④

문 11 ③ 1세대 1주택인 경우에도 고가주택에 해당하면 양도차익 중 일부는 양도소득세가 과세된다.

문 12 ②

문 13 ② 보유기간이 길수록 공제율도 높아진다.

문 14 ③ 보유기간이 2년 이상인 토지를 양도하면 원칙적으로 기본세율(6~45%)이 적용된다.

문 15 ① 무상으로 이전되는 것은 양도소득의 대상이 되는 양도에 포함되지 않는다.

문 16 ② 종합소득이 있는 거주자 중 사업소득자는 중간예납의무를 진다.

문 17 ③ 과세표준확정신고를 하지 않아도 무방하다.

문 18 ①

문 19 ③ 이는 예납적 원천징수의 대표적인 예이다.

문 20 ③ 소득세 결정세액보다 원천징수한 세액이 더 많았다면 그 차액을 환급해 주고, 덜 징수하였다면 그 차액을 추가로 원천징수하여 납부한다.

[제10장]

문 1 ② 부가가치세는 납세의무자와 담세자가 일치하지 않는 간접세이다.

문 2 ④ 총부가가치는 최종거래단계의 판매가격과 일치한다.

문 3 ② 9,000원 − 6,000원 = 3,000원

문 4 ②

문 5 ②

문 6 ① 부가가치세의 담세자는 부가가치세의 과세대상인 재화 또는 용역을 최종적으로 구매하는 최종소비자이다.

문 7 ④

문 8 ④

문 9 ③ 간이과세자는 매입세액을 별도로 계산하지 않고, 공급대가에 업종별 부가가치율과 세율을 곱한 금액을 납부세액으로 한다.

문 10 ④

문 11 ①

문 12 ④

문 13 ③ 사업자단위과세를 총괄하는 사업장은 법인의 본점이다.

문 14 ④

문 15 ① 부가가치세법상 과세거래는 재화의 공급, 용역의 공급, 재화의 수입이다.

문 16 ④

문 17 ④ 재화나 용역의 공급은 공급자가 사업자인 경우에만 과세거래가 되지만, 재화의 수입은 수입자의 사업자 여부에 관계없이 부가가치세를 납부해야 한다.

문 18 ③

문 19 ①

문 20 ④ 이는 사업자로서 재화를 공급하는 것이 아니므로 부가가치세 납세의무가 없다.

[제11장]

문 1 ① 현금판매, 외상판매, 할부판매의 공급시기는 재화가 인도되거나 이용가능하게 되는 때이다.

문 2 ④ 공급시기가 되기 전에 재화나 용역에 대한 대가를 받고 세금계산서를 발급하는 경우에는 세금계산서 발급시점을 공급시기로 본다

문 3 ①

문 4 ③ 면세사업자는 면세를 포기하지 않는 한 영세율을 적용받을 수 없다.

문 5 ② 기초생활필수품은 면세되는 재화이다.

문 6 ①

문 7 ④

문 8 ③ 간주임대료는 과세대상이다.

문 9 ②

문 10 ③

문 11 ① 폐업하는 경우에는 재고재화의 시가가 과세표준이 된다.

문 12 ③

문 13 ④

문 14 ③

문 15 ④

문 16 ③

문 17 ④ 회수한 대손금에 관련된 대손세액을 회수한 날이 속하는 과세기간의 매출세액에 가산하여야 한다.

문 18 ④ 이는 임의적 기재사항이다.

문 19 ② 영수증이란 공급받는 자의 등록번호와 부가가치세액을 따로 기재하지 않은 약식 계산서를 말한다.

문 20 ④

[제12장]

문 1 ④

문 2 ③

문 3 ④ 사업자가 과세재화·용역을 공급한 후 공급받은 자의 파산 등의 사유로 부가가치세를 거래징수하지 못하는 경우에는 그 대손세액을 매출세액에서 차감할 수 있고(대손세액공제), 이 경우 공급받은 자는 그 세액을 매입세액에서 차감한다(대손처분받은 세액).

추후 대손금액을 회수하면 공급한 사업자는 회수한 대손금에 관련된 대손세액을 매출세액에 가산하고, 공급받은(즉 공급한 사업자에게 대금을 변제한) 사업자는 대손처분받았을 때 매입세액에서 차감했던 세액을 매입세액으로 공제받는다(변제대손세액).

문 4 ②

문 5 ①

문 6 ④ 의제매입세액공제는 소비자의 세부담을 완화시키기 위한 제도이다.

문 7 ②

문 8 ② 예정신고를 포함하여 연간 4회 신고하여야 한다.

문 9 ②

문 10 ④ 예정신고 누락분은 확정신고에 포함시킨다.

문 11 ①

문 12 ②

문 13 ①

문 14 ④ 경정에 의해 확정된 납세의무를 다시 변경 · 확정하는 처분(재경정)은 적법한 것이다.

문 15 ③

문 16 ④ 수출비중이 높을수록 영세율 적용으로 매출세액이 적어지므로 환급세액이 증가할 것이고, 설비투자가 많은 과세기간에는 매입세액공제가 증가할 것이므로 환급세액도 늘어날 것이다.

문 17 ①

문 18 ③

문 19 ②

문 20 ①

[저자 약력]

성균관대학교 경영학과 졸업
서울대학교 대학원 경영학과 졸업(경영학 석사)
성균관대학교 대학원 회계학과 졸업(경영학 박사)
공인회계사, 세무사
공인회계사시험 출제위원
삼일회계법인 근무(1988.8~2011.2)
일본중앙감사법인(C&L Tokyo) 교환근무(1990.12~1992.6)
삼일인포마인(주) 대표이사(2003.10~2004.9)
(주)삼일아카데미 대표이사(2006.9~2010.6)
상명대학교 경영대학 교수(2011.3~현재)
현대해상화재보험(주) 사외이사(감사위원)(2018.3~현재)
호전실업(주) 사외이사(2023.3~현재)

2025 에센스 세무회계

2025년 2월 10일 제13판 발행
2013년 3월 5일 초 판 발행

저 자 유 재 권
발행인 이 구 만
발행처 유원북스
04091 서울특별시 마포구 토정로 222, 416호
(신수동, 한국출판콘텐츠센타)
TEL (02)593-1800 FAX (02)6455-1809
등록 2011. 9. 6. 제25100-2012-3호
www.uwonbooks.com uwbooks@daum.net

정 가 25,000원 ISBN 979-11-6288-207-8 93320